方音词记

《西番译语》校雠

彭学云　编著

民族出版社

第一册：
嘉绒译语

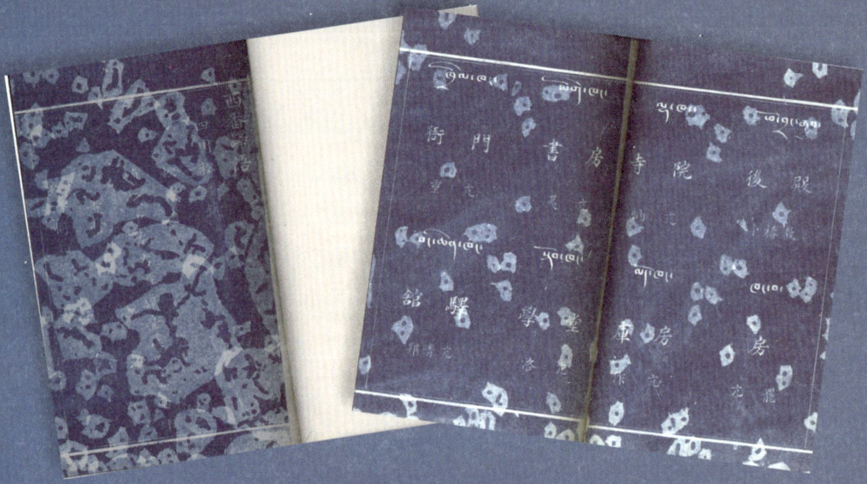

第二册：
松潘译语

第三册：
象鼻高山译语

第四册：
白马译语

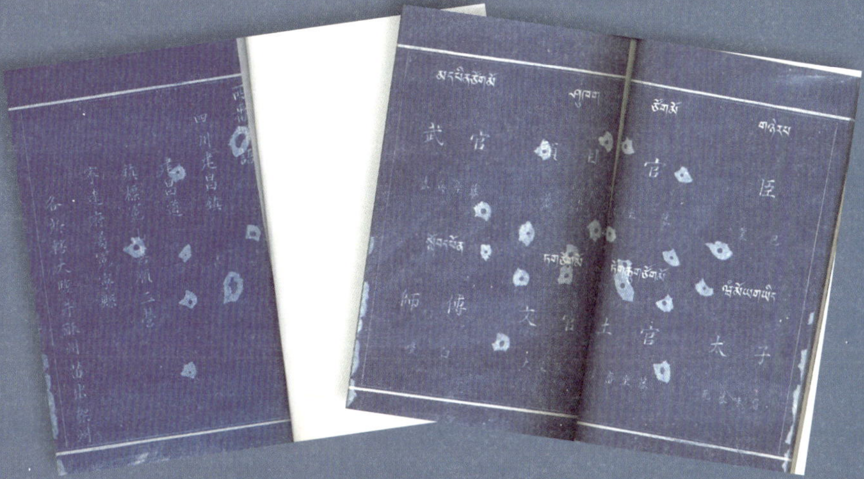

第五册：
多续译语

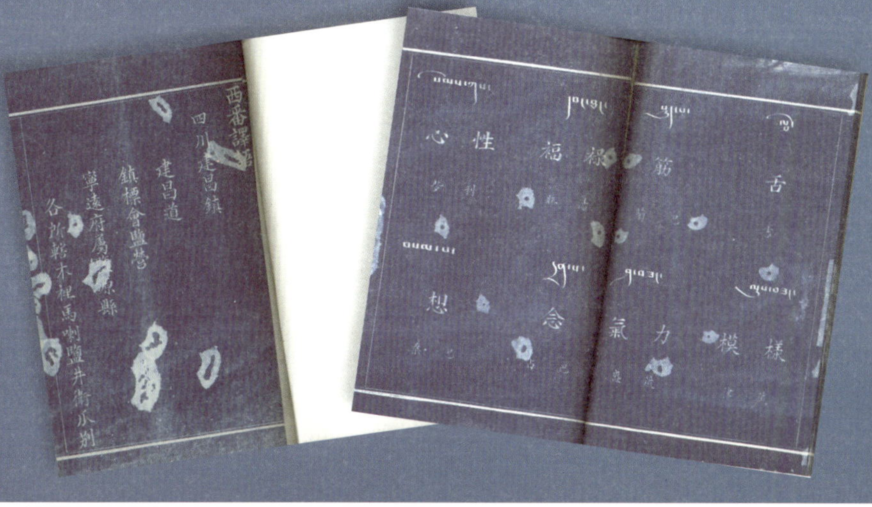

第六册：
木里译语

第七册：
栗苏译语

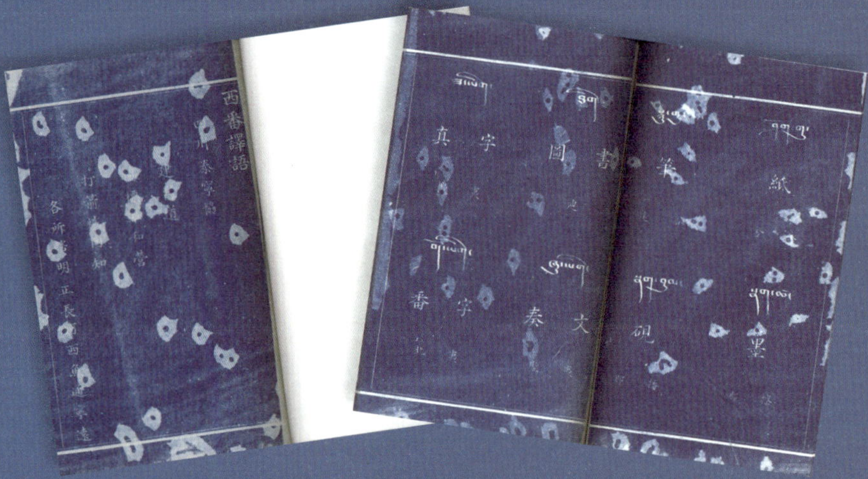

第八册：
打箭炉译语

第九册：
木坪译语

目录

绪言

一、历史的脉象

人类文明的进程，离不开文字的记录，我们已知的汉文文字仅及于商、周，而许多少数民族文字的产生是在商周之后的事了。有了文字，也就有了语境，尽管那时的文字离我们十分久远，所记录的场景又把我们拉得很近，犹如与祖父的对话，虽有沟坎，但仍十分亲切，彼此并不陌生，这是缘于中华文化数千年文脉的延续。

中华，源自于中国古代华夏民族，起源于黄河流域，居“四方之中”，自古地广物丰，人杰地灵，文化发达，历史悠久。但推究起来，中国之谓则早于中华，中华是中国文明达到相当高度之后的称谓。

《禹贡》载：

> 中邦锡土姓。

有学者解释“中”即“九州”，“邦”当作“国”。

《左传》僖公二十五年：

> 德以柔中国，刑以威四方。

《诗·民劳》：

> 惠此中国，以绥四方。

《毛诗》：

> 中国，京师也。四方，诸夏也。

《禹贡》成书于西周初年，《左传》《毛诗》稍晚，但均在汉以前。

唐韩愈《原道》：

孔子之作《春秋》也，诸侯用夷礼则夷之，进于中国则中国之。

古代人将“中国”视为国家、道德、京师等广义的定位，而不是近人研究者从方位、疆界、种族、语言、文字等立场去圈定的概念。

《左传》定公十年：

夷不乱华。

自此，华，方见书籍，后世沿用。对于“华”“夏”的解读运用，近代国学大家章炳麟在《中华民国解》中有独到的议论。

如果非要将“邦”或“国”设定一个时期，黄帝、颛顼、帝喾、尧、舜五帝时代，以现代的国家概念，与《禹贡》中记载的中国是相符的。

《礼记·王制》：

有虞氏养国老于上庠，养庶老于下庠。

庠，乃学校，也称米廪，是周代之学校，相传始于虞舜时代。庠，也有养的意思，凡在庠这个地方的老人，必有四季的衣服和每天的膳食，而这些老者衣食无忧之后，又不可能无所事事，于是，招集年少子弟于庠，把自己一生的经验或特长教给他们。耆老养生之所，转而成了学校，有时帝王将相、时代名宿不时莅临，聆听名言至论，获取修身治国的精髓；少年学子常听名流之言，所学颇多。在庠的皓首老者便成了老师，庠，自然就是学校了。

《尚书》：“诗言志，歌永言，声依永，律和声”“询事考言”“敷奏以言，明试以功”“鞭作官刑”“三载考绩”。

学校教声乐、语言、文学、音乐、人事、法律、官员考核等诸学科，虽不似现代分科细致，可见学科文化的萌芽已经生成。

文化的形成非朝夕之功，从远古的食物采集、国家政权的禅让、学校的成立，再到文字之兴，经数千年或更久的时间。

《说文序》：

> 黄帝之史仓颉，见鸟兽蹄迒之迹，知分理之可相别异也，初造书契。……仓颉之初作书，盖依类象形，故谓之文；其后形声相益，即谓之字。

仓颉造字，争论不息，但殷商文化的繁荣则是不争的事实。清代大儒阮元在《积古斋钟鼎彝器款识》有载钟鼎文传世的器物就有：

> 商钟三，鼎二十三，尊十七，彝二十七，卣十三，壶六，爵三十三，觚四，觯十四，角七，敦六，甗二，鬲四，盉二，匜二，戈三，句兵二。

《盘庚上》：

> 先王有服，恪谨天命。兹犹不常宁。不常厥邑，于今五邦。

《盘庚中》：

> 先王不怀厥攸作，视民利用迁。

《盘庚下》：

> 古我先王将多于前功，适于山。

《史记·殷本纪》：

> 武乙猎于河、渭之间，暴雷，武乙震死。

古之钟鼎铭文，为纪事之重要，诸多竹简，翔实记录盘庚东迁的原因。殷人避灾趋利，居其山野，便于田耕狩猎。当然，一个王朝的迁徙自有多方面的原因，非一家一户搬迁那么简单。而诸多的典籍记录了这件事，表明了文字的成熟与功能。

文字是文化的基本载体和传承工具，是文化最显著的标志。中华文化几千年来从未中断，正是有了文字的粘连。中华文化的多元性是由许多异质文化融合而成的。春秋战国时的百家争鸣，本来就是不同地域的文化结果，以老子、孔子为代表的不同文化流派的形成，正是中华文化多元形态的开始。

我们在国家与文化方面所做的探究思考，也许最终也不可能得出公认的结论，这涉及研究的立场、方法、功用等。就本书而言，涉及的国史领域不多，而在文化方面又是绕不过的领域。离开历史传承去谈文化，显然是空谈。因此，追踪语言的痕迹，离不开历史的记忆，更离不开文化的现象，梳理历史的脉象，下面的话题自然就顺畅了。

传统上认为中华文化就是华夏文化，即汉文化，这种观点是不对的。《说文》：

> 羌，西戎羊种也，从羊、儿、羊亦声。南方蛮，从虫。北方狄，从犬。东方从貉，从豸。西南僰人、焦侥从人，盖在坤地，颇有顺理之性。唯东夷从大，大，人也。夷俗仁，仁者寿，有君子不死国。

在我国的文化传统中，汉居于中原，东貉、南蛮、西南僰、北狄是非人种类，“戎狄豺狼”，这种排斥他族为非类的思想十分狭隘。沾沾自喜，自视优越，片面地解读历史也就罢了，更可怕的是用这种思想去表述文化，这不能说不是一种悲哀。

古代贤哲持“中心”论的理念，从大地中心到国家中心，再到经济文化中心的思想根深蒂固，进而发展成以“我”为中心的历史惯性思维至今未绝。在文化上形成内方外圆，似古代钱币形，恰是中华文化大体的结构。中华文化的传说中，来自内部某一地区为核心，向东西南北四周辐射。这就是所谓的汉化、王化、儒化的进程。同时，在解析文化的过程中发现，他域文化也不断地向“方孔”——汉地进行浸润，“方孔”的吸纳功能从未弱化过。波斯文化、胡文化、藏文化、梵文化、蒙古文化等与汉文化相互吸纳，从未间断过。隆起的喜马拉雅山，并没有阻碍与印度文化之间的交流，茫茫沙漠也没有影响波斯文化与中华文化间的西去东来。

几千年来尽管多次出现过不同的文化中心、亚文化中心并列，或者同一个文化中心在历史的进程中时常迁移或消失的情形，但总体上存在一个以中原文化为核心的区域，向四周不断扩散交融的基本格局，这是不容否认的历史存在。要理解今天的中华文化，认识她的缘起、成长、成熟，再从她的凝聚到播化、变弃、吸纳、再生向双向或多向过程的演化，就必须从中华文化的传统空间观念、历史进程中的具体存在切入。在梳理中华文化的缘起、生成、演化中发现，内方外圆的钱形结构始终未有改变，即吸纳与播化。

钱币的方孔自然被类比为中原区域，把围绕方孔的地方称为“蛮夷”。这在表面上体现了以“方孔”为中心的偏见与傲慢，在根本上反映的是与中原农耕文化相联系的祖先血亲崇拜所产生的自信和某种排他性。《尔雅》载：“九夷、八狄、七戎、六蛮，谓之四海。”解释为：“九夷在东，八狄在北，七戎在西，六蛮在南，次四荒者。”明确地表现了天圆地方，以我为中心，其余为次，以我为文明，其余皆为蛮荒的传统观念。中原历代史官、文人墨客留下了大量并非客观、准确的文献，反映了居于“文化中心”地位的思维模式。随着历史的发展，“文化中心”思想，虽然固化了文化的本身，但僵化的思想也难以适应时局的发展。

天子在朝，威仪四方，汉代强盛，延400余载，使中华文化为本位的结构模式得以辉煌地体现。“月有阴晴圆缺，人有悲欢离合”，国祚亦如此。自汉之后，中原屡经分裂，三国鼎立、五胡之乱、南北分治、重心南迁、佛教入土、西学东渐、蒙古立朝、满人入关，原有的文化中心被不断打破，方孔钱状的传统结构一次又一次受到冲击。危机一旦过去，传统照旧恢复，显现出传统文化的自愈性与吸纳、演化，又重现方孔钱状的格局。

二、历史的倒映

历史，不一定都勒在碑石上或记在书籍里，大多数历史的存在已被消磨得支离破碎，史书也不是历史当天的笔记，大多是由后人补记，或在各种传说中“捡回”补录。尽管这样，仍就有可能在传说、史诗、语言中留下许多当时的痕迹。当然，研究历史，特别是历史文化，不能靠捡拾这些痕迹来做主要依据，当正史的记载缺失或语焉不详时，这些“痕迹”或许能起到一些作用。

汉典在叙述黄帝之前的历史文化时，大多从传说中去找一些痕迹来佐证。少数民族的历史书写也不例外，藏族历史在叙述吐蕃之前的发展经历时，依然在民间传说、史诗中寻找一些“痕迹”，“补齐”那段辉煌的过去。

在西藏山南一座叫贡保日的山上，住着一只观世音化身的公猕猴，在不远处还住着一个罗刹女。罗刹女总是到公猕猴住处去玩。后来，他们结合了，很快就有了六个猴崽，藏族人认为自己就是猕猴的后代。这则猕猴变人的传说，记录在《吐蕃王统世系明鉴》等典籍中，便成了藏族人起源的历史。同样，女娲经过黄河河畔，想起开天辟地以来，创造了山川河流、飞禽走兽，改变了原本一片寂静的世界，但总觉得这世界缺了点儿什么。当她低头沉思，看到黄河水里自己的倒影时，恍然大悟，原来世上缺少像自己这样的“人”。于是，女娲就照自己的外貌，用黄河的泥土捏制了“人”，施以神力，泥人变成了人类。女娲便成了华夏的先祖、福佑社稷的正神。她创造了生命，成为被民间广泛而恒久崇拜的创世神，被称为大地之母。

无独有偶，《圣经》中，上帝耶和华用五天时间创造了白天和黑夜、空气和天、地和海、山川平原、花草树木、日月星辰、鱼鸟动物。第六天，耶和华按照自己的形象，用地上的尘土造出一个“人”，往他的鼻孔里吹一口气，有了灵，“人”就活了，这个“人”能说会道，行走自如，取名亚当。后来，亚当和夏娃感情相悦，便有了人类的繁衍。

无论是猕猴与罗刹女结合、女娲捏泥成人抑或是上帝捏土成人，都是民间代代相传。从传说中找出人类诞生的“痕迹”，再将这种痕迹记录到书中去，便成了人类起源的历史。可见，“痕迹”对于“文化”的演变和流布有着重要的意义。

人类历史发展中的“文化”是一种时间积累，是一种动态的过程，最终积淀成部落人格。藏民族的集体人格是否形成于西藏山南的贡保日山，这是一个值得深入思考的问题。

时间在松赞干布时代可以稍微停留一下。尽管藏族的文明源远流长，但彪炳于世，为汉藏史册同载的则以松赞干布时代居多，犹如中原历朝中的文景之治、贞观盛世一样，成为一种标识、一种记忆。一千多年后的今天，读到松赞干布的事迹，仍然有一种敬畏之情，自豪之感。

松赞干布统一青藏高原，移都拉萨，建立吐蕃王朝，集体映象在那一刻定格。随后，创造文字、颁布法令、修建宫殿；远交汉地、印度、尼泊尔；佛教圣贤在雪域高原驻锡，梵音流布。长安吟唱黄河曲，拉萨应和红山颂。汉地文化的雍容华贵与高原文化的酣畅淋漓成为那个时代汉藏两地文化交融的标识。

暂不去讨论吐蕃时期的疆域，也不去说大、小昭寺和布达拉宫的修建，这些都是文化的外在躯壳，虽然是文化的反映，但毕竟不是文化灵动的脉象，符合这一定义的在笔者看来，只有文字和宗教。

先说说藏文吧。

现行藏文之前，有一种文字，叫古象雄文字。据中国社科院宗教学博士、象雄文化研究专家阿扎活佛说，敦巴辛饶（辛饶米沃切）创造了象雄文字。象雄文字是一种拼音文字，分辅音字母、元音符号和标点符号三个部分。由 30 个辅音字母、4 个元音字母以及其他标点符号，共 40 个字母、符号组成。古代的象雄文字，与其他文字有着相同的说明、叙事、记录、记载、说理、抒情的功能，描述现实的存在，表达人们的想象、渴望、理想，描绘在现实中不存在的东西，并在此基础上通过对现实的加工，把想象的、渴望的、理想的内容表达出来，满足自己情感上的需要。

一路奔波，真心相伴，到了吐蕃时期，随着藏文的创制，象雄文完成了自己的使命，与象雄历史一道，被人们供奉在那神圣的殿堂。

创制藏文的人叫吞弥·桑布札，他是松赞干布时期的一位官员，亲自率领由松赞干布指定的16人组成的求学团队，前往天竺等地学习梵文。先后师从婆罗门大师李瑾学习文字、拉日格桑学习声韵。完成学业后，吞弥·桑布札携带许多大乘佛教经典回到吐蕃。学习是一个艰难的过程，付出的不仅仅是汗水，还有生命。16人团队只剩下吞弥·桑布札回到了松赞干布身边，其他队员则命归尘土。一项伟业的开头，总有若干的付出，心智，甚至生命，文字之花才在此绽放。

回到吐蕃后的吞弥·桑布札，仿照纳卡热和迦什弥罗等文字，根据藏语的特征，创制了藏文。新创的藏文为拼音文字，有30个字母、4个元音符号、5个反写字母（用来拼写外来语），拼写时以字根为基础，由前置字、上置字、下置字、后置字和再后置字组成。书写习惯从左向右横写，每个音节间的右上角用点隔开，句末用一竖隔开。

松赞干布时期藏文的创制，仿佛在一夜间干净利落地完成，与汉文文字的形成截然不同的是没有太多的酝酿、太多的摸索、多次的转变。藏文的诞生与吐蕃之前的象雄文也好，抑或固有文字也罢，没有纠缠与缠绵，相当刚健地存活到今天，而很多与它同时代或稍晚的文字纷纷死亡，藏文则一路走来，生机勃勃，带着一身的珠光宝气、雍容华贵。藏文的健康存活，活出了《甘珠尔》和《丹珠尔》、大小五明文化、萨迦五祖、宗喀巴师徒三尊、宇妥医祖，活出了人丁兴旺。活得那么久，活得那么大，难道就没有自己的精神价值吗？

李贺《致酒行》中有“吾闻马周昔作新丰客，天荒地老无人识”之诗句，藏民族以雪山为伴，萋草为邻，格桑花开过一季又一季，血脉中的善良把天寒地冻，把弱肉强食，把荣耀卑微置于身外。人们在追问，“人生为什么有那么多苦？”人的欲求很多，细究之下，所有的欲求都是虚妄。人世间的种种需求，如感觉、风、霜、雨、雪，山川大地、妻子儿女等都是空相。世间皆苦，那么，有无极乐世界？有！继而在藏民族与藏传佛教的结合点上，藏族的信仰形态契合了藏传佛教产生的时空与地理需求。

鬼、神、自然、苯教都曾是藏民族文化的承载体。到了吐蕃时代，人们开始反思曾经的寄托，寻找一种新的“宿主”，他们将抛弃“存在的历史”，用他们的执着、善良来书写“理性的历史”，这就是藏传佛教。

藏传佛教，亦称“藏语系佛教”，俗称“喇嘛教”，自称“佛教”或“内道”，中国佛教三大系统之一。其有两层含义：第一，指在藏族地区形成和经藏族地区传播并影响其他地区（如蒙古、锡金、不丹等地）的佛教；第二，指用藏文藏语传播的佛教，如蒙古、纳西、裕固、土族等民族即使有自己的语言或文字，但讲授、辩理、念诵和写作仍用藏语和藏文，故又称“藏语系佛教”。佛教在西藏发展的历史一般分为“前弘”和“后弘”两个时期。前弘期自7世纪中叶到9世纪中叶约200年。对于吐蕃来说，佛教是一种外来的宗教，它在与当地原有苯教的不断斗争中发展起来，其间曾占优势。到9世纪中叶，遭到朗达玛禁佛的严重打击，但卫藏地区佛教仍不绝如缕。10世纪末，后弘期开始，佛教逐渐发展成为藏族全民信仰的宗教。

7世纪中，松赞干布迎娶尼泊尔的墀尊公主和唐朝的文成公主，并为她们带去的佛像分建大昭寺和小昭寺，翻译过少量经典，但未建立僧伽制度。其后几代佛教受到压抑，直到金城公主进藏，佛教才有进一步发展度。至墀松德赞（755—797年在位）时从印度迎来寂护和莲花生两位大师，建立桑耶寺和僧团组织，翻译了大量的经典，具备三宝。至墀祖德赞（815—838年在位）时继续发展，委僧人为大相。其继任赞普朗达玛严厉禁佛，只有边区残存一些佛教，前弘期结束。10世纪后期，逐渐由西康、青海、阿里等地将戒律传回卫藏地区。同时有一些人去印度求法，其中最有成绩的是仁钦桑波，译出不少显密经典，以密宗为主。又从印度迎请阿底峡进藏，主要传授显宗教理，兼及密宗。11世纪时，其弟子仲敦巴等形成噶当派。稍后有卓弥·释迦益希从印度学法归来传授弟子甚多，其中昆氏弟子贡却杰波家族形成萨迦派；玛尔巴及其弟子米拉日巴形成噶举派。吐蕃时期莲花生和无垢友所传的密咒因遭禁佛，只在个人家中秘密分散相传，至释迦迴乃将其集中整理成系统，下传弟子形成的一派相对于后来新译的密咒而言，被称为旧派（宁玛派）。11世纪是藏传佛教几大教派开始形成的时期。此外还有过一些小派，如希解派、觉域派、郭扎派、觉囊派、夏鲁派等，但未能在卫藏地区有较大的发展。噶举派后来分成四个支派，其中帕竹派又分出八个小的支派，现在有些还存在。噶当派后来发展成为新噶当派，即格鲁派，又称黄帽派，俗称黄教，成为藏传佛教中最兴盛的一派，至今不衰。

西进的佛教在青藏高原找到了一片生存的沃土，经过风雨，终见彩虹，形成独特的佛教教派，从形式到教义、仪轨的改变，只因要适应那里的雪莲花开、众生重生。藏传佛教教义大小乘兼学，显密双修，见行并重，并吸收苯教的某些特点。显宗说一切有部、经部、唯识、中观四宗中以中观为最发达。小乘的《俱舍论》虽为各派列为必修，但只作为入门的基础知识，没有持为自宗的。无著一系的论典以“慈氏五法”（或称弥勒五论）和无著的两摄《阿毗达磨集论》及《摄大乘论》为中心，尤其是《现观庄严论》以修行阶位为纲，极其简要地概括《般若波罗蜜多二万五千颂》的内容，被视为弥勒五论之首。龙树一系的论典以“正理聚六论”为中心，经过宗喀巴的倡导，中观应成派月称所著的《入中论》最受推崇，此书以菩提心的十种分位分写为十品，其中的第六品现前地中盛破唯识，成为中观论著的代表作。《现观庄严论》与《入中论》两书汉文未译，因而成为藏传与汉传佛学的重要区别之一。藏传显宗教理的传授与探讨特别注重口头的立宗辩论，辩论时严格按照因明学的“应成论式”的规矩进行，辨析精细入微，为其他各系佛学少有。藏传密宗一般分为事部、行部、瑜伽部、无上瑜伽部等四部，而各宗派几乎全以无上瑜伽部的各种教授为主要修行法门，无上瑜伽部的本尊中，以修持父部的集密、大威德，母部的胜乐、欢喜，无上部的时轮等五大金刚者为最多。其仪轨甚为复杂，所有设坛、供养、诵咒、灌顶、送祟等均有严格的规定，需经班智达秘密传授。各派多有特有的法门，如宁玛派的大圆满、噶举派的大手印和拙火定、萨迦派的道果等。藏传佛教历史上采取传大昭等法会形式弘扬佛教，是其特色之一。

藏传佛教传习和修证的处所分为讲道院和修道院两种，也有综合者。较大的寺院都有规定学制。各派各寺的规定不尽相同。以格鲁派哲蚌寺郭莽扎仓为例：因明五年，般若四年，中观两年，俱舍四年，戒律一年，必须循序而进。戒律学完之后统称噶仁巴（经学士），可以申请应试格西学位。格西的名额有限，而且需要一定的费用，所以申请者究属少数，多数人仍继续参加辩经法会，互相切磋，自由讲学，有人则闭关修持所学到的教理，进一步参悟，也可以转入密宗学院。藏传佛教的学位有多种名目。如噶希（四论士）、噶居（十论士）、饶绛巴（博学士），原只是尊称，后学制逐渐严密，产生更多经过考试才能取得的各种称号，如拉仁巴、噶钦、磋仁巴、多仁巴、林赛、佐仁巴、俄仁巴（密咒士）、曼仁巴（医药士）、孜仁巴（算学士）等，有的由其学科内容命名，有的由其应试的场合命名。统称为格西。藏传佛教的寺庙遍布其影响所及的国内外各处，数量极大，大的寺院往往有其下属的子寺或支寺，多者有数十、上百个，母寺与子寺的关系各有紧密与松散的不同。这些寺院规模大小不一，小者只有数人，大者有三四千人乃至七八千人。大寺内有容纳数千人的经堂、精致的神殿，作为夏季辩经场所的林苑，印经院，若干大小“朱古”的府第，众多集体的或个人的僧舍，执事者的办事处、仓库，招待施主的客房、牲圈等。总之，一个寺院往往形成一地区诸事齐备的小社会，是宗教、文化的中心，也是经济中心、政治中心。

藏传佛教的文献极为丰富。藏文的大藏经，把经律论三藏中的律藏分属于经藏或论藏，分别叫做《甘珠尔》和《丹珠尔》。《甘珠尔》一百零几帙，有十几种版本，《丹珠尔》二百二十几帙，有四五种版本；大学者们的著作大都由自己或其门人编成文集传世。有文集者估计有三四百人，总数估计有两三千帙或更多。此外，还有把同类性质书或同一宗派的著作汇集在一起成为丛书的，例如《伏藏宝库》《续部大全》《修法总汇》《道果讲授》《教诫宝库》等，这一类估计共二百帙左右。其他不属于上述三大类的零散著作尚多。

藏传佛教从开始传入就是由吐蕃王室支持和推动的，佛苯之争和顿渐之争的胜负都由赞普裁决。赞普地位的巩固与否也与佛教的兴衰息息相关。后弘期的开始即得力于地方当政者的推动。元朝初年，中央王朝实现对西藏的有效管辖和治理，主要就是以萨迦派第四代祖师为主说服地方各系力量共同完成的。此后历代中央王朝都通过宗教力量加强对西藏的治理。后来代替萨迦派掌握政权的噶举派的帕竹派也是政教合一的。格鲁派兴起之后，达赖、班禅一方面是宗教领袖，一方面也是清廷授权的当政者。总之，朝廷的支持是其发展的重要原因。不少地区的大寺院的寺主掌握着当地的政权、土地和属民，成为一个个相对独立的宗教、政治、经济中心。在 1956 年西藏民主改革前，政教合一制度是藏传佛教的一大特色。藏传佛教的又一特色是汉语中称为“活佛”的制度。“活佛”，藏语称为“朱古”，意为化身。按照佛教的理论，佛有法、报、化三身，菩萨对他下一生如何转世能够自主，他们虽已超脱轮回，而为了教化众生又会“乘愿转世而来”。13 世纪，噶举派的噶玛拔希开始建立转世制度，用以解决法位继承问题，保持宗教、经济、政治的凝聚力，各派纷纷仿效。后来这种制度得到了朝廷的承认，对下一世新的“朱古”重新赐予封号；并为排除寻找灵童时可能发生的弊端，清代制定了由中央政府领导下的金瓶掣签的制度。达赖、班禅转世必须经中央政府批准，成为定制。“朱古”都有自己的府第、财产，有些还占有土地、属民，成为一种势力，与政教合一的制度有密切关系。藏传佛教体系的这些特点，大部分是在后弘期，尤其是在 13 世纪以后逐渐形成的。①

三、书脉的跳动

脉，在《现代汉语词典》中的解释有四：血管；脉搏；植物叶子、昆虫翅膀上像血管的组织；像血管一样连贯而成系统的东西。

---

① 藏传佛教部分，源于参考作者在国图工作时，聆听黄明信先生讲授内容。先生后将所授内容收录于《佛教小辞典》。

这四种解释都适合图书书脉的定位解释。

书籍的外形是我们看得见摸得着的实体。世间万物均有脉象，山有山脉、水有水系、人有人脉，那么，我们在谈书脉之前，简单梳理一下以书为载体的文脉。

中国文脉，是指中国文化五千年来发展中的生命潜流和审美潜流。

这种潜流，在近处很难发现，只能从远处看去，才能领略大概，就像晨曦初露的天际线。

要具体说清楚这种潜流的具体表象，笔者还是无能为力，只能从多处立点来说明它的存在。

这种潜流，既不是官方主流，也不是民间主流，无门无派，断断续续，对周围的其他文化现象有吸附力，有排斥力。这种潜流可以理解为无法抽去的神韵。

历史的年轮早已为我们留下了有迹可寻的文化脉象。文脉的原始材料，是文字。

探源文化的源头，以文字为抓手，或以非文字的文化现象为载体的现象，这种现象又低于文脉等级而又以脉象贯穿于其中的民族整体文化。在此，需要说明的是一些书籍中常有“中华文化”“华夏文化”“主体文化”之说。费孝通先生在多种著述中都讲过文化的多元一体化问题，文化的产生不是一蹴而就的。在文化的一体之前有无数的文化支流。《荀子·劝学篇》云：“不积跬步，无以至千里，不积小流，无以成江海”，文化的形成都是由无数的“跬步”“小流”集成的。文化本身没有高低、先进与落后之分。任何一种文化现象对他文化都有吸附力，更有排斥力，否则，是无生命力的“孤魂”。

汉字大约起源于五千年前，较系统的运用是在四千年前的五帝之末夏之初。

汉字产生之后，经由象形—表意—形声这几个阶段，开始用最简单的方法记载历史。到了商代甲骨文已相当成熟了，但仍不是文化意义上的“文脉之始”。表意—形声之路到了两千六百年到三千年前的《诗经》才有了稻麦的香气和虫鸟之声，更多的是生活中的抒情。文字，真正成熟了。

于是，我们看到了流传着的一大批神话传说，刻写着的一行行甲骨文、金文，吟唱着的一首首《诗经》。

> 葛之覃兮，施于中谷，维叶萋萋。黄鸟于飞，集于灌木，其鸣喈喈。

中国文脉上路了。

先秦时期（公元前21世纪到前221年）是指秦始皇统一七国之前的历史时代。这段时期是传说中的三皇五帝到战国时期，经历了夏、商、西周以及春秋、战国等历史阶段。

这段时期，是以孔子、老子为代表的先秦诸子出场的精神背景。诸子百家的出现对于中国的思想史、哲学史、宗教史有着先河之功，对后世影响甚大，历史贡献卓著，因此，对中国文脉的形成有特殊贡献。

我们在关注诸子百家开启的各种文化之源的同时，更要记住诸子百家所创立的宗教之源。孔子（及孟子）的儒教（或儒家文化）、道教教祖老子等，他们的立言说教，形成后世的儒教（儒家文化）、道教，是中国本土宗教文化，影响中国几千年。

中国文化最纠结的秦朝，秦始皇为了极权焚书坑儒，残酷镇压知识分子，使文化受到严重的斫伤。同时又统一了文字，使中国文脉可以顺畅地书写。始皇的改革，痛及一时，为后世诟病，却因有“书同文”，方有今日之文字。因为两千多年前的那次撕心裂肺的阵痛，避免了文明的割裂、分散、小化，才有绵延不断的传承。

历史总有惊人的相似，吐蕃末代领袖赞普朗达玛因灭佛而使王朝灭亡，欲结束一种文化的传播，没想到结束了自己的性命和王朝，而这种文化则在几百年后兴起，健康地走到了今天。

就文学意义上，历来对中国文脉有一种通俗的文体概括，楚辞、汉赋、唐诗、宋词、元曲、明清小说。

汉赋产生于西汉，一个强大而富裕的王朝，确定了治国的主体思想“罢黜百家，独尊儒术”，儒家思想第一次得到了官方的认可。思想的统一、物质的丰富，是产生辞赋的基础。由于汉赋的华丽、雕琢、堆砌、铺张，很快就成了朝廷的主流文本。

离汉赋不远，出现了司马迁的《史记》。司马迁在历史学上的至高地位暂不论，我们梳理中国的文脉，到《史记》这个具体的节点上，单说他的文学贡献，通过对一个个重要人物的生动刻画，写出了中国历史的魂魄。他将历史拟人化，生命化。他用历史印证了文学。

当然，汉代除了司马迁外，还有曹操、曹丕、曹植父子三人在战火硝烟中接续了文脉。阮籍、嵇康、陶渊明都有自己鲜明的文学主张，或以隐喻志，或以“田园”为标识的人生境界，成了千年不移的文化理想。

中国文脉在一路风景中向四野绽放。诸子百家、《诗经》在黄河流域，屈原、陶渊明在长江流域，象雄文明在阿里高原。这种格局好像保留了上千年，当人们早已习惯了这种格局的时候，公元5世纪，鲜卑人经由大兴安岭出发，铁骑雄风，一路向西，向南，千里西域，都被裹卷，连恒河、印度河、幼发拉底河的波涛也隐约可见。北魏鲜卑政权中的一批杰出人物，以孝文帝拓跋宏为代表，虔诚地拜汉文化为师，善待敬仰佛教文化，这样一来，在中国的北方出现了第一次世界文明的大聚会。中国文脉也因鲜卑族的介入而提升了搏动的脉象。

唐代是一个政治、文化均呈盛世的时代。她在政通人和的同时，也展现了海纳百川的胸怀。

与唐朝同时代的边疆王朝有渤海、南诏、吐蕃及另外一些小的方国。吐蕃于6世纪崛起于山南地区的雅隆部落，其王称“赞普”，7世纪雅隆部落兼并苏毗、羊同诸部，赞普松赞干布定都拉萨，创造文字，统一度量衡，制定法律。

藏文的形成并流行，似乎来得太突然。《藏族简史》讲：“松赞干布任命大臣吞米桑布扎等学习西域和天竺诸国文字……仿照天竺及于阗诸国文字创制了沿用至今的藏文。”藏史称，当时以文字写成文法、翻译佛经、书事纪年、行文发令。推至全藏，记录历史等千秋功德的大事，好像是一气呵成，一夜之间完成似的。事实上这是不可能的事情，历史上的图画文字也好，表音文字也罢，抑或是“假借”他族的成熟文字，都不可能在一代人或数代人中完成文字的普遍使用。这是一个有待进一步考察的领域。文献与考古的佐证，终究会揭示藏文化脉象在历史中的作用。

《大藏经目录备考》中探讨了吐蕃王朝时代留下的书籍主要以佛经译品为主，从《宝集咒》《百拜忏悔经》《金光明最胜王经》开始，最终形成藏文《大藏经》。大藏经分经论两大类，即《甘珠尔》和《丹珠尔》，人们把所有的文字译著都按类放进了《大藏经》这个宝库中去。至此，我们可以轻松地找到藏文化的脉象——佛教。无论是在“五明”(明：百问。包括①声明：语言文字之学；②工巧明：工艺、技术、历算等；③医方明：药石、针灸等；④因明：思想辩论、逻辑学；⑤内明：佛学。)或是其他领域，藏文化的佛脉都牵引了整个文化的发展。

在我国的不同时代，一些少数民族曾创制了文字。如突厥文，约在6世纪创制；回鹘文，是8—15世纪维吾尔族的文字；女真文，古代女真族创制于12世纪，是金朝的官方文字；契丹文，辽代记录契丹语参照汉文字创制的文字；西夏文，记录党项人语言的文字，存世有《西夏文大藏经》等。除此之外，还有以彝文、八思巴文、傣文、察合台文、蒙古文、满文、壮文、水书、布依文等为书写载体的少数民族文献的流存，体现了中华民族文化多元一体的特征。

唐灭后，由藩镇割据而形成五代十国的分裂局面。南唐后主李煜在被俘押解汴京后，历经亡国之痛，推动了词这种文体形式的发展。

> 春花秋月何时了，往事知多少，小楼昨夜又东风，故国不堪回首月明中。雕栏玉砌应犹在，只是朱颜改，问君能有几多愁，恰似一江春水向东流。

由词的连贯使唐宋间的文脉连绵不绝。

宋代重视文官治国，强化科举，文才辈出，范仲淹、欧阳修、王安石、司马光等不仅辅国理政，在文学方面也自成一家，留传后世。

有宋一代，战乱连年，大批文人彰显英雄气概，留下豪迈诗文。陆游、辛弃疾、文天祥就是代表。一个历时三百多年的朝代，没有文化滋养是不可想象的。苏东坡的诗、词、文、书法、佛学，辛弃疾、陆游的沙场赴死，李清照的晚风细雨高雅憔悴都将文化的精髓传承到后世。

现代的人们十分奇怪，中国的文脉为什么没有随着大宋的灭亡而断绝？这也是当时辛弃疾、文天祥们所担忧的事情。

蒙古马队重组了世界格局，把欧洲、亚洲搅得天翻地覆，使死水一潭的世界有了生机。元朝是少数民族在中原建立的王朝，在这之前也有少数民族建立的政权，如辽、金等，但其规模远不如元帝国那么气势如虹，对后世的影响也没那么深远。

元代的诗、词、散文，让人记住的确实不多。但是，中国文脉在元代却异常发达，这就是戏剧。虽比古希腊的悲剧还有古印度的梵剧晚了两千多年，但关汉卿、王实甫、马致远们在元代集约而至，不仅填补了空白，并使戏剧与其他文明并肩于世。

《窦娥冤》《望江亭》《救风尘》《西厢记》《赵氏孤儿》《汉宫秋》……中国文脉在流动。

明、清两朝五百多年，曹雪芹的《红楼梦》全方位地探寻人性美的存在状态和幻灭过程，这是一个世界性的高度。而《三国演义》《水浒传》《西游记》虽与《红楼梦》同称四大名著，但无论在结构、描写、故事、逻辑、场景等方面都不能同日而语，缺失一种精神的纯净而追逐一种场景上的热闹而已。

在稍稍理顺了自孔子、老子到曹雪芹两千余年本土标志性学人后，文化的脉象清晰但不丰满，似乎缺少了些什么。对儒家文化宣示的代表人物的圈点，不能解读中华文化的全部。这，必须请出释家文化、少数民族文化，方能建构一个更精密的中华文化的精神架构。

不得不说佛教文化了。

佛教自汉始传入中国，至今已有两千多年的历史，可以说佛教开始传入中国就与本土文化——儒家文化等很好地结合在一起，两种文化相互包容、相互完善。佛教文化仰赖于儒家文化而传播，儒家文化又仰赖佛教文化而光大。

西汉哀帝元寿元年（公元前 2 年），佛教传入中国内地，魏、晋、南北朝时得到大发展，至隋、唐达到鼎盛，形成天台宗、三论宗、律宗、净土宗、法相宗、华严宗、禅宗、密宗等中国佛教宗派。

到了东汉末年，佛教开始兴盛，西域来华僧众渐多。根据《高僧传》记载，自吴黄武三年（224 年）天竺人维祇难来到吴国所在地武昌始，到北周天和元年（566 年）的三百多年间，就有来自康居、安息、西域、月支、罽宾、伽毗罗卫、中天竺、摩勒等数十个国家和地区的佛教徒来到我国的雒阳、河南、西安、扬州、广州等地弘法。

弘法传教，重点在于佛经翻译，汉代开此先河，自此而降，译经之业，从无间断。依据《开元释教录》记载，自魏到北齐的三百多年间，参与佛经翻译的僧俗人士 115 人，所译佛典经律论 1581 部 4047 卷。

佛教自两汉传入中国之初，并无太多的经籍，译经事业粗具规模当属南北朝时期，开始形成大藏经雏形。自此以降，中外佛学译经家将近万卷印度佛教经籍译成汉文。印度佛教经籍能够在中国立足并流传，首先是中华文明有着海纳百川之气概，有包容一切之胸怀；其次是译经家们依据汉文的对仗修辞，将佛经翻译成人们可以理解的文字，为中国广大信众所接受；第三，佛教传入中国时正值造纸术的发明时期，到了南北朝时，纸的运用已相当普遍，后来又有了雕刻印刷工艺，佛经便有了各种译文的写本和刻本流市。可以说中国文化为佛经的传布提供了土壤，而纸和印刷技术又承载了佛学文化的传承。中国高僧大德、佛学专家的著作也汇入大藏经中去。因此，大藏经不仅仅是印度佛教经籍的翻译作品，更是受中国古代政治、经济、文化思想的影响，逐渐中国化了的文化集大成就的典籍，对中国古代的政治、社会和思想文化产生了巨大而深刻的影响。赵朴初先生曾多次讲过佛教对中国文化的影响，说：佛教传入中国已有两千多年，对中国文化的发展产生了深广的影响，它以独具精神的哲学思想、丰富的精神财富、庞大的文献宝藏、精美的文化遗产而成为东方文化和文明的重要支柱。中国佛教历史上的高僧大德译经著述、创宗立派、传经授业，留下了卷帙浩繁的佛教文学、艺术、历史、哲学的宝贵资料，形成了中国佛教大藏经。大藏经是人类文化史上罕见的巍峨丰碑，凝聚了中国世代人的聪明智慧和辛勤劳动，体现了中华民族的坚韧精神和伟大气魄，这是我们引以为豪的无价的精神宝藏。赵朴初先生精辟的论述，是大藏经在中华文化中的崇高地位的总结。

四、译源论

（一）译的缘起

译，指把一种语言文字依照原义转写表达成另一种语言文字。《礼记·王制》载："五方之民，言语不通，嗜欲不同。达其志，通其欲，东方曰象，西方曰狄鞮，北方曰译。"从文献记载可知，早在商周时代就设置了译官，称为"象胥"。《周礼》载象胥的职责是"通夷狄之言，具有特别才能的人"。这种有才能的人除了具备两种或两种以上的语言能力，还必须是受过专门训练、懂得邦交，能够胜任接待四方来宾、其他民族使者的人。《周礼·秋官》曰："象胥每翟上士一人，中士二人，下士八人……掌蛮夷闽貉戎狄之国使，掌传王之言而谕说焉，以和亲之。若以时入宾，则协其礼与其辞言传之，凡其出入送逆之礼节、币帛辞令而宾相之。"商周时译官的官阶待遇、工作职责都有明确规定。可以看出，翻译机构是商周时代国家的职能部门之一，是随着国家政治、经济、文化的发展的需求而设。秦汉以降，设大鸿胪典客，为九卿之一，掌管诸侯及藩属国事务。汉武帝太初元年（公元前 104 年）改名大鸿胪，降典属国所辖职务并入。因诸王上朝议事、郡国献策、封侯拜相等有涉朝廷大事，多与礼仪相关，后遂变为赞襄礼乐之官，东汉官称大鸿胪卿。机构、官名的更改，并未改变象胥初设的职能，只是加强了司外事和礼宾的职责。

翻译作为一种职业，始于商周时期，由朝廷设置机构履行翻译职能和进行行业管理，其后历代相沿。汉之后，佛教盛兴，西域来华僧人渐多，据《高僧传》载，天竺人维祇难自吴黄武三年（224 年）来到武昌传教开始，至北周初年达摩流支到达长安的四百多年间，就有四十多人来华弘法译经，位列高僧，其他不列《高僧传》者不计其数。又据《隋书·经籍志》称："姚苌时（329—393 年），鸠摩罗什至长安，大译经论。时胡僧至长安者数十辈，惟罗什才德最优。"因为鸠摩罗什的才学，十六国时期前秦君主苻坚派兵攻打龟兹，抢得鸠摩罗什，至武威，前秦变故，苻坚死，于是鸠氏在武威居留十六年。其间，鸠氏专研汉学，为他后来的翻译生涯做好了准备，最终，鸠摩罗什在一路战火的裹挟下，于 5 世纪初年到达长安，开始了他辉煌的佛经翻译历程，他绝美的译笔至今仍载大藏经中。

就在鸠摩罗什到达长安的前两年，一位汉地僧人法显寻着鸠摩罗什早年的足迹，逆向向印度进发。这两串脚印在 4 世纪末 5 世纪初的逆向重叠，正是中国翻译史上的重要时期。

《高僧传》载：

> 释法显，姓龚，平阳武阳人。三岁便为沙弥。及受大戒，志行明敏，常慨经律舛阙，誓志寻求。以晋隆安三年，与同学慧景、道整、慧应、慧嵬等发自长安，西度流沙，凡所经历三十余国。后至中天竺，于摩竭提波连弗邑阿育王塔南天王寺，得《摩诃僧祇律》，又得《萨婆多律》，抄《杂阿毗昙心线经》《方等泥洹经》等。显留三年，学梵经、梵书，方躬自书写。于是持经像寄附商客到师子国，同旅十余，或留或亡。停二年，复得《弥沙塞律》《长杂二含》及《杂藏》，并汉土所无。既而附商人大舶，循海而还。经十余日，达耶婆提国，停五月，复随他商东适广州。举帆二十余日，夜忽大风，合舶震惧，任风随流，忽至青州长广郡牢山南岸，遂南造京师，就外国禅师佛驮跋陀于道场寺，译出《摩诃僧祇律》《方等泥洹经》《杂阿毗昙心论》，垂有百余

万言。后至荆州，卒于辛寺。春秋八十有六。

翻译在五代十国间达到了相当高的水准，翻译的底本主要为印度僧人来华所带梵本和中土僧人自印度带回的梵文佛经。也有人考究大藏经后认为，当初的译经并无底本，只凭译人背诵而译。纵观大藏经，背诵而译只是个别而非主流，绝大多数是依梵文而译汉文的。

佛经的翻译，为佛教传播做出了极大的贡献。僧伽制度的建立，极需寺庙的建设。以寺作为弘法的基地和翻译佛经的地方，则来源于印度佛教的传承方式。在我国，东汉始有浮屠，历朝壮大，到南朝时，已成规模。杜牧诗云："南朝四百八十寺，多少楼台烟雨中。"金陵一处，尚有"四百八十座"寺庙，南朝的佛法兴盛可见一斑。

（二）译的管理

自秦汉之后，边疆的少数民族、部落、方国以及藩属国的朝贡与中原王朝的交往事宜均由大鸿胪行使管理与领导。到元朝时，因疆域扩展，原大鸿胪已不适应时代需求，又在礼部下设置会同馆，统领原属大鸿胪的事务。据《元史·百官志》记载："会同馆，秩从四品。掌接伴引见诸番蛮夷峒官之来朝贡者。至元十三年始置。二十五年罢之。二十九年复置。元贞元年，以礼部尚书领馆事，遂为定制。"明初礼部复设鸿胪部，但其职能完全改变，专管皇家事朝庙礼仪。明永乐五年（1407年）专门设置翻译边疆少数民族及邻国语言文字的机构——四夷馆。设置之初，隶属翰林院，后又以太常寺少卿提督馆事。

《明史》卷七十四《职官志》载：

> 太常寺提督四夷馆。少卿一人，正四品，掌译书之事。自永乐五年，外国朝贡，特设蒙古、女直、西番、西天、回回、百夷、高昌、缅甸八馆，置译字生、通事，通事初隶通政使司通译语言文字。正德中，增设八百馆。八百国蓝者哥进贡。万历中，又增设暹罗馆。

初设四夷馆隶翰林院，选国子监生习译。宣德元年，兼选官民子弟，委官教肄，学士稽考程课。弘治七年，始增设太常寺卿、少卿各一员为提督，遂改隶太常。嘉靖中，裁卿，止少卿一人。[1]

明朝初年的南京国子监是明太祖朱元璋下令设立的全国最高学府。国子监除了本国学生外，还有高丽、日本、琉球、暹罗等国留学生。明成祖朱棣继位后，迁都北京，把国子监学生教师一同带往北京，并建国子监。南京国子监的功能被北京国子监取代。明永乐五年，成祖朱棣下令在南京国子监基础上开设了我国历史上第一所“外国语学校”——四夷馆。四夷馆创设的主要原因是明承元统，疆土辽阔，在其统属下的藩国、方国、边疆少数民族部落众多，朝廷对其管理的政令通达、附属藩国的国书往来都需要专门人才翻译。鉴此，明朝为培养外交翻译人才，设立四夷馆，专门负责往来外交藩国、少数民族文书的翻译，并在此教习诸藩语言文字。

关于为什么要设立四夷馆，明代学者丘濬在其《大学衍义补》中有进一步的说明。

> 译言之官，自古有之，然惟译其言语而已也。彼时外夷，犹未有字书。自佛教入中国，始有天竺字。其后回回、女直、蒙古、缅甸，其国之人黠慧者，各因其国俗而自为一种字书。其来朝贡，及其陈说辩诉求索，各用其国书，必加翻译，然知其意向所在。

中原与周边民族、国家间朝贡、贸易往来，需要大量的翻译人员，为了培养这种人才，四夷馆应时而生，成为我国历史上最早培养翻译人才并由官方设立隶属翰林院的专门机构，具有教学和为朝廷提供翻译服务的职能。最初是从国子监生员中选生员，设立专门馆舍教习，同时由各边疆镇防机构寻求生员保举入学。

---

① 《明史》，卷七十四《职官志三》，北京，中华书局，1974。

《礼部志稿》卷九十二“选四夷馆教师”条[1]对教师的聘用有详细记载：

> 大学士李东阳等言，四夷馆教师必番字番语与汉字文义俱通，方能称职。故事，于本馆推选或于各边访保，务在得人。顷来教师多缺，宜令本馆提督官从公考试，优等送内阁覆试，照缺委用。仍乞敕陕西云南镇守等官，访取精晓鞑靼、西番、高昌、西天、百夷言语文字，兼通汉字文义之人，照例起送，赴部奏请，量授官职与本馆教师相兼教习。务使译学有传，不致临期误事。诏是。

四夷馆初创时，只设鞑靼、女真、西番、西天、回回、百夷、高昌、缅甸八种语言。明正德六年（1511 年）增设八百馆，明万历七年（1579 年）又设暹罗馆。

语种译馆的增设与明代中前期的政治、经济、贸易、文化发展是分不开的。概括起来就是：资本主义萌芽、社会生产力在明代社会的发展促进了中外交流的广度和深度；商品经济的发展催生了语言文字翻译的必要；明朝作为东方大国，是政治经济文化高度发达的国家，为世界瞩目；明朝的文学艺术空前繁荣，宋明理学达到完善，农学、医药学、金属冶炼等科学技术具有世界领先地位。大批传教士竞相来华，带来了西方文化，在西学注入中国文化系统的同时，中国文化也经西方传教士的宣传介绍，在欧洲传播开来。文化的交流与传播，离不开语言文字的翻译，明代文化的厚重地位，为中外语言文字翻译机构的成立提供了契机。

《正教奉褒》：

> 统计明季奉教者，有数千人。其中宗室百有十四人，内官四十，显宦四，贡士十，举子十一，秀士三百有奇。其文定公徐光启、少京兆杨廷筠、太仆卿李之藻、大学士叶益藩、左参议瞿汝说、忠宣公瞿式耜，为奉教中尤著者。

---

① ［明］林尧俞等撰：《礼部志稿》，文渊阁《四库全书》第 598 册，685 页。

大量外国传教士来到中国传教的同时，也带了一些宗教之外的医学、文学、地理、天文历算等学科知识，为明王朝的统治阶级包括知识分子带来了新的知识，拓宽了眼界，而来自西方的学科知识也为统治者和部分文人所接受。

《明史·历志》：

黄帝迄秦，历凡六改。汉凡四改，魏迄隋十五改，唐迄五代十五改，宋十七改，金迄元五改。惟明之《大统历》，实即元之《授时》，承用二百七十余年，未尝改宪。成化以后，交食往往不验，议改历者纷纷。……崇祯中，议用西洋新法，命阁臣徐光启、光禄卿李天经，先后董其事，成历书一百三十余卷，多发古人所未发。时布衣魏文魁上疏排之，诏立两局推验。累年校测，新法独密，然亦未及颁行。

（万历）三十八年，（钦天）监推十一月壬寅朔日食分秒及亏圆之候，职方郎范守己疏驳其误。礼官因请博求知历学者，令与监官昼夜推测，庶几历法靡差。于是五官正周子愚言："大西洋归化远臣庞迪峨、熊三拔等，携有彼国历法，多中国典籍所未备者。乞视洪武中译西域历法例，取知历儒臣率同监官，将诸书尽译，以补典籍之缺。"先是，大西洋人利玛窦进贡土物，而迪峨、三拔及龙华民、邓玉函、汤若望等先后至，俱精究天文历法。礼部因奏："精通历法，如邢云路、范守己为时所推，请改授京卿，共理历事。翰林院检讨徐光启、南京工部员外郎李之藻，亦皆精心历理，可与迪峨、三拔等同译西洋法，俾云路等参订修改。然历法疏密，莫显于交食，欲议修历，必重测验。乞敕所司修治仪器，以便从事。"疏入，留中。未几云路、之藻皆召至京，参预历事。云路据其所学，之藻则以西法为宗。四十一年，之藻已改衔南京太仆少卿，奏上西洋历法，略言台监推算日月交食时刻亏分之谬。而力荐迪峨、三拔及华民、阳玛诺等，言：其所论天文历数，有中国昔贤所未及者，不徒论其度数，又能明其所以然之理。其所制窥天、窥日之器，种种精绝。……乞敕礼部开局，取其历法，译出成书。

徐光启、李之藻等科学家的出现与意大利传教士利玛窦大有关系。他们跟随利玛窦学习西方科学，接受天主教教义，专于天文历算。他们孜孜不倦，在西学东渐中有着不可磨灭的贡献。

（三）译的延伸

明朝沿袭元代旧制治理国家，但在经济贸易、文化科技、外部交往等方面则与元代大不相同，特别是资本主义萌芽在经济领域的诞生、西方科学技术的传入，使翻译行业成为国家间、属国间、商品贸易过程中不可或缺的沟通环节。

明王朝初年，管理周边属国的译文机构仍是会同馆。明代礼部复设鸿胪，但职责由翻译管理机构变为专事皇家朝庙礼仪的部门。翻译之职能由新设置的四夷馆所代替。四夷馆隶属礼部，司其外交事务、科举考试、文教礼仪、边疆部落来往函件的翻译管理；会同馆隶属兵部，兵部在明代各部机构中是最为重要的权力部门，司其武卫官军选授简练、掌管国家军队的重要职责。会同馆主要负责诸国朝贡使团的接待迎送及各使团的翻译工作。朝鲜、日本、琉球、安南、占城、暹罗、满剌加、百夷、西番、回回、高昌、鞑靼、女真等十三馆均由会同馆负责，除十三馆外，还承担真腊、爪哇、苏门答腊、缅甸、河西等地的语言翻译。

清代仍沿明制，与属国的交往仍设置会同、四夷两馆，各司其事。清顺治元年（1644 年）改四夷馆为四译馆，隶属翰林院，主要翻译各藩属国朝贡文字；会同馆仍属礼部，设置主客司管理边疆事务。乾隆十三年（1748 年）会同馆、四夷馆合并为一家，称会同四译馆，隶属礼部，改八馆为西域、百夷两馆。

《钦定皇制通典》:

> 初制，会同、四译分设两馆，会同馆自顺治初置，即隶礼部，以主客司满洲汉人各一人提督馆事……国初沿明制置隶于翰林院，设太常寺汉少卿一人提督馆事，立回回、缅甸、百夷、西番、高昌、西天、八百、暹罗八馆以译远方朝贡文字。乾隆十三年，以四译馆闲冗无事，诏下大学士礼部定议，省提督馆事太常寺少卿员额，并入礼部，为会同四译馆。改八馆为二，曰西域馆、百夷馆，以礼部郎中一人兼鸿胪寺少卿衔兼摄之。[①]

会同四译馆成立之后，继续各文种的翻译和译语的修订和编写。其中《朝鲜馆译语》记录朝鲜半岛语,《暹罗馆译语》记录泰国语,《八百馆译语》记录泰国语,《缅甸馆译语》记录缅甸语,《高昌馆杂字》记录回鹘语,《百译馆译语》记录傣语,《回回馆译语》记录波斯语,《西天语译语》记录梵语悉昙字,《西番译语》记录藏语,《女真译语》记录女真语,《鞑靼馆译语》记录蒙古语。

聂鸿音、孙伯君先生在其著《〈西番译语〉校录及汇编》中，从版本学的角度，对各种译语的藏本做了详细的考证，认为“于乾隆十五年（1750 年）编订了十一种译语”[②]。

随着清代中后期沿海口岸的开放，同英国、法国、意大利、德国、美国等西方国家通商贸易的增多，会同四译馆储备了大量翻译人才，并增设了西洋馆，着手编译了诸国语言与汉语对译的词汇集，并在此基础上逐渐形成了中外对译的权威工具类词典。

（四）译的丰富

语言与文化相互依赖、相互影响。语言是文化的重要载体，反之，文化对语言有着制约作用。从象胥、大鸿胪、会同馆、四夷馆、会同四译馆

① 《钦定皇制通典》，文渊阁《四库全书》第 642 册。

② 聂鸿音、孙伯君:《〈西番译语〉校录及汇编》，北京，社会科学文献出版社，2010。

的设置来看，除了国家管理机构的需要外，民间的需求同时跟进，或者说民间翻译的成熟促进了国家翻译事业的发展。

从翻译的形式上讲，有口语翻译和书面文字翻译两种。口语翻译源于何时已无法考究，但口语翻译肯定早于文字翻译。两个语言不同的部族间的以物易物、部族间矛盾冲突的解决等，沟通协调的居间人，可能就是最早的口语翻译者。而文字翻译则不同，它必须有译和被译两方面的文字存在，这是文字翻译的前提。

翻译作品的代表作应该是《大藏经》，它是佛教经典的总集。按文种分汉文、藏文、巴利文三大体系。东汉以降，佛教盛兴，西域僧人来华者，前后相望。佛教的传播与佛经的翻译几乎同时存在。据《高僧传》载，东汉末年，天竺人维祇维来到武昌，开始了译经弘法授徒。《隋书·经籍志》称："姚苌时，鸠摩罗什至长安，大译经论。时胡僧至长安者数十辈，惟罗什才德最优。"可见，仅姚苌时，西方来华传法僧人就已数十辈。遍布全国各地。弘法之事，以佛经翻译为重。按《高僧传》记载："汉灵之时，天竺沙门竺佛朔赍《道行经》来适雒阳，即转梵为汉。""沙门昙果，于迦毗罗卫国得梵本，康孟详与竺大力译为汉文。""支谦以大教虽行，而经多梵文，未尽翻译。已妙善方言，乃以集众本，译为汉语。"

佛经翻译，开端于东汉，盛于晋代十六国，有朱士行、法显、鸠摩罗什、竺昙摩罗刹等中外高僧大德弘法译业，方有《大藏经》之雏形，成为中华文化重要的组成部分。藏文的翻译与汉文的翻译一样，也是从佛经开始的。新藏文的创制在吐蕃历史上具有划时代的意义，使吐蕃昂首踏入一个文明发展的新时代。《旧唐书·吐蕃传》上称："无文字，刻木结绳为约。"[①] 松赞干布统一西藏高原，建立了强大的吐蕃王朝，面对辖区内不同语言和部落之间的联系，怎样制定并推行律法，实施管理职能，如何与周边区域的国家交往，文字的创制成为最迫切的问题。于是，文字创制的重任落到了吞弥·桑布扎的身上。他肩负国王的重托，率队前往天竺，遍访

① 《旧唐书》卷一九六。

名师，历经艰险，九死一生，学成返回，以梵文字母为基础，创制了使用至今的藏文。“藏文的创制确实为后世将梵文和其他文字佛经翻译成藏文，并对藏文的迅速发展产生了根本性的影响。”[①]

大约在7世纪末的赤松德赞时期，来自汉地、天竺、尼婆罗、于阗等地的佛教经论陆续译成藏文，成为藏文《甘珠尔》和《丹珠尔》的雏形，为藏族文化重要组成部分，翻译工作有着决定性作用。从事藏文翻译的人，称之为译师，藏语称“罗匝瓦”，其意为“世间眼”。在藏传佛教里，“译师”是一个很受尊敬的称谓，有时本人自称“翻经沙门”，也有自豪的意味。印度佛教传到吐蕃，其教典义理深奥、内容复杂，翻译工作要做好很不容易。而且所谓译师，不限于翻译，很多人在修证上也有很高的成就，他们还收徒讲授，指导修证，达到很高的境界。例如噶举派的祖师玛尔巴译师，他以修证成就著称，但仍以“译师”见称于世，因为“罗匝瓦”本身已经是很高的称呼，不必再用其他的尊称。“罗匝瓦”这个称呼不能与其他尊称混为一谈，等闲视之。不少藏文史籍里列有长长一串“班智达”与“罗匝瓦”的名单，大同小异，大体上是前弘时期有罗匝瓦五十余人，后弘期有罗匝瓦一百三十七或一百六十八人，总共二百人左右。早期的译师多与班智达合作；后来，独立工作者渐多。吐蕃时期最著名的九大译师，前期、中期、后期各三位，其中尤以后期三位的译品为最多，三人的翻译各有重点，极其粗略地说，来尚·慧军以经为重点，属卢·龙幢以律和中观为重点，噶瓦·吉祥积以论为重点。这些译师不仅限于译，他们既译又著，终成贤德，为一代宗师。

藏文的翻译主要是佛教经典，寺院集中了大批的高僧大德、精英人才，寺院自然就成了翻译基地，既契合了寺院弘法的功能，又赋予了寺院翻译出版的职能。那塘版、理塘版、卓尼版、德格版、塔尔寺版、拉卜楞寺版等寺院印制的《大藏经》及其他书籍，对藏文化的传播发展有着重要的作用。

---

① 张云、林冠群主编：《西藏通史·吐蕃卷》（上），北京，中国藏学出版社，2016。

汉文化、藏文化、蒙古文化、满文化以及其他民族文化，从现存的典籍看，并非单一民族文化，而是有着许多其他民族文化的元素存在，吸纳并蓄，丰富发展，最终形成海纳百川之势，翻译成为文化互通的手段和桥梁。寺院、会馆、藏书楼等既是翻译的场所，又拥有图书印刷、收藏等管理机构的职能。

翻译，从当初的语言表达技术到后来的多文字表达的技艺，最终形成一门独特的社会学科，与中华文化一起走过了从初始到辉煌的路程。翻译，一直是文化与文化间的桥梁。梳理翻译的源流，可以清晰地发现中华文化的厚实与博大，与他文化的进入和汇集分不开，博采众长，海纳百川，铸成了中华文化延绵不绝。翻译，功莫大焉。

五、方言的记录与文献交代

自吞弥・桑布札创制藏文至今的一千多年时间里，吐蕃王朝的衰亡，萨迦政权、帕木竹巴政权的更替，各教派的兴起与参政，斗转星移，沧海桑田。政权的变迁并未改变藏文的一路前行。从历史语言学的角度去考察吐蕃时期的藏语读音和现代藏语各地方言的读音状况，两端对比，读音变化明显。进一步深究，何时开始变化，为什么而变时，则众说不一，难以验证。但藏文的拼写并没有因读音的变化而改变，这一点是肯定的。“书同文，车同轨”的文字规则，在藏文初创时就定下，避免了早期其他文字初兴时的变化无序之弊。

藏语方言的形成，除了语音在历史不同时期的演化外，更主要的是语音是社会的一部分，语言的变化并不是一种孤立的现象，它是社会发展变化的客观反映。语言在历史发展中总是随着社会的变化而变化的。藏文虽是由 30 个辅音字母和 4 个元音字母组成的表音文字，但人们并没有按照语音的变化去拼读藏语口语，藏语口语的读音与书面藏文之间有了很大的差距，形成了各地的方言。当然，方言的形成除了因口语与文字拼读不一致外，地域政治、经济、文化发展不平衡也是方言形成的因素。人们一般认可因自然地理的阻隔和路途的遥远与艰难，语言有可能分化出方语言或演化出一种新的语言。在语言区域划分上，我们把吐蕃社会分为城市中心区域、农区社会和牧区社会。城市中心区域对周边地区语言影响力的强弱，取决于城市中心区域的政治文化地位。该区域语言向其四周的传播是渐进而缓慢的。一般说来，农区社会和牧区社会的语言相对比较稳定。随着政治、经济、宗教、文化的变化，城市中心区域的语言演化肯定要快于农牧区社会，但差别不会太大。如果说远古社会人们所操的语言是统一的，那么随着城市社会、农区社会、牧区社会语言发展演化差别的存在，自然就形成了地方方言。

语言学研究中，有人认为方言区的形成是造成吐蕃解体的重要原因，本书仍按这种观点进行梳理。一般说来，以拉萨为中心的卫藏方言区，经历了多次较大的社会政权变更，因有政权、经济、宗教、文化中心地位的存在，在语言方面仍起着引领的作用。北部的安多方言区，吐蕃原属地甘、青、川、滇等与汉区接壤的众多部族大多归属于中原王朝统辖，接受外来语较多，形成了独特的方言区域。东部的康方言区是一个典型的多民族区域，地处藏彝走廊的大部分区域，操藏语康方言的藏族诸部落群体也恰好分布在这一区域之中。《西番译语》中的四川松潘镇、松茂道、茂州汶川县、保县、静州、陇木、岳希、牟托、沙坝、水草坪、竹木坎、杂谷、梭磨、竹克箕、大小金川、沃日、清溪县、木坪、涥斯甲、巴底、巴旺、冕宁、打箭炉、木里等近百处操不同方言的地方均属四川管辖，所操方言与卫藏方言有着渊源关系。

语言的差别为统治者和被统治者都带来了诸多的不便，政令难以通达、民意不畅、贸易纠纷等都会造成社会的不稳定。特别是四川西部的嘉绒藏族、白马藏族、木里藏族等诸部族的方言差别相当大，使得统治者的统治相当棘手。

“川省三面环番，往往有胥役、兵目、通事擅入滋扰……川省营伍废弛，急需整顿。”[①] 乾隆十五年（1750 年）三月，四川总督策楞、提督岳钟

① 西藏研究编辑部编辑：《清实录藏族史料》（三），拉萨，西藏人民出版社，1982。

琪的奏章中提到了四川与藏族居住地的特殊地理位置和所发生的事由。

同年八月，策楞又上奏：

> 遵旨采集番书，除土番内或有音无字，或字不全备，无凭采录外，所有龙安、松潘译语、茂州、保县、汶川、雅州、宁远、打箭炉、冕宁、盐源、叙永等厅、州、县所辖西番、倮㑩字语，遵四译馆西番书例注明音义，就其同者合之，异者分之。统辖之道、府、厅、州、县并部落土司，载明卷首，以备稽考。计共十一本，仅缮写进呈。[①]

这套奉旨编写的《西番译语》，成书于乾隆十五年，是由四译馆组织编写的一套少数民族语言教材，借以培养生员，以保证官府与川西诸部族的沟通交流。聂鸿音、孙伯君先生在《〈西番译语〉校录及汇编》中也认为《西番译语》的功用是教材，“以备在与川西地方政权交往时充任笔译和口译”[②]。当然，对一种文字的学习都有一套规范的方式，藏文是从字母入门拼读，渐次有书写有文法，再入文本解读。《西番译语》每册载字740条，没有文法例句，很难起到笔译或口译的字典作用。从译语的藏文相对应的汉字对音、汉义排列看，很可能是初学者的启蒙教材。这与传统的汉藏蒙童的训蒙教育有所不同，在当时的社会环境下制定这种藏汉对译教材，对学习藏汉或汉藏语言的人，的确起到了“入门”的作用。这个“入门”的学员不一定是传统意义上的“蒙童”，有可能是涉及藏汉事务的相关人员，这与汉藏两地传统的训蒙教育不一样。

《西番译语》包括《嘉绒译语》《松潘译语》《象鼻高山译语》《白马译语》《多续译语》《木里译语》《栗苏译语》《打箭炉译语》《木坪译语》，各册在编写时遵循地方政府统一规定的体例，每册卷首标明该语音使用的地理范围，正文收录有藏汉文对译的各方言词语，以词义分类，共20门，每卷收词740条。以词为单位，分三个部分，即汉、藏文语义及对应藏文

① 西藏研究编辑部编辑：《清实录藏族史料》（三），拉萨，西藏人民出版社，1982。

② 聂鸿音、孙伯君：《〈西番译语〉校录及汇编》，北京，社会科学文献出版社，2010。

的汉字译音。

据学者研究，《西番译语》作为民汉双语注音类辞书，具有很高的版本价值：

权威性——明清官方语料文献。《西番译语》是明清两代朝廷编写的汉藏对照词典，以为朝廷公文翻译及译员培养之需而作，由官方在语言调查的基础上，筛选出公文常用词、日常交流常用词、具有民族地区特点的特殊词等，多数为高频词，以统一的汉语单词作为源语，收集不同地区方言填注藏语单词，并用汉文标注藏语发音，是两朝官方使用的语料工具书，具有很高的权威性。

典范性——钦定译语范例。古代民族语文与汉语的双语注音类辞书，以明朝洪武本《华夷译语》为典范，清代传习并完善了明朝这一审音传统，继续各类民文及外文译语的编写与修订。又遵乾隆谕旨，以《西番译语》为体例，勘校及编写其他译书："如海外诸夷，并苗疆等处……照西番体例，将字音与字义，用汉文注于本字之下，缮写进呈，交馆勘校，以昭同文圣治。"① "既有成编，宜广为搜辑，加之核正，悉准西番书例，分门别类，汇为全书。"② 即编写的译书以及四译馆所存各类译语，均须以《西番译语》为范例，可见其对清代官修译语版本所起的重大作用。它不仅在汉藏对译辞书编纂史上，同时也在民汉双语对译辞书编纂史上具有重要地位。

独特性——从语料的角度，为多种学科提供珍贵的研究素材。明代《西番译语》各本中，收录词条最多者为942条。③ 故宫所藏清抄本《西番译语》，收词2103条。④ 本文所用底本国家图书馆的9种晒蓝本，是清乾隆年间四译馆编写，以义聚类，分20门740个单词（也有学者提出此版

① 《清实录》一三，卷324，"乾隆十三年九月上"，转引自聂鸿音、孙伯君编著:《〈西番译语〉校录及汇编》，20页，北京，社会科学文献出版社，2010。

② 转引自任小波:《明清〈西番译语〉传本寻踪》，载《中国藏学》，2009（3），132页。

③ 聂鸿音、孙伯君编著:《〈西番译语〉校录及汇编》，7页，北京，社会科学文献出版社，2010。

④ 施向东:《清朝本〈西番译语〉藏汉对音译例研究》，载《民族语文》，2019（4），3页。

本为明代刻本之误断[1]），是诸多译语中门类完善、语料最丰富的品种之一。这些内容对明清历史、两朝汉语、藏语的语言史、方言及两种语言的比较、双语辞书等研究，都具有重要的文献价值。

2011年，国家图书馆馆藏的《西番译语》晒蓝本，入选我国第一个文化产业专项规划“文化产业振兴规划”中的“中华字库”工程，也体现出《西番译语》在少数民族古籍文献，乃至浩繁的中国古籍文献中的重要性。[2]

《西番译语》的分布使用区域，大致在今天四川成都西南、西北、正西，大渡河、岷江流域一带。该区域地处藏族聚居区的东部边缘，受以拉萨为中心的藏文化和以成都为中心的汉文化的双重辐射，又因距离遥远而处于两种文化影响的末梢地域，于是，该区域既保留了藏文化和汉文化元素，又保留了自身的区域文化元素。在对《西番译语》校雠过程中发现，因木里、打箭炉相对距拉萨较近，《木里译语》《打箭炉译语》所载文献语料与拉萨语对照，相同或相似的比例十分高，而白马、嘉绒地区距成都较近，《白马译语》《嘉绒译语》中的语音借代词较多。受不同文化的影响而引发的语言的变化，必将在语音发展史中留下印迹，这对研究语言的历史音变、区域文化发展，留下了难得的语料佐证。

《西番译语》的每种正文之前都有文字多少不一的序言，详细说明了译语的行政区划归属。聂鸿音、孙伯君先生在《〈西番译语〉校录及汇编》中对译语序言所载的地名、道、营、土司做了细致的考证。《西番译语》序言中所指的方言流布的行政区划，随着行政设置的更替、方言的变化传播，已不能和今天的行政区划相对应。依据西田龙雄、孙宏开先生确立的九种《西番译语》所属语支与现代语音的对应关系，这九种译语对应的语言情况如下：嘉绒译语——嘉绒藏语，松潘译语——藏语安多方言中的农区话，象鼻高山译语——藏语安多方言中的农区话，白马译语——白马藏

① 任小波：《明清〈西番译语〉传本寻踪》，载《中国藏学》，2009（3），130页。

② 德庆央珍：《藏文古籍数字化出版探索——〈西番译语〉在线词典构想》，载《辞书研究》；2021（4），47～48页。

语，多续译语——尔苏藏语中部方言，木里译语——藏语康方言，栗苏译语——尔苏藏语西部方言，打箭炉译语——藏语康方言，木坪译语——藏语康方言。

本书的编著，缘于《国家“十一五”时期文化发展规划纲要》中的“中华字库”工程，孙伯君先生主持该工程中的“少数民族现行文字的搜集整理”，笔者承担“古藏文的搜集整理与字库制作”子课题的研发工作。因课题需要，确定用国家图书馆馆藏《西番译语》晒蓝本为藏文无头字选取字符。国家图书馆藏晒蓝本《西番译语》制作和保存都很好，除个别字迹模糊外，其余字迹清楚，表达完整。

本书以国家图书馆藏晒蓝本《西番译语》九册为底本，按《西番译语》统一的义类编次20门为类别设置，增加现代藏语为题头词，打乱九种译语原有的行政区划为方言单位的固有排序，在原有义类编次的框架下，将九种译语中相同词汇集在一起，这样可以直观地看出各方言相同词间的异同，同时可以与现代藏语进行比较。重组后的译语，使读者看到的已不是原来单一的方言词汇，而是以一种居高俯视的视角，九种方言间的差异变化、各方言与现代藏语的远近疏离一览无余，让语言研究者在历史语言学、比较语言学领域有一个直观便捷的研究路径。

晒蓝本《西番译语》九册中，除《多续译语》外，其余八册的藏文用无头字书写。每册均按词汇属性分类，以“天文门”开始，到“通用门”结束，共二十门。从九种译语书写规律看，应该是由多人完成的，可以看出汉藏文书写者，并不一定同时通晓两种文字，按汉文的基本词，写出与之对应的藏文及标音。从译语中也能发现个别有趣的现象，可能因为序号出错，出现藏汉表意和藏汉对音错位的现象，但错位的位置不远，由此推测是汉藏对译时序号出现了差错。

在校雠过程中，遇到的最大难题是对藏文无头字的辨识和对《多续译语》的有头字加点断开。译语中是否保留了当时、当地的习惯拼写法，现在不得而知。如 ཁྱེད། ཨུཛོ། གིནརལི། ཏངས། ནཛོ། ཏཛེས། ，为了保持语料的原貌，将这些现在看起来不规范的词全部保留。

在《西番译语》晒蓝本中，有个别字、词在晒制过程中变得模糊不清，不能识别，用“□”来表示。个别字迹难以准确辨认的，以括注的办法，尽可能反映字迹的真实性，如 པུ(སྤུ)། རྩ(ཙ)། ཤིང(ཤྲིང་།) ཚོས(ཚོསི)，这样一来就能比较真实地反映文献的原貌。

从文献所载的语料可以看出语言的变迁，包括词汇音变、构词规律等。它们记载了当时的语言概况，成为方言发展过程中的历史印迹。《西番译语》存世三百余年，从历史语言学的角度，记录了汉藏民族间的交往、交流、交融情况。在悠久的历史长河中，各民族共同创造了灿烂的中华文化，构筑了休戚与共的中华民族命运共同体。包括《西番译语》在内的语言类、方志类、历史类、医学类等少数民族古籍，作为中华文化的重要承载者与中华民族命运共同体的重要物证者，记录着各民族在不同时期的社会制度、生产情况、语言和文化状况以及各种生活的历史轨迹。“二十四史”、《西南彝志》、《西藏王臣记》、《青史》、《蒙古黄金史》、“满文老档”、各民族流传的《创世纪》等，共同书写了中华民族的辉煌壮丽。

《西番译语》校雠

天文门
地理门
时令门
人物门
身体门
宫室门
器用门
饮食门
衣服门
声色门
经部门
文史门
方隅门
花木门
鸟兽门
珍宝门
香药门
数目门
人事门
通用门

天　现代藏语　གནམ།

地　区	译　语	汉文标音
嘉绒译语	ཏུ་སྨུ།	得某
松潘译语	གནམ།	难
象鼻高山译语	གནམ་སྔོན་པོ།	老包
白马译语	གིན་ཡེན།	诺
多续译语	དམེལ།	墨
木里译语	གནམ།	浪
栗苏译语	གནམ།	墨等刻
打箭炉译语	གནམ།	浪
木坪译语	གནམ།	难

日　现代藏语　ཉི་མ།

地　区	译　语	汉文标音
嘉绒译语	ཀེ་ནི།	各领
松潘译语	ཉི་མ།	尼麻
象鼻高山译语	ཉི་མ།	尼麻
白马译语	ཉི་མ་ཡས།	业
多续译语	ནེ་མ།	乃麻
木里译语	ཉི་མ།	尼麻
栗苏译语	ཉི་མ།	尼麻
打箭炉译语	ཉི་མ།	尼嘛
木坪译语	ཉིན་མ།	尼麻

雪　　现代藏语　ཁ་བ

地　区	译　语	汉文标音
嘉绒译语	དད་སྨུག	代巴
松潘译语	ཁ་ངན།	哈哀额
象鼻高山译语	ཁ་བ།	渴瓦
白马译语	ཁའ་བར།	卡
多续译语	ཁྱེ།	噎
木里译语	ཁ་བ།	奎瓦
栗苏译语	ཁ་བ།	衣
打箭炉译语	ཁ་བ།	卡哇
木坪译语	ཁ་བ།	渴瓦

电　　现代藏语　གློག

地　区	译　语	汉文标音
嘉绒译语	ཏུ་ཡེ།	倒也
松潘译语	མཚའ་ཕོ།	仓把
象鼻高山译语	གློག	洛
白马译语	གློག་ཧྣད།	鸾入
多续译语	དམེ་ལག	墨拉
木里译语	གློགས།	诺
栗苏译语	གློག	麦列
打箭炉译语	གློག	猓
木坪译语	གློག	洛

雾　现代藏语　སྨུག་པ།

地区	译语	汉文标音
嘉绒译语	ཏ་ཁུ་ཀུ་རེ།	达库各儿领
松潘译语	སྨུག་པ།	木巴
象鼻高山译语	སྨུག་པ།	木罢
白马译语	མུན་པར།	牟八
多续译语	ནུ་མོ།	喏模
木里译语	ཨུ།	温
栗苏译语	སྨུག་པ།	者色
打箭炉译语	སྨུག་པ།	木罢
木坪译语	སྨུག་པ།	木罢

霜　现代藏语　བ་མོ།

地区	译语	汉文标音
嘉绒译语	སྲུར།	色奄
松潘译语	པ་མོ།	把木
象鼻高山译语	བ་མོ།	拔木
白马译语	པར་ཙན།	八赛
多续译语	ཀེག	隔
木里译语	ལྷུང་།	喽
栗苏译语	བད།	掣
打箭炉译语	བ་མོ།	八木
木坪译语	ཧབ་པ།	哈巴

云　现代藏语　སྤྲིན།

地　区	译　语	汉文标音
嘉绒译语	སྤུམ།	色登
松潘译语	སྤྲིན།	升
象鼻高山译语	སྤྲིན།	舍
白马译语	སྤྲིན་ཡས།	射
多续译语	ཇག	甲
木里译语	སྤྲིན།	朱俄
栗苏译语	སྤྲིན།	借
打箭炉译语	སྤྲིན།	真
木坪译语	སྤྲིན།	崩耳

月　现代藏语　ཟླ་བ།

地　区	译　语	汉文标音
嘉绒译语	ཚེ་ལ།	责纳
松潘译语	ཟླ་བ།	杂瓦
象鼻高山译语	ཟླ་བ།	杂瓦
白马译语	ཟླ་བ་ཡས།	杂
多续译语	ལམ་མ།	良麻
木里译语	ཟླ་བ།	答瓦
栗苏译语	ཟླ་བ།	纳瑰
打箭炉译语	ཟླ་བ།	达瓦
木坪译语	ཟླ་བ།	喇瓦

雷　现代藏语　ཐོག

地　区	译　语	汉文标音
嘉绒译语	ཏི་ཅེ།	的直
松潘译语	ཐོག	托
象鼻高山译语	འབྲུག	卢
白马译语	འབྲུག་ཡས།	柱
多续译语	དམེ་འཛིག	墨吉
木里译语	འབྲུག	法
栗苏译语	ཐོག	墨这
打箭炉译语	ཐོག	托
木坪译语	ཐོག	托

星　现代藏语　སྐར་མ།

地　区	译　语	汉文标音
嘉绒译语	ཙུའུ་རི།	奏惹
松潘译语	སྐར་མ།	噶儿麻
象鼻高山译语	སྐར་མ།	哈麻
白马译语	ཀར་མ་ཡས།	哈吗
多续译语	ཀིར།	庚
木里译语	སྐར་མ།	格麻
栗苏译语	སྐར་མ།	墨治
打箭炉译语	སྐར་མ།	噶儿嘛
木坪译语	སྐར་མ།	葛耳麻

天旱　现代藏语　ཐན་པ།

地　区	译　语	汉文标音
嘉绒译语	ཏུ་སུ་ཡམ།	得某养
松潘译语	གནམ་ཐང་།	六铎
象鼻高山译语	ཐན་པ།	炭罢
白马译语	ཀན་དན་རིག	格瓦木诺
多续译语	དམེའ་དེ་ཆུ།	墨得出
木里译语	གནམ་སྐམ།	弄扛
栗苏译语	ཐན་པ་བྱེད།	墨住
打箭炉译语	ཐན་པ།	吞巴
木坪译语	ཐན་པ་བྱེད།	汤巴接

虹霓　现代藏语　འཇའ་ཚོན།

地　区	译　语	汉文标音
嘉绒译语	ཏི་སུ་ཤུམ་ཤུམ་ཀྱི།	的某身身惹
松潘译语	འོད་ཆུ་འཐུང་།	穷同
象鼻高山译语	འཇའ་ཚོན།	扎窜
白马译语	གཞའ་ཚོན།	杀赛
多续译语	ལཾ་རྟོག་ལྡོ་ཁེ།	良多乌刻
木里译语	འཇའ་ཚོན།	嫁筌
栗苏译语	འཇའ་ཚོན།	买格
打箭炉译语	འཇའ་ཚོན།	押村
木坪译语	འཇ་མཚོན།	业撑

水涝 现代藏语 ཞོད་སྐྱོན།

地 区	译 语	汉文标音
嘉绒译语	ཁྲི་ཁྲུང་ཅེ།	辟空之
松潘译语	རྒྱ་མཚོ་འཁྱིལ།	甲聪只你
象鼻高山译语	ཆར་མང་།	恰耳忙
白马译语	ས་འགོ་ཆུ་མེ་སྲི།	萨胃虫洽
多续译语	ལྷུད་ཁག	威卡
木里译语	ཆར་འབེས།	区壬别
栗苏译语	ཞོད་ཆད།	这得杂
打箭炉译语	ཆར་འབེ།	恰儿灭
木坪译语	ཞོ་ཆར།	若文遣

烟 现代藏语 དུ་བ།

地 区	译 语	汉文标音
嘉绒译语	ཏ་ཁུ།	达库
松潘译语	ཏ་ཧོན།	毒哀
象鼻高山译语	དུ་བ།	毒瓦
白马译语	དུར་བར།	青烟
多续译语	དམེའ་ཁག	麦卡
木里译语	དུད་པ།	度瓦
栗苏译语	དུ་བ།	闷客
打箭炉译语	དུ་བ།	毒哇
木坪译语	དུ་བ།	瓦

雹　现代藏语 སེར་བ།

地区	译语	汉文标音
嘉绒译语	དར་རྫོང་།	得儿某
松潘译语	སར་བེ་རེད།	色儿瓦
象鼻高山译语	སེར་བ།	色耳瓦
白马译语	ས་ར།	色纳
多续译语	ཚུ།	族
木里译语	སེར་བ།	谢儿瓦
栗苏译语	སེར་བ།	墨锥
打箭炉译语	སེར་བ།	谢耳哇
木坪译语	སེར་བ།	色耳瓦

露　现代藏语 ཟིལ་པ།

地区	译语	汉文标音
嘉绒译语	སྨོང་ཟུ།	色某估
松潘译语	ཕྱོག་པ།	六巴
象鼻高山译语	ཟིལ་པ།	席耳罢
白马译语	ཟིལ་པར།	色瓦
多续译语	ཉི་ཧིན།	呢根
木里译语	ཟི་ལམ།	谢拔
栗苏译语	ཟིལ་པ།	折兴
打箭炉译语	ཟིལ་པ།	孜耳罢
木坪译语	ཟིལ་པ།	日耳罢

风　现代藏语 རླུང་།

地　区	译　语	汉文标音
嘉绒译语	ཁ་ལི།	卡利
松潘译语	རླུང་ལ་རེད།	龙麻
象鼻高山译语	རླུང་།	弄
白马译语	ལྷར་པར།	阿八
多续译语	དམེའ་ལི།	墨利
木里译语	རླུང་འཁོར།	弄库儿
栗苏译语	རླུང་།	墨利
打箭炉译语	རླུང་།	弄
木坪译语	རླུང་།	弄

雨　现代藏语 ཆར་པ།

地　区	译　语	汉文标音
嘉绒译语	ཏུར་ཨ།	得儿凹
松潘译语	ཆར།	洽纳
象鼻高山译语	ཆར་པ།	岔耳瓦
白马译语	ཆར་པར།	插八
多续译语	ཨ་འཛུ།	凹鞠
木里译语	ཆར་པ།	洽儿巴
栗苏译语	ཆར་པ།	挂
打箭炉译语	ཆར་པ།	岔罢
木坪译语	ཆར་པ།	耳罢把

水星　现代藏语　ལྷག་པ།

地　区	译　语	汉文标音
嘉绒译语	ཏི་ཙེ་ཙུའུ་རི།	的之奏惹
松潘译语	ཆུའི་ལྷ།	曲割纳
象鼻高山译语	གཟའ་ལག་པ།	萨纳罢
白马译语	ཆུ་འཁྱུ་སྐར་མ།	虫恰哈吗
多续译语	འིད་ཀིན།	威庚
木里译语	ལྷག་པ།	嗄巴
栗苏译语	གཟའ་ལྷག	者这
打箭炉译语	ལྷག་པ།	呐巴
木坪译语	གཟའ་ལྷག	泽喇巴

金星　现代藏语　པ་སངས།

地　区	译　语	汉文标音
嘉绒译语	ཏར་རྙི་ཙུའུ་རི།	达耳领奏惹
松潘译语	གནམ་གི་ལྷ།	六割纳
象鼻高山译语	པ་ལྭ་སང་།	拔瓦桑
白马译语	ཟེར་སྐོར་མ།	色哈吗
多续译语	ཉིན་དཀིན།	你庚
木里译语	པ་སང་།	巴桑
栗苏译语	པ་ཕྭ་སང་།	尼这
打箭炉译语	པ་ཕྭ་སངས།	八哇桑
木坪译语	བ་ཕྭ་ས།	颁瓦萨

火星　现代藏语　མིག་དམར།

地　区	译　语	汉文标音
嘉绒译语	ཏི་མོ་ཙུའུ་རེ།	的敏奏惹
松潘译语	སྤྱིའི་ལྷ།	立纳
象鼻高山译语	མིག་དམར།	迷骂
白马译语	ཉ་སྐར་མ།	业哈吗
多续译语	མི་དཀིན།	秘庚
木里译语	མི་དམར།	尼麻儿
栗苏译语	མིག་དམར།	麦这
打箭炉译语	མིག་དམར།	迷墨儿
木坪译语	མིག་དམར།	美耳吗

木星　现代藏语　ཕུར་བུ།

地　区	译　语	汉文标音
嘉绒译语	ཤེ་ཙུའུ་རེ།	射奏惹
松潘译语	ཤེལ་སྐར་མ།	射噶里麻
象鼻高山译语	ཕུར་བུ།	朴耳吾
白马译语	ཤེ་རྫོ་སྐིར་མ།	射独哈吗
多续译语	སེ་དཀིན།	谢庚
木里译语	ཕུར་བུ།	怕儿卜
栗苏译语	ཕུར་བུ།	邪这
打箭炉译语	ཕུར་བུ།	卜不耳
木坪译语	ཕུར་བུ།	普耳拨

月出　现代藏语　ཟླ་བ་ཤར།

地　区	译　语	汉文标音
嘉绒译语	ཙི་ལ་ན་ཤུ།	责约那首
松潘译语	ཟླ་བ་ཤར།	难瓦杀
象鼻高山译语	ཟླ་བ་ཤར།	咱瓦厦
白马译语	ཟླ་བ་བུ་སྦུ།	杂必秀
多续译语	ལཾ་མ་དཔེལ།	良麻白
木里译语	ཟླ་བ་ཤར།	答瓦舍儿
栗苏译语	ཟླ་བ་ཤར།	纳魄得谷
打箭炉译语	ཟླ་བ་ཤར།	达哇沙耳
木坪译语	ཟླ་བ་ཤར།	喇瓦奢

日出　现代藏语　ཉི་མ་ཤར།

地　区	译　语	汉文标音
嘉绒译语	ཀི་ནི་ན་ཤུ།	各领那首
松潘译语	ཉི་མ་ཤར།	尼麻杀
象鼻高山译语	ཉི་མ་ཤར།	尼麻厦
白马译语	ཉི་མ་བུ་སྦུ།	业必秀
多续译语	ནི་མ་དཔེལ།	乃麻白
木里译语	ཉི་མ་ཤར།	尼麻舍
栗苏译语	ཉི་མ་ཤར།	尼麻得谷
打箭炉译语	ཉི་མ་ཤར།	尼嘛沙耳
木坪译语	ཉིན་མ་ཤར།	呢麻沙

月落　现代藏语　ཟླ་བ་ཤར།

地　区	译　语	汉文标音
嘉绒译语	ཚོ་ལ་ན་ཐར།	责纳那特
松潘译语	ཟླ་བ་ནུབ།	杂瓦吕
象鼻高山译语	ཟླ་བ་ནུབ།	咱麻奴
白马译语	ཟླ་བ་ཡ་འག་ཐན།	杂牙哇藉
多续译语	ལཾ་མ་ཐད།	良麻特
木里译语	ཟླ་བ་ནུབ།	答瓦罗
栗苏译语	ཟླ་བ་ནུབ།	纳魄勒却
打箭炉译语	ཟླ་བ་ནུབ།	达哇奴
木坪译语	ཟླ་བ་ནུབ།	喇瓦纳

日落　现代藏语　ཉི་མ་ནུབ།

地　区	译　语	汉文标音
嘉绒译语	ཀི་ནི་ན་ཐར།	各领那特
松潘译语	ཉི་མ་ནུབ།	尼麻吕
象鼻高山译语	ཉི་མ་ནུབ།	尼麻奴
白马译语	ཉི་མ་ཡ་འག་ཐན།	业牙哇藉
多续译语	ནི་མ་ཐད།	乃麻特
木里译语	ཉི་མ་ནུབ།	尼麻罗
栗苏译语	ཉི་མ་ནུབ།	尼麻勒却
打箭炉译语	ཉི་མ་ནུབ།	尼嘛奴
木坪译语	ཉི་མ་ནུབ།	呢嘛纳

天晴　现代藏语　གནམ་དྭངས།

地　区	译　语	汉文标音
嘉绒译语	ཏི་ཤུ་ཏི་ཡམ།	得某达养
松潘译语	གནམ་དྭངས།	难当
象鼻高山译语	གནམ་ཐང་།	老铎
白马译语	གཞི་ཐང་སྲི།	诺套是
多续译语	དམེ་བདེའ།	墨德
木里译语	གནམ་བཟང་།	浪穰
栗苏译语	གནམ་དངས།	墨屯
打箭炉译语	གནམ་དྭངས།	浪当
木坪译语	གནམ་གྲོ།	难主

虚空　现代藏语　ནམ་མཁའ།

地　区	译　语	汉文标音
嘉绒译语	ཕྱ་བཅས།	挖乍
松潘译语	ནམ་མཁའ།	难渴
象鼻高山译语	གནམ་སྟོང་པ།	老东把
白马译语	འཕྲུར་རྫོ།	卜独
多续译语	དཔའ་སག	巴撒
木里译语	གནམ་སྟོང་པ།	喃东把
栗苏译语	ནམ་མཁའ།	东巴
打箭炉译语	བར་སྣང་།	半浪
木坪译语	ནམ་མཁའ།	难哈

天阴 现代藏语 གནམ་འཐིབས།

地区	译语	汉文标音
嘉绒译语	ཏེ་སུ་ཏ་ཕའི།	得某达块
松潘译语	གནམ་འཐིབས།	难偷
象鼻高山译语	གནམ་རྡུལ།	老毒
白马译语	གནེ་འཐིབ་སྲི།	诺休绿
多续译语	དམེ་ཞག	墨呀
木里译语	གནམ་ངན།	浪捏
栗苏译语	གནམ་འཐིབ།	墨昂
打箭炉译语	གནམ་ཚུབ།	浪簇
木坪译语	གནམ་སྨུག	难莫

法界 现代藏语 ཆོས་དབྱིངས།

地区	译语	汉文标音
嘉绒译语	ཏམ་ཛེས།	当则思
松潘译语	ཆོས་དབྱིངས།	曲引
象鼻高山译语	གྱི་འཛིའ་ཀོ།	冷则各里
白马译语	ཏ་རྒྱན་རེད།	法界
多续译语	དཀྲ་ཨུག	墨乌
木里译语	གཞི་འདབ།	衣沿独
栗苏译语	ཆོས་དབྱིངས།	咯即积
打箭炉译语	ཆོས་དབྱིངས།	擢音
木坪译语	ཆོས་དབྱིངས།	扯阴

风起　现代藏语　རླུང་ལྡང་།

地　区	译　语	汉文标音
嘉绒译语	ཁ་ལེ་དར་ཕྲས།	卡利那儿挖思
松潘译语	རླུང་འོང་སྒོ།	龙无独
象鼻高山译语	རླུང་ལངས།	弄朗
白马译语	ཧར་པ་ཀྱུང་།	阿八教独
多续译语	དམ་ལི་ལག	墨利拉
木里译语	རླུང་འཁོར་ཆེ།	弄库怯
栗苏译语	རླུང་ལངས།	梅例得格
打箭炉译语	རླུང་ལང་།	弄浪
木坪译语	རླུང་ལང་།	弄暖

土星　现代藏语　སྤེན་པ།

地　区	译　语	汉文标音
嘉绒译语	ཏི་པེ་ཙུའུ་རི།	的卑奏惹
松潘译语	སའི་ལྷ།	龙的
象鼻高山译语	སྤེན་པ།	扳罢
白马译语	ས་སྐམ།	萨哈吗
多续译语	ཧོ་དཀིན།	火庚
木里译语	སྤེན་མ།	卞巴
栗苏译语	སྤྱེན་པ།	杍这
打箭炉译语	སྤེན་པ།	冰巴
木坪译语	སྤེན་པ།	奔罢

风住 现代藏语 ལྷགས་པ་འཇགས།

地 区	译 语	汉文标音
嘉绒译语	ཁ་ལེ་ཧྲི་མའེ།	卡利的买
松潘译语	རླུང་སྡོར།	萨割纳
象鼻高山译语	རླུང་ཐང་།	弄截
白马译语	ཧར་པ་ཚང་།	阿八澈是
多续译语	དམྱ་ལི་མ་ལག	墨利吗拉
木里译语	རླུང་འཁོར་མེད།	弄库灭
栗苏译语	རླུང་ཚད།	梅例麻纳
打箭炉译语	རླུང་མེད།	弄扯
木坪译语	རླུང་ཚད།	弄差

霜降 现代藏语 བ་མོ་འབབ།

地 区	译 语	汉文标音
嘉绒译语	ས་སྲུར།	色庵儿
松潘译语	ཀྲུན་ཤོར།	恩杀里
象鼻高山译语	བད་འབབ།	白保
白马译语	སར་ཙན་བྱུང་།	八色宗
多续译语	ཀེ་འཇུག	隔局
木里译语	རླུང་བབ།	喽拨
栗苏译语	བད་འབབ།	霜降
打箭炉译语	བ་ཡོ་འབབ།	拔母报
木坪译语	ལྦ་མོ།	板母

风慢 现代藏语 འཇམ་རླུང་།

地区	译语	汉文标音
嘉绒译语	ཁ་ལེ་ཛེ་གིན།	卡利橙更
松潘译语	རླུང་དལ།	弄达耳
象鼻高山译语	རླུང་འཇམ།	龙角
白马译语	ཧར་པར་ཞག	阿八压士
多续译语	དཛ་ལི་གོ་ཁྲིད།	墨臬济
木里译语	རླུང་ཚུང་།	弄荡
栗苏译语	རླུང་དལ།	麦例骂跨
打箭炉译语	རླུང་འཇམ།	弄娘
木坪译语	རླུང་དལ།	弄答耳

有雨 现代藏语 ཆར་པ་ཡོད།

地区	译语	汉文标音
嘉绒译语	ཏུར་ཕ་རྗོ།	得耳挖豆
松潘译语	ཆར་བ་ཡོད།	岔耳凹约
象鼻高山译语	ཆར་ནག་ཧྨེབ།	洽纳卜勒
白马译语	ཆར་པ་སྣང་།	插八诺
多续译语	ཕ་ཇུ་ལག	凹鞠拉
木里译语	ཆར་པ་ཡོད།	哈巴约
栗苏译语	ཆར་བ་ཡོད།	挂呐格
打箭炉译语	ཆར་ཡོད།	岔约
木坪译语	ཆར་པ་ཡོད།	察罢聿

风寒　现代藏语　གྲང་ལྷུང་།

地　区	译　语	汉文标音
嘉绒译语	ཁ་ལི་མུ་ཤག་ཐག	卡利莫什达
松潘译语	ལྷུང་གྲང་།	弄气
象鼻高山译语	ལྷུང་གྲུག་གྲོག་རེད།	龙角甲卜勒
白马译语	ཏར་པ་ལང་ཡོ།	阿八木鸟叫
多续译语	དསྨ་ལི་ཕག	墨利凹
木里译语	ལྷུང་གྲང་།	弄障
栗苏译语	ལྷུང་གྲང་།	麦例登查
打箭炉译语	སྣག་པ་མེད།	纳巴扯
木坪译语	ལྷུང་གྲག	弄窄

无雨　现代藏语　ཆར་པ་མེད།

地　区	译　语	汉文标音
嘉绒译语	ཏུར་ཕ་མའི།	得耳挖卖
松潘译语	ཆར་པ་མེད།	岔凹
象鼻高山译语	དེ་རིང་མི་རྫེབ།	得利门卜勒
白马译语	ཆར་པར་པ་སྣང་།	插八木诺
多续译语	ཕ་མག་འཇུ།	凹骂鞠
木里译语	ཆར་པ་མེད།	区巴迷
栗苏译语	ཆར་བ་མེད།	挂麻呐
打箭炉译语	ཆར་མེད།	岔灭
木坪译语	ཆར་པ་མེད།	察罢灭

白霜　现代藏语　བ་མོ་དཀར་པོ།

地　区	译　语	汉文标音
嘉绒译语	ས་སྤུར་བྲོམ།	色奄八
松潘译语	བད་དཀར།	白噶
象鼻高山译语	པ་མོ་ཀར་ཤར་རེ།	不务格杀勒
白马译语	པར་ཙན་གོ་རོ།	八赛锅罗
多续译语	ཁེ་ཡད་ཀྱུག	革歪脚
木里译语	ལྷུང་དཀར་མོ།	喽噶儿木
栗苏译语	བད་དཀར།	得路者
打箭炉译语	བ་ཚན།	白请
木坪译语	ཧབ་པ་དཀར་པོ།	哈巴葛补

云厚　现代藏语　སྤྲིན་མཐུག་པོ།

地　区	译　语	汉文标音
嘉绒译语	ས་སྟེམ་སྨུ་ཉ།	色待莫年
松潘译语	སྤྲིན་འཐིབ།	升托
象鼻高山译语	གནམ་ངན་ཐུབ།	老安木勒
白马译语	སྤྲིན་མང་སྤྲི།	射帽士
多续译语	ཇག་འཇུག	甲鞠
木里译语	སྤྲིན་ཐུག	朱俄秃
栗苏译语	སྤྲིན་འཐུག	接毒
打箭炉译语	སྤྲིན་འཐུག	真秃
木坪译语	སྤྲིན་ཐུག	崩耳涂

黑霜　现代藏语　པ་མོ་ནག་པོ།

地　区	译　语	汉文标音
嘉绒译语	ས་སྡེར་ནག	色奄难
松潘译语	བད་ནགས།	白纳
象鼻高山译语	སྨུ་ག་པ་ནཱུ་རེད།	把木勒屋
白马译语	པར་ཅན་ཁུག་རེད།	八赛牛勒
多续译语	ཁེ་ནག་འཛོག	革糯脚
木里译语	ལྷུང་དུས་ཁ།	喽斗卡
栗苏译语	བད་ནག་པོ།	得即者
打箭炉译语	ནུབ་བ་ཚན།	奴瓦请
木坪译语	ཧབ་པ་ནག་པོ།	哈巴纳补

云薄　现代藏语　སྤྲིན་སྲབ།

地　区	译　语	汉文标音
嘉绒译语	ས་སྟེམ་ཀུ་ཝ།	色待各凹
松潘译语	སྤྲིན་སྲབ།	升烧
象鼻高山译语	གནམ་གྲུམ་དུམ།	老安麻毒
白马译语	སྤྲིན་ཟུང་ཟུང་རེད།	射压士
多续译语	ཇག་དཔག	甲拔
木里译语	སྤྲིན་སབ།	朱俄飏
栗苏译语	སྤྲིན་སྲབ།	接必
打箭炉译语	སྤྲིན་སབ།	真索
木坪译语	སྤྲིན་སྲབ།	崩耳骚

石　现代藏语　རྡོ།

地　区	译　语	汉文标音
嘉绒译语	ཁྲུ།	九
松潘译语	རྡོ།	夺
象鼻高山译语	ཏུ་རིད།	毒无立
白马译语	རྡོ་རེག	独
多续译语	ལོ་པོ།	路补
木里译语	རྡོ།	独
栗苏译语	རྡོ།	勒布
打箭炉译语	རྡོ།	夺
木坪译语	རྡོ།	鲁

水　现代藏语　ཆུ།

地　区	译　语	汉文标音
嘉绒译语	ཏི་ཆུ།	的之
松潘译语	ཆུ།	曲
象鼻高山译语	ཆ་ཡོ།	曲
白马译语	ཆུ་འཁྲུང་རེག	虫跄
多续译语	ཤེད།	威
木里译语	ཆུ།	区
栗苏译语	ཆུ།	者
打箭炉译语	ཆུ།	出
木坪译语	ཆུ།	出

山　现代藏语 རི།

地　区	译　语	汉文标音
嘉绒译语	ཏ་ཕྱོག	带凹
松潘译语	རི།	贰
象鼻高山译语	རེ་སྔོ་རེད།	人哥立
白马译语	ཀོང་ག་རེག	共哈
多续译语	འཕག	巴
木里译语	རི།	锐
栗苏译语	རི།	别
打箭炉译语	རི།	梨
木坪译语	རི།	日

火　现代藏语 མེ།

地　区	译　语	汉文标音
嘉绒译语	ཏི་མེ།	的敏
松潘译语	མེ།	墨
象鼻高山译语	མེ།	立
白马译语	ཉེ་རེག	业
多续译语	མིད།	秘
木里译语	མེ།	迷
栗苏译语	མེ།	麦
打箭炉译语	མེ།	墨
木坪译语	མེ།	灭

日照　现代藏语　ཉི་མ་ཕོག

地　区	译　语	汉文标音
嘉绒译语	ཀི་ནི་ན་རྡོས།	各领纳叱
松潘译语	ཉི་མ་ཕོག	尼麻破
象鼻高山译语	ཉི་མ་ཤར།	尼麻杀
白马译语	ཉི་མ་བུ་བྱུང་།	业必秀
多续译语	ནམ་ཕེའག	乃妈追阿
木里译语	ཉི་མ་གྲོ།	尼麻注
栗苏译语	ཉི་མ་ཕོག	尼麻砭铆
打箭炉译语	ཉིན་མ་ཕོག	尼嘛坡
木坪译语	ཉིན་མ་ཕོག	呢麻坡

日遮　现代藏语　ཉི་མ་སྒྲིབ།

地　区	译　语	汉文标音
嘉绒译语	ཀི་ནི་ཏཙུ་ལྷི།	各领道乃
松潘译语	ཉི་མ་གཡོག	尼麻约
象鼻高山译语	ཉི་མ་སྟ་རེད།	尼麻独得乐
白马译语	ཉི་མ་མི་སྣང་།	业莫诺
多续译语	ནམ་ཛག་ཧག	乃妈甲合
木里译语	ཉི་མ་འབྲིང་།	尼麻至
栗苏译语	ཉི་མ་གཡོགས།	尼麻刻车
打箭炉译语	ཉིན་མ་སྒྲིབ།	尼嘛支
木坪译语	ཉིན་མ་གཡོག	呢麻浴

地　现代藏语 ས།

地 区	译 语	汉文标音
嘉绒译语	མ་གི	目改
松潘译语	ས།	萨
象鼻高山译语	ས།	萨
白马译语	ས་ཡིན།	萨
多续译语	སྟག	大
木里译语	སྨད།	迷
栗苏译语	ས།	梅利
打箭炉译语	ས།	萨
木坪译语	ས།	索

世界　现代藏语 འཛམ་གླིང་།

地 区	译 语	汉文标音
嘉绒译语	ས་ཚ་རེ།	撒刹惹
松潘译语	འཇིག་རྟེན།	利
象鼻高山译语	སྣ་རྒྱ་བ།	那洽者八
白马译语	གོད་རིག	国勒
多续译语	འཇིག་རྟེན།	者牒
木里译语	འཇིག་རྟེན།	已尺
栗苏译语	འཇིག་རྟེན།	呷巴
打箭炉译语	འཇིག་རྟེན།	只顶
木坪译语	འཇིག་བརྟེན།	肉颠

江　现代藏语　གཙང་པོ།

地　区	译　语	汉文标音
嘉绒译语	ཆུ་བཙེན།	赤战
松潘译语	རྩང་པོ།	藏播
象鼻高山译语	ཆུ་མིག་རེད།	曲立里
白马译语	ཆུ་བཞུད་རེག	出入
多续译语	འུད་མག་ཤག	威马呷
木里译语	ཆུ་མིན	区欠
栗苏译语	ཙང་པོ།	聂者
打箭炉译语	ཆུ་ཆེན།	出称
木坪译语	རྩང་པོ།	作不

沙　现代藏语　བྱེ་མ།

地　区	译　语	汉文标音
嘉绒译语	ཀི་མོ་དབྱིང་།	各母引
松潘译语	བྱེ་མ།	邪麻
象鼻高山译语	གྱེ་མ་རེད།	箴哇里
白马译语	སྦྱར་པ་རེག	爻
多续译语	མུ་ཤོག	模说
木里译语	བྱེ་མ།	揭麻
栗苏译语	བྱེ་མ།	卖说
打箭炉译语	བྱེ་མ།	杰嘛
木坪译语	བྱེ་མ།	即木

河 现代藏语 ཆུ་བོ།

地区	译语	汉文标音
嘉绒译语	ཆུ་བྲན།	赤让
松潘译语	ཆུ་བོ།	曲俄
象鼻高山译语	ཆུ་ཆེན་རིད།	曲饥里
白马译语	ཆུ་བཞིས་རིག	出日
多续译语	ཝུད་ཤག	威呷
木里译语	ཆུ་ཆུན།	区穷
栗苏译语	ཆུ་བོ།	龙坝这
打箭炉译语	ཆུ་བོ།	出窝
木坪译语	ཆུ་འོ།	出五

海 现代藏语 མཚོ།

地区	译语	汉文标音
嘉绒译语	རྒྱ་མཚོ།	儿降从
松潘译语	རྒྱ་མཚོ།	甲错
象鼻高山译语	རྒྱ་མཚོ་ལིང་ཐོག་རིད།	降足立铎立
白马译语	མཚོའོ་རིག	作
多续译语	སྲམ།	湘
木里译语	རྒྱ་མཚོ།	降初
栗苏译语	རྒྱ་མཚོ།	跨
打箭炉译语	རྒྱ་མཚོ།	江错
木坪译语	རྒྱ་མཚོ།	姜初

墙　　现代藏语　གྱང་།

地　区	译　语	汉文标音
嘉绒译语	ས་སྡེ།	色带
松潘译语	གྱང་།	江
象鼻高山译语	ཏ་ཙིག་རེད།	独愁里
白马译语	གྱང་རེག	觉勒
多续译语	ལོ་ཏུག	罗都
木里译语	ཙིགས་པ།	即巴
栗苏译语	གྱང་།	咱已
打箭炉译语	བྱང་།	江
木坪译语	ཚིག་པ།	作吧

泉　　现代藏语　ཆུ་མིག

地　区	译　语	汉文标音
嘉绒译语	ཙུ་ཕྱོ།	之挖
松潘译语	ཆུ་མིག	曲迷
象鼻高山译语	ཆུ་རྦ་ཏུང་རེད།	曲八多里
白马译语	ཆུ་ཉིས་རེག	出呢
多续译语	ཨུད་གྱོག	威脚
木里译语	ཆུ་མིན།	区密
栗苏译语	ཆུ་མིག	车溏
打箭炉译语	ཆུ་མི།	出迷
木坪译语	ཆུ་མིག	赤美

园　　现代藏语　ར་བ།

地　区	译　语	汉文标音
嘉绒译语	ཁྱུར།	郄
松潘译语	ར་བ།	纳瓦
象鼻高山译语	སྦོག་རེ་རེད།	孤纳里
白马译语	རག་རེག	诈勒
多续译语	ཁག་ཀོ།	卡过
木里译语	ཧྲོང་ར།	夺惹
栗苏译语	ར་བ།	胡撒
打箭炉译语	ར་བ།	喇瓦
木坪译语	ར་བ།	喃挖

井　　现代藏语　ཁྲོན་པ།

地　区	译　语	汉文标音
嘉绒译语	ཙུ་ཙན།	之曾
松潘译语	དོང་ཆུ།	动曲
象鼻高山译语	ཀུ་དུང་རེད།	曲多里
白马译语	ཧྲི་ཆུ་རེག	遮你得
多续译语	ཝུད་ལེད།	威勒
木里译语	འཁྲོན་པ།	尺巴
栗苏译语	ཁྲོན་པ།	井
打箭炉译语	ཁྲོན་པ།	称罢
木坪译语	ཆུ་དུང་།	赤东

中国　现代藏语　ཀྲུང་གོ།

地　区	译　语	汉文标音
嘉绒译语	ཀི་ལ།	该那
松潘译语	ཡུལ་དཔུས།	欲耳物
象鼻高山译语	རྒྱ་སུག་ས།	甲卢萨
白马译语	དཀྱིལ་ཞུ་རིག	及无勒
多续译语	ཡུག་ཀོ་ཀྱོག	又古脚
木里译语	ས་བར་མ།	擦巴麻
栗苏译语	ཡུལ་དབུས།	麦古纳
打箭炉译语	ཡུལ་དབུས།	育纬
木坪译语	ཡུལ་དབུས།	油耳屋

皇图　现代藏语　རྒྱལ་ས།

地　区	译　语	汉文标音
嘉绒译语	ཀི་ངའ་རི་མཚན།	各挨忍灿
松潘译语	རྒྱལ་སྲིད།	甲耳升
象鼻高山译语	རྒྱལ་པོ་འདུགས་ཚང་།	甲不卢萨八
白马译语	སྒྲོལ་འདུག་པ་བཟང་།	皇图
多续译语	ཕན་མོ་ཡག	万莫呀
木里译语	རྒྱལ་སྲིད།	驾需
栗苏译语	རྒྱལ་སྲིད།	果麻咳二
打箭炉译语	རྒྱམ་སྲིད།	甲息
木坪译语	རྒྱམ་སྲས།	甲萨耳

地方　现代藏语　ས་ཚ།

地　区	译　语	汉文标音
嘉绒译语	ས་ཚ།	撒刹
松潘译语	ས་སྐྱོགས།	萨学
象鼻高山译语	ས་ཚ་འདི།	萨甲勒
白马译语	ས་ཅང་།	萨扎
多续译语	བདག་ཐོབས།	大托
木里译语	ས་བཞག	撒日
栗苏译语	ས་སྐྱོགས།	梅利喏苏
打箭炉译语	ས་སྐྱོག	萨戳
木坪译语	ས་སྐྱོགས།	萨错

天下　现代藏语　གནམ་འོག

地　区	译　语	汉文标音
嘉绒译语	ཏི་སུ་ཕ་ཀི།	得某凹底
松潘译语	རྒྱལ་འཁོས།	甲耳亢
象鼻高山译语	གནམ་ལ་འདི་ཁ་འགོ	罗萨的哈无
白马译语	གནམ་འདིར་འོག	诺你若
多续译语	དམེ་ཕག	墨哇
木里译语	གནམ་འོག	浪俄
栗苏译语	རྒྱལ་ཁམས།	墨一客
打箭炉译语	རྒྱལ་ཁམ།	甲亢
木坪译语	རྒྱལ་ཁམས།	甲康

深　　现代藏语　ཟབ།

地　区	译　语	汉文标音
嘉绒译语	ཀི་རྣམ།	各色朝
松潘译语	ཟབ།	萨
象鼻高山译语	སྟོད་ན་རེ།	的六里
白马译语	ལྡིང་རེག	抵勒
多续译语	ནག	那
木里译语	ཟབ་མོ།	谢木
栗苏译语	ཟབ།	疼勒
打箭炉译语	གཏིང་ཟབ།	丁饶
木坪译语	ཟབ།	搅

长　　现代藏语　རིང་པོ།

地　区	译　语	汉文标音
嘉绒译语	ཀི་སེར།	各色惹
松潘译语	རིང་།	任
象鼻高山译语	ཡ་རིང་པོ།	哈尼卜
白马译语	རིང་རྒྱལ་རེག	楼甲勒
多续译语	ཧེ།	黑
木里译语	རིང་པོ།	然背
栗苏译语	རིང་།	舌
打箭炉译语	རིང་།	阿仍
木坪译语	རིང་།	冷

浅　现代藏语　སླབ་མོ།

地　区	译　语	汉文标音
嘉绒译语	ཀི་ཡུ།	各凹
松潘译语	མི་ཟབ།	莫萨
象鼻高山译语	ཚང་སྤོ་རིད།	哈独里
白马译语	ཁ་འོང་རིག	卡无勒
多续译语	དག་ཚོ།	大嵯
木里译语	ཟབ་ཉིད།	谢尼
栗苏译语	མི་ཟབ།	特比
打箭炉译语	མི་ཟབ།	没饶
木坪译语	མི་ཟ་བ།	密搅

短　现代藏语　ཐུང་བ།

地　区	译　语	汉文标音
嘉绒译语	ཀི་ཅེན།	各镇
松潘译语	ཐུང་།	痛
象鼻高山译语	ཡང་རིང་པོ།	哈同同立
白马译语	དེར་ཏུལ་རིག	条欧勒
多续译语	སྐྱེན་ཙེ།	见节
木里译语	ཐུང་བ།	秃瓦
栗苏译语	ཐུང་།	这
打箭炉译语	ཐུང་།	同
木坪译语	ཐུང་།	桶

远　现代藏语 ཐག་རིང་།

地　区	译　语	汉文标音
嘉绒译语	ཀི་ཁྲི།	各岂
松潘译语	ཐག་རིང་།	踏论
象鼻高山译语	ཐག་རིང་རེ།	塔立里
白马译语	ཐག་རིང་རེག	柘利勒
多续译语	འད་མེའ།	阿墨
木里译语	ཐ་རིང་།	塔任
栗苏译语	རིང་།	特折
打箭炉译语	ཐག་རིང་།	塔零
木坪译语	ཐག་རིང་།	他领

道　现代藏语 ལམ།

地　区	译　语	汉文标音
嘉绒译语	ཏི་རེ་ཏི།	的某借
松潘译语	ལམ།	浪
象鼻高山译语	ལམ་རེ།	狱里
白马译语	ལང་རེག	要勒
多续译语	ཧག་མག	哈马
木里译语	ལམ་ཆེན།	朗欠
栗苏译语	ལམ།	二扒
打箭炉译语	ལམ།	朗
木坪译语	ལམ།	朗

近　现代藏语　ཐག་ཉེ།

地　区	译　语	汉文标音
嘉绒译语	ཀི་ཕྱེ།	各凹
松潘译语	ཐག་ཉེ།	踏立
象鼻高山译语	ཐག་ཉེ་རེ།	塔立
白马译语	ཐག་ཉ་རེག	卡责勒
多续译语	འ་ནི།	阿呢
木里译语	ཐ་ཉེད།	塔令
栗苏译语	ཉེ།	特泥
打箭炉译语	ཐག་ཐུང་།	塔同
木坪译语	ཐག་ཉུང་།	他桶

桥　现代藏语　ཟམ་པ།

地　区	译　语	汉文标音
嘉绒译语	ཟམ།	桑
松潘译语	ཟམ་པ།	让罢
象鼻高山译语	ཟའ་པ་རི།	然把里
白马译语	བཟང་བ་རེག	伞入勒
多续译语	ཚག	咱
木里译语	ཟམ་པ།	藏巴
栗苏译语	ཟམ་པ།	借
打箭炉译语	ཟམ་པ།	散巴
木坪译语	ཟམ་པ།	蹔巴

动　现代藏语　འགུལ།

地　区	译　语	汉文标音
嘉绒译语	ཀི་མོ་མོན།	各某某
松潘译语	གཡོ་འགུལ།	约俄
象鼻高山译语	ས་འགོ་རི།	萨后里
白马译语	འགིམ་རྫོ།	额独
多续译语	ཤུ་ཕྱུག	旭畜
木里译语	མགུ་མགུ།	古谷
栗苏译语	གཡོའ།	得白那
打箭炉译语	གཡོས།	悦
木坪译语	མ་རིག	吗耳

广　现代藏语　རྒྱ་ཆེ།

地　区	译　语	汉文标音
嘉绒译语	ཀི་ཡོམ།	各养
松潘译语	རྒྱར་ཐེ།	甲切
象鼻高山译语	ཕྱུག་ཆོད་པོ་རེད།	补切不里
白马译语	ཞེས་བཞི་རེག	蛇日勒
多续译语	ཡམ།	咩
木里译语	མང་པོ།	忙卜
栗苏译语	རྒྱར།	灭
打箭炉译语	རྒྱ་ཆེས།	甲扯
木坪译语	རྒྱ་ཆེན་པོ།	甲耳木

软　　现代藏语　མཉེན་པོ།

地　区	译　语	汉文标音
嘉绒译语	ཀི་ནི་བྲུ།	各里布
松潘译语	འཛམས།	亮
象鼻高山译语	འཛམ་པོ་རི།	力莫里
白马译语	ལགས་རི་རེག	纳纳勒
多续译语	ཉི་མོ།	宜磨
木里译语	སྙི་མོ།	律木
栗苏译语	བོལ་པོ།	帕扒
打箭炉译语	སྙིང་།	腻
木坪译语	ཉི།	业

方　　现代藏语　གྲུ་བཞི།

地　区	译　语	汉文标音
嘉绒译语	ཀཙུ་ཞི་ཞི།	各如如
松潘译语	གྲུ་འ།	柱日
象鼻高山译语	གྲེ་བཞི་རེ།	今日里
白马译语	ཙུར་ཞེས་རེག	决日勒
多续译语	ཕོ་རྩུག	无足
木里译语	ཚུང་བཞི་མ།	注日马
栗苏译语	གྲུ།	喏咀
打箭炉译语	གྲུ་བཞི།	竹日
木坪译语	གྲུ་བཞི།	乳耳日

宽 现代藏语 ཡངས་པོ།

地 区	译 语	汉文标音
嘉绒译语	ཀ་སྐྱོམ།	各耳降
松潘译语	ཡངས།	样
象鼻高山译语	ལྷང་པོང་རེ།	哇八里
白马译语	སྤྲས་ཞིང་རེག	蛇日勒
多续译语	ཏྲིད།	歇
木里译语	བཞི་ཁམས་ཚེས།	甚亢欠
栗苏译语	ཡངས།	呀即
打箭炉译语	ཡང་།	羊
木坪译语	ཡང་།	容

高 现代藏语 མཐོ་བ།

地 区	译 语	汉文标音
嘉绒译语	ཀ་མུ་རོ།	各莫扰
松潘译语	མཐའོ།	扎
象鼻高山译语	ང་མཐོན་པོ།	哈同小
白马译语	འཐོར་པོ་རེག	牛布勒
多续译语	སྨོ།	模
木里译语	མཐོ་བ།	托瓦
栗苏译语	མཐོན།	扬卜
打箭炉译语	མཐོ།	托
木坪译语	མཐོའ།	吐

窄　现代藏语 དོག་པོ།

地区	译语	汉文标音
嘉绒译语	ཀི་ཅེ།	各战
松潘译语	དོགས།	朵
象鼻高山译语	དོག་དོག་རེད།	毒独立
白马译语	ཟྲུས་བཙོང་རེག	蛇入勒
多续译语	ཞོག	汝
木里译语	ཞིང་ཁོད་ཆུང་།	其亢穷
栗苏译语	དོག	特路
打箭炉译语	དོག	夺
木坪译语	དོག	朵

低　现代藏语 དམའ་བ།

地区	译语	汉文标音
嘉绒译语	ཀི་ཅེན།	各针
松潘译语	དམན།	慢
象鼻高山译语	དམའ་དམའ་རེ།	麻麻里
白马译语	སྨོང་རེག	莫勒
多续译语	ཡག་མོ།	压磨
木里译语	འོག	俄
栗苏译语	དམན།	毅议
打箭炉译语	དམའ།	妈
木坪译语	དམའ།	莫

沟　　现代藏语　ལུང་ཤུར།

地　区	译　语	汉文标音
嘉绒译语	ཅི་རི།	折惹
松潘译语	ལུང་བ།	龙凹
象鼻高山译语	ལུང་པ་རི།	由把里
白马译语	ལུང་པ་རེད	云哇勒
多续译语	པོག་ཤག	薄呷
木里译语	གྱུས་ར་བ།	郁瓦
栗苏译语	ལུང་པ།	捉落
打箭炉译语	ལུང་པ།	龙巴
木坪译语	ལུང་པ།	龙罢

街　　现代藏语　ཁྲོམ།

地　区	译　语	汉文标音
嘉绒译语	ཏ་ཙན་གི་ཚེ།	达乍各耿
松潘译语	སྲང་བར།	尚挖
象鼻高山译语	ཀེ་ཤང་རི།	街上里
白马译语	ཁར་ནང་རེག	哈诺勒
多续译语	འགོའ་གོ་མག	鹅姑妈
木里译语	འཁྲོམ།	冲
栗苏译语	སྲང་།	街
打箭炉译语	གསུམ་མདོ།	松夺
木坪译语	ཚག	乂

冈　　现代藏语　སྒང་།

地　区	译　语	汉文标音
嘉绒译语	ཀང་།	冈
松潘译语	ལུང་བའི་ཁ་སོ།	弄围卡索
象鼻高山译语	ལུང་པ་སྐམ་པོ་རེ།	由把冈不里
白马译语	དཀར་པོ་རེག	杆卜勒
多续译语	འགོག་པག	鹅巴
木里译语	ལུ་ཆུ།	蓝穷
栗苏译语	ཞ་སོ།	则
打箭炉译语	ལ་ཆུང་བ།	勒冲瓦
木坪译语	སྒང་།	公

涧　　现代藏语　ཛོ་ཆུ།

地　区	译　语	汉文标音
嘉绒译语	ཁའི་གྱུ།	开固
松潘译语	ཆུ་འགོ།	曲俄
象鼻高山译语	འགེས་ཕང་རེད།	尼哈立
白马译语	ལུང་རར་རེག	云哇勒
多续译语	ཤིད་དཔའི།	威比
木里译语	ཆུ་ལམ།	区浪
栗苏译语	རོང་།	涧
打箭炉译语	ལྷ་ཆུ།	沃出
木坪译语	གྲོང་།	种

流　现代藏语 རྒྱུག

地区	译语	汉文标音
嘉绒译语	ཀ་ཤ་རེ།	阿杀惹
松潘译语	འབབ་པ།	拔罢
象鼻高山译语	པིར་དབྱིས།	不青
白马译语	ལྷུབ་རྟུན་སྲེ།	卜藉士
多续译语	ཙག་ཙམ།	咱浆
木里译语	ཆུ་འཁོར།	区库儿
栗苏译语	འབབ་པ།	拔
打箭炉译语	འབབ།	瀑
木坪译语	ཟག	热

硬　现代藏语 མཁྲེགས་པོ།

地区	译语	汉文标音
嘉绒译语	ཀེ་ཀྲོ།	各告
松潘译语	སྲ།	杀
象鼻高山译语	ཙན་འདི་རེ།	昃得里
白马译语	ཞ་འདིར་རེག	常得勒
多续译语	ཁོག་སྐྱུག	课觉
木里译语	སྲ་བ།	撒瓦
栗苏译语	མཁྲེགས།	卡卡别
打箭炉译语	བསྲ།	撒
木坪译语	ས།	萨

陆路　现代藏语　སྐམ་སའི་ལམ།

地　区	译　语	汉文标音
嘉绒译语	ཙེ་རེ།	直惹
松潘译语	སྐམ་ལམ།	干蓝
象鼻高山译语	ཀྲོུན་གྲོུག་པ་རེ།	者流萨里
白马译语	དགུ་རེག	谷勒
多续译语	འ་མག་ཧུ་ཚུག	阿麻福杵
木里译语	ལམ་སྐམ་པོ།	浪扛波
栗苏译语	སྐམ་ལམ།	杼也二扒呷
打箭炉译语	ཀམ་ལམ།	刚即
木坪译语	སྐམ་ལམ།	敢朗

里　现代藏语　ལམ་ཐག

地　区	译　语	汉文标音
嘉绒译语	ས་ན་རེ།	色纳惹
松潘译语	ས་ཡོ་བར།	萨列瓦
象鼻高山译语	རྫོད་མོ་རེ།	作米里
白马译语	ཞར་སྨན།	少麦止
多续译语	ཉིད།	你
木里译语	ཀྱང་གྲང་།	江扎
栗苏译语	ས་ལེ་བར།	里
打箭炉译语	ལམ་ཚོག	浪戚
木坪译语	ས་ལེ་བར།	萨列巴

京城　现代藏语　རྒྱལ་ས།

地　区	译　语	汉文标音
嘉绒译语	པོ་བྲང་།	坡穰
松潘译语	གསེར་མཁས།	色耳渴
象鼻高山译语	རྒྱལ་པོ་མཁར་རེད།	甲不哈里
白马译语	རྒྱལ་བུ་འདུག་པ་རེད།	节五哈诺
多续译语	སྐྱིན་ཆེན་ཏག	京城哈
木里译语	པོ་བྲང་འཁོར་གོ	破章库有
栗苏译语	གསར་མཁར།	果麻墨利
打箭炉译语	རྒྱ་ནག	甲纳
木坪译语	གཔར་མཁར།	生次耳

佛境　现代藏语　སངས་རྒྱས་ཀྱི་ཞིང་ཁམས།

地　区	译　语	汉文标音
嘉绒译语	ལྷ་ས་ཉེ།	那杀吝
松潘译语	སངས་རྒྱས་ཀྱི་ཞིང་།	桑吉吉任
象鼻高山译语	ལྷ་འདུག་པ་རེ།	喝流萨里
白马译语	སངས་རྒྱས་མཁས་པ་རེག	色各勒
多续译语	སྐུ་སི་དག་ཐོག	孤西大妥
木里译语	སངས་རྒྱས་ཞིང་།	桑结己盛
栗苏译语	སངས་རྒྱས་ཀྱི་ཞིང་།	纳稞列
打箭炉译语	བདེ་བ་ཅན།	得呵境
木坪译语	སངས་རྒྱས་ཀྱི་ཞིང་།	桑结巴忍

黄河　现代藏语　རྨ་ཆུ།

地　区	译　语	汉文标音
嘉绒译语	རྨ་ཆུ།	儿马州
松潘译语	རྨ་ཆུ།	马曲
象鼻高山译语	ཀུ་སེར་པོ་རེད།	曲色卜里
白马译语	ཆུ་པྱེར་རེག	虫哈绳卜勒
多续译语	ཉི་འི་ཤག	泥威呷
木里译语	སྨར་ཆུ།	麻儿区
栗苏译语	རྨ་ཆུ།	耳这德属
打箭炉译语	དམར་ཆུ།	骂出
木坪译语	རྨ་ཆུ།	莫出

佛教　现代藏语　ནང་བསྟན།

地　区	译　语	汉文标音
嘉绒译语	ཀ་ཞོག་ཞོག	噶勺勺
松潘译语	སངས་རྒྱས་ཀྱི་བསྟན་པ།	桑吉吉旦罢
象鼻高山译语	ཆུ་སྡོ་སྔོ་རེད།	邱责各里
白马译语	དགེ་ཞེང་རེག	格日勒
多续译语	སྐུ་སི་སོག	孤西率
木里译语	སངས་རྒྱས་ཀྱི་སྟན་པ།	桑结已甸巴
栗苏译语	སངས་རྒྱས་ཀྱི་བསྟན་པ།	真经课过索
打箭炉译语	ས་རྒྱས་བརྟེན།	桑结旦巴
木坪译语	སངས་རྒྱས་ཀྱི་བསྟན་པ།	桑结已丹巴

边　现代藏语　མཐའ།

地　区	译　语	汉文标音
嘉绒译语	ལྷུ་མཏེ།	温力
松潘译语	མཐའ།	塔
象鼻高山译语	མཐའ་ན་རེད།	塔六里
白马译语	མུ་ཁིན་རེད།	木哈勒
多续译语	སྐྱེད་ཕུད།	结皮
木里译语	མཐའ་འཕོར།	踏渴
栗苏译语	མཐའ།	茄
打箭炉译语	མཐའ།	塔
木坪译语	མཐའ།	妥

台　现代藏语　སྟེགས་བུ།

地　区	译　语	汉文标音
嘉绒译语	ལྷུ་ཙེ།	屋止
松潘译语	སྟེགས།	楪
象鼻高山译语	ཐེད་ཐད་པ་རེད།	台他里
白马译语	མཐོན་པོ་རེད།	俊卜勒
多续译语	ཐག	他
木里译语	ས་འབུར།	擦卜
栗苏译语	སྟེགས།	多卜
打箭炉译语	ས་མཐོ་པོ།	撒同拨
木坪译语	སྟེང་།	爹

川 现代藏语 སྐྱེར་ཐང་།

地　区	译　语	汉文标音
嘉绒译语	ཀི་ཕུག	格不
松潘译语	ཐང་།	汤
象鼻高山译语	ཐང་ཆོད་པ་རེད།	铎切不里
白马译语	ཆུ་འཁྱུང་རེག	虫跄勒
多续译语	བདག་དེ།	大德
木里译语	ཐང་བུ་ཆེ།	塘卜启
栗苏译语	ཐང་།	勒出
打箭炉译语	ཆོན།	川
木坪译语	ཆོན།	川

好水 现代藏语 ཆུ་བཟང་།

地　区	译　语	汉文标音
嘉绒译语	དི་ཅི་སྣ།	的之色难
松潘译语	ཆུ་བཟང་པོ།	曲藏播
象鼻高山译语	ཆུ་བཟང་པོ་རེད།	曲入不
白马译语	ཆུ་འཁྱུང་བཟོད།	虫跄速乌勒
多续译语	ཡིད་བདེ།	威得
木里译语	ཆུ་བཟང་པོ།	区藏卜
栗苏译语	ཆུ་བཟང་པོ།	这牙登
打箭炉译语	ཆུ་བཟང་།	出戎
木坪译语	ཆུ་བཟང་པོ།	出松哺

尘　现代藏语　རྡུལ།

地　区	译　语	汉文标音
嘉绒译语	ཐ་ས་ན་ཡླི།	挖撒纳个
松潘译语	རྡུལ།	毒
象鼻高山译语	སྦི་བ་ང་རེད།	的约里
白马译语	ཐན་པ་རེག	铁勒
多续译语	འཛོ་དམེལ།	竹默
木里译语	ཅལ་བ།	忒亢
栗苏译语	རྡུལ།	咳
打箭炉译语	རྡུལ།	毒耳
木坪译语	རྡུལ།	药耳

恶水　现代藏语　ཆུ་ངན།

地　区	译　语	汉文标音
嘉绒译语	ཏི་ཅེ་ཀི་རྐོ།	的之格儿各
松潘译语	ཆུ་ངན་པ།	曲安罢
象鼻高山译语	ཆུ་བཤེའོ་རི།	曲舍立
白马译语	ཆུ་འཁྱུང་ལས་ན་རེག	虫跲哈夜勒
多续译语	ཕྱིད་ཡག	威吖
木里译语	ཆུ་ངན་པ།	区岸巴
栗苏译语	ཆུ་ངན་པ།	这嘛样
打箭炉译语	ཆུ་ངན།	出思
木坪译语	ཆུ་ངན་པ།	出雁卜

春 现代藏语 དཔྱིད།

地 区	译 语	汉文标音
嘉绒译语	སྤུ(སྦུ)་ཅར་ཀོམ།	不则儿冈
松潘译语	དཔྱིད་ཀ	昔噶
象鼻高山译语	ས་སྐྱིང་བཅག་རེ།	萨六角里
白马译语	དབྱར་གསོ།	牙赘
多续译语	སྤུག	牛
木里译语	དབྱེ།	野
栗苏译语	དཔྱིད།	六四
打箭炉译语	དཔྱིད་ཁ།	吉卡
木坪译语	དཔྱིད།	即

夏 现代藏语 དབྱར།

地 区	译 语	汉文标音
嘉绒译语	ཀོམ་འཁུ།	冈温库
松潘译语	དབྱར།	牙
象鼻高山译语	ས་སྐྱང་མ་བཅག་ཚར།	萨约甲咱里
白马译语	དོན་བཞུག་རེག	的入勒
多续译语	ཞད།	热
木里译语	དབྱར།	耶
栗苏译语	དབྱར།	德擦
打箭炉译语	དབྱར་ཁ།	悦卡
木坪译语	དབྱར།	押耳

热　现代藏语 ཚ་བ།

地　区	译　语	汉文标音
嘉绒译语	ད་ཤིས།	达色底
松潘译语	ཚ།	擦
象鼻高山译语	ཚ་ལང་རེ།	咱狱毒
白马译语	ཚར་འདིར་རེག	蚕得勒
多续译语	ཐྲག	擦
木里译语	ཚ་པ།	擦瓦
栗苏译语	ཚ།	擦
打箭炉译语	ཚ྄།	擦
木坪译语	ཚ།	察

时　现代藏语 དུས་ཚོད།

地　区	译　语	汉文标音
嘉绒译语	དུས་ཚོད།	的思座
松潘译语	དུས།	斗
象鼻高山译语	ཡི་ཤུ་རེད།	乙时里
白马译语	ལག་རྫིས།	牙子勒
多续译语	རྗེན་སྒྲོ།	简粗
木里译语	དུས།	队
栗苏译语	དུས།	时
打箭炉译语	དུས།	菊
木坪译语	ཚུ་ཚོད།	出切

寒　现代藏语　གྲང་མོ།

地　区	译　语	汉文标音
嘉绒译语	སུ་ཤ་ཐག	莫十达
松潘译语	གྲང་།	章
象鼻高山译语	འཁྱག་པ་རེད།	茶不里
白马译语	འཁྱག་སྐྱོ།	哈贝只独
多续译语	གོ	米
木里译语	འཁྱག་པ།	章瓦
栗苏译语	གྲང་།	查
打箭炉译语	གྲང་།	章
木坪译语	གྲང་།	中

昼夜　现代藏语　ཉིན་མཚན།

地　区	译　语	汉文标音
嘉绒译语	ཤི་ནི་སྐྱུ།	十领色凹
松潘译语	ཉིན་མཚན།	宁参
象鼻高山译语	ཉི་མ་ཀར་ཙ་རེད།	尼麻哈杂里
白马译语	ཉི་མཚན་ཉིན་མོ།	宁责年卜勒
多续译语	ཀོ་ཕུན།	姑粉
木里译语	ཉན་མཚན།	令千
栗苏译语	ཉིན་མཚན།	你那骨本能刻
打箭炉译语	ཉིན་ཚན།	尼参
木坪译语	ཉིན་མཚན།	你残

年　现代藏语　ལོ།

地　区	译　语	汉文标音
嘉绒译语	ཏ་ཟླ།	待又
松潘译语	ལོ།	陆
象鼻高山译语	ལོ་ཅིག་རེད།	约子里
白马译语	ལོ་སར་རེག	牙散勒
多续译语	ཁྱུད་ཤེས།	去设
木里译语	ལོ།	娄
栗苏译语	ལེ།	逻撒
打箭炉译语	ལོ།	洛
木坪译语	ལོ།	鲁

秋　现代藏语　སྟོན་ཀ།

地　区	译　语	汉文标音
嘉绒译语	ཀི་རྫེ་ཀོམ།	各儿具冈
松潘译语	སྟོན།	叚
象鼻高山译语	ཚོས་ཐ་རེད།	秋天里
白马译语	བསྟོན་སུམ་རེག	假所勒
多续译语	ཆུ།	杵
木里译语	སྟོ།	端
栗苏译语	སྟོན།	屯査
打箭炉译语	སྟོན་ཁ།	叚卡
木坪译语	སྟོན།	端

日　现代藏语　ཉི་མ།

地　区	译　语	汉文标音
嘉绒译语	ཕེ་ཤི་ཉིང་།	不干领
松潘译语	ཉིན།	宁
象鼻高山译语	དེ་རིང་གནམ་ས་ཐ་ཚར།	的你罗杂七
白马译语	སྐར་མ་རེག	哈麻勒
多续译语	ནེ་མག	乃麻
木里译语	ཉིན།	尼
栗苏译语	ཉིན།	尼麻
打箭炉译语	ཉིན།	尼
木坪译语	ཉིན་པར།	呢巴

冬　现代藏语　དགུན་ཁ།

地　区	译　语	汉文标音
嘉绒译语	ཀི་རྩོ།	各儿具
松潘译语	དགུན།	棍
象鼻高山译语	ཧ་ཛི་རེད།	塔杂里
白马译语	ཀུན་སུམ་རེག	国所勒
多续译语	མཚོའ།	初
木里译语	དགུན།	贵
栗苏译语	ཀྱུན།	查跨
打箭炉译语	དགུན་ཁ།	棍卡
木坪译语	དགུན།	葛

夜短 现代藏语 མཚན་ཐུང་།

地 区	译 语	汉文标音
嘉绒译语	ཏི་མོར་ཀི་ཙེན།	的某各正
松潘译语	ནམ་ཐུང་།	郎痛
象鼻高山译语	མཚན་ཐུང་ཟེག	择兔子
白马译语	གནམ་ཐུན་ཏུ་པ།	禄调欧勒
多续译语	ཏུན་སྐྱེ་སྐྱེ།	粉结结
木里译语	ནམ་ཐུང་།	浪通
栗苏译语	ནམ་ཐུང་།	刻撤
打箭炉译语	མཚན་ཐུང་།	泽同
木坪译语	མཚན་ལ་ཐུང་།	乾喃通

时节 现代藏语 དུས་ཚིགས།

地 区	译 语	汉文标音
嘉绒译语	ཀི་ངེ་ཀི་ལུ་འཁུ།	各领各门库
松潘译语	ལོའི་དུས་ཚོད།	六一豆错
象鼻高山译语	གནམ་པ་འོང་ཚར།	罗杂勿咱
白马译语	ཚེ་ཧྲང་།	卡责士
多续译语	ཏུ་ཚོ་ལག	都初拉
木里译语	ཞའ་ཚང་།	厦怯
栗苏译语	དུས་ཚོད།	时节
打箭炉译语	དུ་ཚོ།	菊错
木坪译语	ནམ་རྩ་ཕྲུང་།	喃咱出

今日　现代藏语　དེ་རིང་།

地　区	译　语	汉文标音
嘉绒译语	བུ་ཞིན་ཡིན།	不十领
松潘译语	དེ་རིང་།	的零
象鼻高山译语	དེ་རིང་ར་རེར།	得力里
白马译语	དེ་རེང་རེག	独勒
多续译语	དག་ནེ།	达乃
木里译语	དེང་རི།	的令
栗苏译语	དེ་རིང་།	当扭
打箭炉译语	དེ་རིང་།	达零
木坪译语	ད་རིང་།	得力

夜长　现代藏语　མཚན་རིང་།

地　区	译　语	汉文标音
嘉绒译语	ཏྲི་མོར་ཀི་སྲི།	的某各色惹
松潘译语	སྣ་རིང་།	郎论
象鼻高山译语	མཚན་རིང་ཟེག	择立子
白马译语	གནམ་རེ་ཀྲུམ་རེག	禄勒甲勒
多续译语	ཧུན་དམེལ།	粉墨
木里译语	ནམ་རིང་།	浪怜
栗苏译语	ནམ་རིང་།	刻舌
打箭炉译语	མཚན་རིང་།	泽苓
木坪译语	མཚན་ལ་རིང་།	乾喃岭

冻　现代藏语　འཁྱགས།

地　区	译　语	汉文标音
嘉绒译语	ནར་ཞམ།	那儿榜
松潘译语	འཁྱག	恰
象鼻高山译语	འཁྱག་པོ་རེད།	茶不里
白马译语	འཁྱང་པོ་རེག	跆卜勒
多续译语	ཕག	凹
木里译语	གྲང་བ།	洽巴
栗苏译语	བཀྱག	坑奇
打箭炉译语	འཕྱུག	恰
木坪译语	ཁྱག	恰

暖　现代藏语　དྲོ།

地　区	译　语	汉文标音
嘉绒译语	ས་ཡོག	撒落
松潘译语	ཧྲོ།	浊
象鼻高山译语	ཧྲིན་པོ་རེད	中波里
白马译语	ཀྲོས་པོ་རེག	重卜勒
多续译语	ཚད་ཕྱུག	采擦
木里译语	དྲོ།	炷
栗苏译语	དྲོ།	擦擦
打箭炉译语	དྲོད།	卓
木坪译语	དྲོ།	拙

温　　现代藏语　དྲོད།

地　区	译　语	汉文标音
嘉绒译语	ཀི་རྨན།	各儿敏
松潘译语	ནམ་འཇོ།	浪酱
象鼻高山译语	□ཧྲི་འཁྲུག་མི་འ་ཁྲུག	竹莫竹茶莫茶
白马译语	ཀྲོུས་པོ་རེག	重卜勒
多续译语	མག་ཕྱུག	马擦
木里译语	ཧོད་མོ།	炷木
栗苏译语	ནམ་འཇལ།	撤擦
打箭炉译语	ཚ་གྲང་གཉིས།	擦章仰
木坪译语	དྲོས་འཇམ།	着尔章

凉　　现代藏语　བསིལ།

地　区	译　语	汉文标音
嘉绒译语	སྨུ་ཤ་ཐག	木石达
松潘译语	བསིལ།	细
象鼻高山译语	འཁྲུག་འཁྲུག་རེད	长长里
白马译语	ཟར་པར་རེག	霎霎勒
多续译语	པེལ།	咧
木里译语	བསིལ་མ།	亵瓦
栗苏译语	བསིལ།	屯撇
打箭炉译语	བསིལ།	昔
木坪译语	སྲིང་།	泻

时常　现代藏语　དུས་རྒྱུན།

地　区	译　语	汉文标音
嘉绒译语	གི་ཚེའི།	该千
松潘译语	དུས་རྒྱུན་དུ།	度军独
象鼻高山译语	སྤྱི་འབུར་སྒོ།	立不多
白马译语	ཞི་པོ་ཞི་རེག	是不使勒
多续译语	ཐེ་ཕེ།	特迫
木里译语	དུས་སྐྱུན་པར།	队郡巴儿
栗苏译语	དུས་རྒྱུན་ད།	莫母
打箭炉译语	ཞིང་ཁམ།	仍堪
木坪译语	རྒྱུན་རིང་པོ།	业耳木

今　　现代藏语　དེ་རིང་།

地　区	译　语	汉文标音
嘉绒译语	སེ།	彼
松潘译语	ད་ལྟར།	达台
象鼻高山译语	བཟང་།	若
白马译语	དེ་རིང་རེག	独诺勒
多续译语	ཨ་མིན།	呵密
木里译语	ད་ལྟ།	打答
栗苏译语	ད་ལྟ།	当扭
打箭炉译语	ད་ལྟར།	达达
木坪译语	ད་ལྟར།	答答

永远 现代藏语 གཏན་དུ།

地 区	译 语	汉文标音
嘉绒译语	ཚོ་ཚོའི།	且七
松潘译语	ཡུན་རིང་དུ།	云零独
象鼻高山译语	གྱི་རབ་གྱི་དོག་རེད།	黎罗立多的
白马译语	ཐག་རིང་རེག	拓力勒
多续译语	མཚུ་ཧིད།	磨杵黑
木里译语	ཡུན་རིང་།	鱼连
栗苏译语	ཡུན་ཆད།	勒舌
打箭炉译语	ཡུན་རིང་།	于零
木坪译语	བར་འཚམས་བཅད།	远冷底

以后 现代藏语 རྗེས་མ།

地 区	译 语	汉文标音
嘉绒译语	ཅེ་ཀོ།	直个
松潘译语	ཕྱིན་ཆད།	信岔
象鼻高山译语	ཚ་ཚ་སུ་ཚོར་རེད།	合丝称错里
白马译语	ཕྱིན་ལོ།	色勒
多续译语	ཁྲི་ནུང་།	其怒
木里译语	ཇེ་སུ།	己叟
栗苏译语	ཕྱིན་ཆད།	车昂
打箭炉译语	རྒྱབ་སུ།	捏数
木坪译语	ཕྱི་མ།	七马

明年　现代藏语　སང་ལོ།

地　区	译　语	汉文标音
嘉绒译语	སོ་ཞེས།	所如
松潘译语	སང་ཕོད།	丧卜
象鼻高山译语	ཕོར་རེད།	速不立
白马译语	ཡང་འགོ་རེག	速胃勒
多续译语	ཤོ་ཉི།	庶呢
木里译语	སང་ཕོད།	桑迫
栗苏译语	སང་ལོ།	索隙
打箭炉译语	སང་ཕོ།	送迫
木坪译语	སང་ཕོན།	率盆

明日　现代藏语　སང་ཉིན།

地　区	译　语	汉文标音
嘉绒译语	སྦོ།	所
松潘译语	ནང་པར།	囊罢
象鼻高山译语	ཐོ་རི་རེད།	时力里
白马译语	གནམ་འོག་རེག	罗胃勒
多续译语	ཤོ་ཕྱོ།	庶无
木里译语	ནང་བར།	弄巴耳
栗苏译语	ནང་སར།	宋扭
打箭炉译语	སང་ཉིན།	送逆
木坪译语	སང་ནི།	率呢

昔　现代藏语　སྔོན་མ།

地　区	译　语	汉文标音
嘉绒译语	སྔ་སོ།	桑所
松潘译语	སྔོན་མ།	思麻
象鼻高山译语	ནང་ཉེ་རེད།	那立里
白马译语	ནང་དེ་རེག	诺得勒
多续译语	ཡག་ཡིད།	呀依
木里译语	སྔར།	阿儿
栗苏译语	སྔོན་མ།	堂哈
打箭炉译语	སྔོན་མ།	峨马
木坪译语	སྔར་རབ།	厄岭

今年　现代藏语　ད་ལོ།

地　区	译　语	汉文标音
嘉绒译语	སའི་ས།	卑巴
松潘译语	ད་ལོ།	达维
象鼻高山译语	ཧྟོ་རྩིག་རེ།	独及立
白马译语	ཙོར་ཞོང་རེག	独日勒
多续译语	ཁྲིན་ཉེ།	前呢
木里译语	ད་ལོ།	得洛
栗苏译语	ད་ལོ།	前隙
打箭炉译语	ད་ལོ།	达洛
木坪译语	ད་ལོ།	多鲁

半日　现代藏语　ཉིན་ཕྱེད།

地　区	译　语	汉文标音
嘉绒译语	ཏི་མཚོ།	登作
松潘译语	ཉིན་ཕྱེད།	宁谢
象鼻高山译语	ཉི་མ་ཚ་བག	尼麻七八哈
白马译语	ཉོག་ཚན་རེག	牛择哇勒
多续译语	ནད་ཁེ།	乃刻
木里译语	ཉི་ཕྱེར།	尼欠
栗苏译语	ཉིན་ཕྱེད།	女格
打箭炉译语	ཉིན་ཕྱི།	尼扯
木坪译语	ཉི་ཕྱེད།	你切

晚　现代藏语　དགོང་མོ།

地　区	译　语	汉文标音
嘉绒译语	གི་སྣུས།	革聆思
松潘译语	ཕྱི་དྲོ།	习浊
象鼻高山译语	དགོད་མཆུ་རབ་རིབ་རེད།	鹅曲那六里
白马译语	དགོང་ཀ་རེག	恶哈勒
多续译语	དམེའ་ཁག་དོ།	默卡度
木里译语	ཕྱི་དྲོ།	去朱
栗苏译语	ཕྱི་དྲོ།	果折
打箭炉译语	ཕྱི་དྲོད།	赤卓
木坪译语	ཕྱི་འབྲེལ།	七掇

半夜　现代藏语　མཚན་དགུང་།

地　区	译　语	汉文标音
嘉绒译语	སྨར་ཕར།	色凹拔
松潘译语	ནམ་ཕྱེད།	难谢
象鼻高山译语	མཚན་དཀྱིལ་རེད།	择迟
白马译语	གནམ་ཕྱུ་རེག	罗息勒
多续译语	ཧུན་ཁེ།	粉刻
木里译语	གནམ་ཕྱེད།	朗杰
栗苏译语	ནམ་ཕྱེད།	刻格
打箭炉译语	ནམ་ཕྱེ།	朗扯
木坪译语	མཚན་ཕྱེད།	浅切

再　现代藏语　ཡང་བསྐྱར།

地　区	译　语	汉文标音
嘉绒译语	ཏ་ཁྱུ།	打洽
松潘译语	སླར་ཡང་།	纳耳羊
象鼻高山译语	ད་ཙ་ལ་ཚེ།	达刹麻及
白马译语	སྐར་ནང་རེག	达诺
多续译语	འཇོག	觉
木里译语	ཐུར་མ།	他日羊
栗苏译语	སླར་ཡང་།	捉
打箭炉译语	ད་ནི།	代呢
木坪译语	ད་རང་།	达陇

刻　现代藏语　དུས་ཡུན།

地　区	译　语	汉文标音
嘉绒译语	ཐམ་ཐམ།	汤汤
松潘译语	ཆུ་ཚོད།	曲初
象鼻高山译语	□ཧྲིག་འཚོ་རེད།	独在曲里
白马译语	འགྲོན་པོ་རེག	动卜勒
多续译语	ཛ་རག	甲拉
木里译语	དུས་ཚོད།	队切
栗苏译语	དབུག་གྲུ།	刻
打箭炉译语	ཆུ་ཚོད་གཅིག	出册吉
木坪译语	མགྲོན་པོ།	扯耳补

昼　现代藏语　ཉིན་མོ།

地　区	译　语	汉文标音
嘉绒译语	ཤིན་རི་ཏུ།	什另隅
松潘译语	ཉིན་པར།	宁拔
象鼻高山译语	ཉི་མ་ཤར་ཀ	黎马哈
白马译语	ཉོག་ཀོང་རེག	月姑勒
多续译语	ནད་ཀོ།	柰孤
木里译语	ཉིན་མོ།	尼木
栗苏译语	ཉིན་མོ།	你纳骨
打箭炉译语	ཉིན་མོ།	尼磨
木坪译语	ཉིན་ཀོ	你公

早　现代藏语　སྔ་མོ།

地　区	译　语	汉文标音
嘉绒译语	ཀི་ཉི་སྙོ།	革娄所
松潘译语	སྔ་དྲོ།	阿浊
象鼻高山译语	ཟེར་ནག་རེད།	然那里
白马译语	ཟ་རེང་རེག	霎拉勒
多续译语	མན་ལྷུག	蛮榨
木里译语	སྔར་དྲོ།	阿朱
栗苏译语	སྔ་དྲོ།	擢
打箭炉译语	སྔར་དྲོད།	呵卓
木坪译语	མགྲོག	呢

夜　现代藏语　མཚན་མོ།

地　区	译　语	汉文标音
嘉绒译语	ཧི་མོར།	的某
松潘译语	མཚན་མོ།	参木
象鼻高山译语	དགོད་རབ་རིབ།	谷六里
白马译语	མཚན་རེག	择勒
多续译语	ཧུན།	粉
木里译语	མཚན་མོ།	切木
栗苏译语	མཚན་མོ།	木能刻
打箭炉译语	མཚན་མོ།	泽磨
木坪译语	མཚན།	測

新年　现代藏语　ལོ་གསར།

地　区	译　语	汉文标音
嘉绒译语	དར་ཟུར་པར་པང་།	代桑色色耳布
松潘译语	ལོ་སར།	罗萨
象鼻高山译语	ལོ་གས་ཀ།	约萨哈
白马译语	ལོ་སར་པ།	约霎勒
多续译语	ལུག་ཉེན།	榴年
木里译语	ལོ་གསར།	罗撒儿
栗苏译语	ལོ་གསར།	陆事
打箭炉译语	ལོ་གསར།	洛腮
木坪译语	ལོ་གསར།	鲁萨耳

旧年　现代藏语　ལོ་རྙིང་།

地　区	译　语	汉文标音
嘉绒译语	ཀི་ཕའི།	各歪
松潘译语	ལོ་རྙིང་།	罗宁
象鼻高山译语	ལོ་རྙིང་རེད།	约你六
白马译语	ལོ་ཉིས་འ།	约呢勒
多续译语	ལུག་ཚི།	榴次
木里译语	ན་ནི།	那力
栗苏译语	ལོ་རྙིང་།	陆义
打箭炉译语	ལོ་རྙིང་།	洛逆
木坪译语	ལོ་རྙིང་།	鲁逆

皇帝 现代藏语 གོང་མ།

地 区	译 语	汉文标音
嘉绒译语	ཀོང་མ།	沟满
松潘译语	རྒྱལ་པོ།	甲播
象鼻高山译语	རྒྱལ་པོ་རེད།	甲不里
白马译语	རྒྱལ་བུ་ས་རེག	年阿勒
多续译语	ཕཾ་མོ་ཡིཾ།	王木阳
木里译语	རྒྱལ་པོ།	揭卜
栗苏译语	རྒྱལ་པོ།	供麻
打箭炉译语	གོང་མའི།	谷靡
木坪译语	གོང་མ།	工木

朝廷 现代藏语 གོང་མའི་སྲིད་གཞུང་།

地 区	译 语	汉文标音
嘉绒译语	རྒྱལ་པོ།	及儿补
松潘译语	གོང་མ།	供麻
象鼻高山译语	རྒྱ་ནག་རྒྱལ་པོ་རེད།	甲那甲不里
白马译语	རྒྱལ་བུ་ས་རེག	年阿勒
多续译语	རིན་པོ་ཆེ།	耳播尺
木里译语	གོང་མ།	工骂
栗苏译语	གོང་མ།	如布
打箭炉译语	གོང་མ།	谷嘛
木坪译语	མི་དབང་།	名望

武官　现代藏语　དམག་དཔོན།

地　区	译　语	汉文标音
嘉绒译语	དམད་དཔོན།	麻本
松潘译语	དམག་དཔོན།	骂奔
象鼻高山译语	གྲི་དཔོན་རིད།	略不里
白马译语	ཁེན་པ་རེག	客巴勒
多续译语	མ་དཔེནཙོག་མོ།	募兵坐幕
木里译语	དམག་དཔོན།	马班
栗苏译语	དམག་དཔོན།	迈乃作么
打箭炉译语	དམག་དཔོན།	骂本
木坪译语	དམག་དཔོན།	妈本

头目　现代藏语　འགོ་པ།

地　区	译　语	汉文标音
嘉绒译语	ཏ་རོ།	达扰
松潘译语	མགོའ་དཔོན།	恶奔
象鼻高山译语	འགྲོ་ཆུང་རིད།	鹅曲里
白马译语	འགོ་བ་རེག	峨哇勒
多续译语	ཤུ་ཁག	蓄卡
木里译语	མགོ་པ།	古巴
栗苏译语	མགོ་དཔོན།	数跨
打箭炉译语	མགོ་པ།	郭巴
木坪译语	མགོ་དཔོན།	俄班

师傅　现代藏语　དགེ་རྒན།

地　区	译　语	汉文标音
嘉绒译语	སློབ་དཔོན།	色勒奔
松潘译语	སླབ་དཔོན།	洛奔
象鼻高山译语	སློབ་དཔོན་རེད།	罗卜
白马译语	སློ་བོན་རིག	六早勒
多续译语	སློབ་དཔོན།	唆白
木里译语	སློབ་དཔོན།	索班
栗苏译语	སློབ་དཔོན།	索布
打箭炉译语	སློབ་དཔོན།	洛本
木坪译语	སློབ་དཔོན།	洛班

文官　现代藏语　ཞི་དཔོན།

地　区	译　语	汉文标音
嘉绒译语	ཏ་ཤུ་དབྱིང་ཀུ་ཛུ།	得书议公祖
松潘译语	མི་སྡེའི་དཔོན་པོ།	莫地奔波
象鼻高山译语	སོལ་ཧྲུན་དཔོན་པོ་རེད།	百姓奔不里
白马译语	ཁེན་པ་རེག	客巴勒
多续译语	ཏག་ཙོག་མོ།	大坐幕
木里译语	སྡེ་དཔོན།	迭班
栗苏译语	མི་སྡེའི་དཔོན།	再作么
打箭炉译语	སྡེ་དཔོན།	德本
木坪译语	མི་དཔོན།	米本

官　现代藏语　དཔོན་པོ།

地　区	译　语	汉文标音
嘉绒译语	གི་མཇུ།	更据
松潘译语	མི་དཔོན།	墨奔
象鼻高山译语	ཁྲིམ་རེད།	邱黎
白马译语	ཁེན་པ་རེག	提八勒
多续译语	ཙོག་མོ།	坐幕
木里译语	མི་དཔོན།	迷班
栗苏译语	མི་དཔོན།	作么
打箭炉译语	རྒྱལ་པོ།	捏儿本
木坪译语	དཔོན།	本

臣　现代藏语　བློན་པོ།

地　区	译　语	汉文标音
嘉绒译语	བློན་པོ།	伦波
松潘译语	བློན་པོ།	难播
象鼻高山译语	རྒྱ་ནག་རེད།	刹那
白马译语	ཁོན་པ་རེག	提八勒
多续译语	གཉེར་པ།	业巴
木里译语	བློན་པོ།	论布
栗苏译语	བློན་པོ།	弄布
打箭炉译语	བློན་པོ།	鸾波
木坪译语	བློན་པོ།	弄不

土官 现代藏语 ཡུལ་དཔོན།

地 区	译 语	汉文标音
嘉绒译语	ལ་ས་ཁ་བུ།	纳色卡补
松潘译语	ཡུལ་དཔོན།	欲奔
象鼻高山译语	འཕྲོ་པ།	恶巴
白马译语	ཁེན་པ་རིག	客巴勒
多续译语	རྡོག་ཆུག་ཙོག་མོ།	多畜坐幕
木里译语	སྨར་དཔོན།	革耳班
栗苏译语	ཡུལ་དཔོན།	灭结作么
打箭炉译语	མི་དཔོན།	密本
木坪译语	ཡུལ་དཔོན།	本

太子 现代藏语 རྒྱལ་སྲས།

地 区	译 语	汉文标音
嘉绒译语	ཏི་ཛ(ཙ)།	的则
松潘译语	རྒྱལ་བུ་ཆེན་པོ།	甲耳卜鞊播
象鼻高山译语	ཀྲི་ཏོ་རེད།	及独立
白马译语	རྒྱལ་པོ་བུ་རིག	业峨卜勒
多续译语	ཝོཾ་མོ་ཡག་ཡིད།	瓦幕呀裔
木里译语	རྒྱལ་བུ་ཆེན་པོ།	甲卜擎卜
栗苏译语	རྒྱལ་བུ་ཆེན་པོ།	太子
打箭炉译语	རྒྱལ་སྲས།	甲薛
木坪译语	རྒྱལ་སྲས།	业色

秀才 现代藏语 ཤེས་ཡོན་ཅན།

地 区	译 语	汉文标音
嘉绒译语	སྨྲུའུ་ཚོའི།	秀才
松潘译语	དཔོན་ཡིག	伴夷
象鼻高山译语	བྲིས་པ་རིད།	竹巴里
白马译语	བྲུག་ཚོང་རིག	秀才勒
多续译语	སང་ཀུང་།	相公
木里译语	དཔོན་ཡིག	伯夷
栗苏译语	དཔོན་ཡིག	秀才
打箭炉译语	སྦྲིཏ་ཏ།	登至达
木坪译语	ཡིག་དཔོན།	以拨

军 现代藏语 དམག

地 区	译 语	汉文标音
嘉绒译语	ཀ་ཁུད།	阿珮
松潘译语	དམག་མི།	麻灭
象鼻高山译语	མཛོད་འཆེར།	临洽里
白马译语	དམག་མི་རིག	吗勒
多续译语	དཔའོ།	把诬
木里译语	དམར།	麻
栗苏译语	དམག	骂勒
打箭炉译语	མག	骂
木坪译语	དམག	妈

吏　现代藏语　དཔོན།

地　区	译　语	汉文标音
嘉绒译语	ཏྭ་རོ་ཟེར།	达扰易
松潘译语	ཡིག་མཁན།	银看
象鼻高山译语	ཡིག་མཁན་རེད།	戎堪里
白马译语	ཡིག་མཁན།	彭卜勒
多续译语	བྲིས་མཁས།	本刻
木里译语	ཡིག་མཁན།	夷看
栗苏译语	ཡིག་མཁན།	吏
打箭炉译语	དྲུང་ཡིག	众依
木坪译语	དྲུང་ཡིག	中译

民　现代藏语　མི་སེར།

地　区	译　语	汉文标音
嘉绒译语	ཏིས་ཤོན།	的叔
松潘译语	མི་སྡེ།	木得
象鼻高山译语	ཁྲིལ་རེད།	茄巴里
白马译语	དཔའ་བོ་ཕྱོས་རེག	百姓勒
多续译语	མི་སྡེ་ཤུ།	墨得畜
木里译语	མི་སྡིང་།	迷的
栗苏译语	མི་སྡེ།	蔑结
打箭炉译语	མི་སེར།	密色
木坪译语	མི་སྡེ།	密底

使臣　现代藏语　བང་ཆེན།

地　区	译　语	汉文标音
嘉绒译语	ཏྲུ་སྐོར།	中色可
松潘译语	གསོས་དཔོན།	苏奔
象鼻高山译语	རྒྱ་ནག་རྒྱལ་ངོང་རེད།	甲那甲不安里
白马译语	ཐུང་སྲི་རེག	通事勒
多续译语	སྐྱིཙི་གཉེད་པ།	自子叶巴
木里译语	གསེད་ཡིག	邪邑巴
栗苏译语	གསེར་ཡིག་པ།	陆呷
打箭炉译语	སྐུ་ཚབ་ཆེ་བ།	谷擦怯瓦
木坪译语	གྲོང་བསྐོར།	中国

徒弟　现代藏语　སློབ་མ།

地　区	译　语	汉文标音
嘉绒译语	གྲ་པ།	各巴
松潘译语	སློབ་མ།	洛骂
象鼻高山译语	སློབ་བུ་རེད།	六务
白马译语	གཙམ་མོ་རེག	足吗勒
多续译语	གྲ་པ།	择把
木里译语	སློབ་མ།	唆妈
栗苏译语	སློབ་མ།	索骂
打箭炉译语	སློབ་མ།	索嘛
木坪译语	གྲ་པ།	窄不

道士　现代藏语　ཏའོ་ཙའོ་ཆོས་ཀྱི་རབ་བྱུང་པ།

地　区	译　语	汉文标音
嘉绒译语	སྲུའ་པ།	色我色巴
松潘译语	ཧྲག་པ།	阿把
象鼻高山译语	ཧྲག་པ་རེད།	拿八里
白马译语	བོན་པོ་རེག	白木勒
多续译语	ཕུད་དོ།	捧波
木里译语	བཤེ་པོ།	班布
栗苏译语	བོན་པོ།	工巴
打箭炉译语	སྒོམ་པ།	滚巴
木坪译语	སྒོམ་ཧྲ།	我不

僧人　现代藏语　དགེ་འདུན་པ།

地　区	译　语	汉文标音
嘉绒译语	དགེས་སེ།	告杀思
松潘译语	དགེ་འདུན།	格顿
象鼻高山译语	དགེ་སློང་རེད།	格鲁里
白马译语	པན་འདི་རེག	邦得勒
多续译语	དགེ་འདུན།	杰渡
木里译语	དགེ་འདུན།	格端
栗苏译语	དགེ་འདུན།	舌巴
打箭炉译语	དགེ་འདུན།	更登
木坪译语	དགེ་འདུན།	息掇

祖　现代藏语　ཨ་མྱེས།

地　区	译　语	汉文标音
嘉绒译语	ཨ་ཕྱུ།	阿五
松潘译语	ཨ་མྱེ།	阿灭
象鼻高山译语	ཡང་གྱི་རེད།	鸭立里
白马译语	ཨ་ཉེས།	哈呢勒
多续译语	ཧོ་པོ།	呵补
木里译语	པོ(སོ་)བུ།	补卜
栗苏译语	མེས་པོ།	阿布
打箭炉译语	མེད་པོ།	灭播
木坪译语	ཨ་མི།	阿米

高祖　现代藏语　ཨ་མྱེས་ཀྱི་ཨ་མྱེས།

地　区	译　语	汉文标音
嘉绒译语	ཨ་མྱེ།	阿莫令
松潘译语	ཡང་མྱེ་ཨ་མྱེ།	羊灭阿灭
象鼻高山译语	ཡང་གྱི་རེད།	若宜里
白马译语	ཨ་ཉེས།	哈呢勒
多续译语	པུ་རྒྱུད།	卜绩
木里译语	ཉེ་འབྲེལ།	尼占
栗苏译语	ཞེ་མེས།	高祖
打箭炉译语	སྤར་མི།	阿米
木坪译语	པ་མི།	迫米

叔　现代藏语　ཨ་ཁུ།

地　区	译　语	汉文标音
嘉绒译语	ཨ་ཚའི།	阿哉
松潘译语	ཨ་ཁུ།	阿哭
象鼻高山译语	ཡ་ཀུ་རིད།	牙谷里
白马译语	ཨ་སྐྱུ་རིག	那姑勒
多续译语	ཨ་པ་ཅོ།	阿把际
木里译语	ཨ་ཞུ།	阿库
栗苏译语	ཁུ་བོ།	呵比
打箭炉译语	ཁུ་བ།	库窝
木坪译语	ཨ་ཁུ།	阿苦

曾祖　现代藏语　ཡང་མྱེས།

地　区	译　语	汉文标音
嘉绒译语	ཡང་མྱེ།	养莫令
松潘译语	ཡང་མྱེ།	羊灭
象鼻高山译语	ཡ་གྱི་རིད།	哈立里
白马译语	སྤྱང་ཉེས་རིག	哈呢勒
多续译语	ཕ་རྒྱུད།	怕绩
木里译语	ཡ་མེས།	扒迷
栗苏译语	ཡང་མེས།	曾祖
打箭炉译语	ཡང་མེད།	羊灭
木坪译语	ཡང་མི།	洋米

聪明　现代藏语　སྤྱང་པོ།

地　区	译　语	汉文标音
嘉绒译语	ཀི་ཤི་པོ།	各十保
松潘译语	བློ་རྣོ།	洛诺
象鼻高山译语	ཀྱི་རྣོར་པ་བཟོད་རེད།	你各若
白马译语	སར་བཟང་ཨུ་རེག	色速乌勒
多续译语	ཚོག་ཆེད།	鑿车
木里译语	དབང་རྣོ།	瓦即
栗苏译语	བློ་རྣོ།	央撤
打箭炉译语	བློན་སྣམས།	糯洛
木坪译语	ཤེས་རབ་ཆེ།	舍拉扯

喇嘛　现代藏语　བླ་མ།

地　区	译　语	汉文标音
嘉绒译语	བླ་མ།	喇嘛
松潘译语	བླ་མ།	喇嘛
象鼻高山译语	རབ་འབྱམ་པ་ལ།	南张八
白马译语	བླ་མ་རེག	喇嘛勒
多续译语	བླ་མ།	喇嘛
木里译语	བླ་མ།	拉马
栗苏译语	བླ་མ།	剌麻
打箭炉译语	བླ་མ།	喇嘛
木坪译语	བླ་མ།	纳马

亲　现代藏语　ཉ་ཉེ།

地　区	译　语	汉文标音
嘉绒译语	ཀེ་ལྷེད།	各凹
松潘译语	ཉེ་བ།	立凹
象鼻高山译语	ཉེ་མོ་རེད།	宜木里
白马译语	ཀུང་པོ་རེག	牛阿卜勒
多续译语	ལེན་སྐྱི།	吝继
木里译语	ཉེ་བ།	述瓦
栗苏译语	ཉེ་བ།	果儿
打箭炉译语	ཉེ་བ།	业瓦
木坪译语	ཉེ་འབྲེལ།	呢木里

奴婢　现代藏语　གཡོག་པོ། གཡོག་མོ།

地　区	译　语	汉文标音
嘉绒译语	པན་ཚུང་།	板仲
松潘译语	གཡོག་པོ།	约播
象鼻高山译语	གཡོག་པོ་རེད།	若不里
白马译语	སློར་བུགས།	月卜勒
多续译语	དཔེ་ལག་ཤུ།	摆拉畜
木里译语	གཡོགས་པོ།	郁伯
栗苏译语	གཡོག་པོ།	也咱
打箭炉译语	གཡོག་མོ།	约莫
木坪译语	གཡོག་པོ།	约补

方音词记——《西番译语》校雠

贫　现代藏语　དབུལ་པོ།

地　区	译　语	汉文标音
嘉绒译语	ཀི་ཙ།	各乍
松潘译语	དབུལ་པོ།	物播
象鼻高山译语	ཕོང་པ་རེ།	客穷
白马译语	རྒྱག་ཚད་རེག	接衣勒
多续译语	སྤྱུག་པོ།	错铺
木里译语	དབུལ་པོ།	厄伯
栗苏译语	དབུལ་པོ།	嘛卜索
打箭炉译语	无	无
木坪译语	དབུལ་ཡོ།	乌耳补

妻　现代藏语　ཆུང་མ།

地　区	译　语	汉文标音
嘉绒译语	ཕོག་ཙི།	窝各正
松潘译语	ཁྱིམ་བ།	钦罢
象鼻高山译语	རང་འདུག་རེ།	纳无
白马译语	སྤུང་ན་རེག	卜拉扎
多续译语	འ་ཙི་མོ།	阿兹暮
木里译语	ན་མ།	那妈
栗苏译语	ཁྱིམ་པ།	能骂
打箭炉译语	无	无
木坪译语	རོག་དཔོན།	洛补

怠慢　现代藏语　སྙང་ཚུང་ཁུར་མེད།

地　区	译　语	汉文标音
嘉绒译语	ལས་ལས།	纳纳思
松潘译语	ལེ་ལོ།	列罗
象鼻高山译语	ས་རོ་རྡིས།	速低及
白马译语	རང་ཁྲུན་ཞི།	老欠食
多续译语	ཇོག་མར་འག	觉马阿
木里译语	ཀོ་ལོ་སོང་།	革里送
栗苏译语	ལེ་ལོ།	食麻怕
打箭炉译语	无	无
木坪译语	ཁང་ཙུག	匡诸

富　现代藏语　ཕྱུག་པོ།

地　区	译　语	汉文标音
嘉绒译语	ཏྭ་ཤེས།	打使
松潘译语	ཕྱུག་པོ།	学播
象鼻高山译语	མཛོད་པ་རེ།	岳卜
白马译语	འཛོ་པ་རེག	足八勒
多续译语	ཧག་མག	哈妈
木里译语	ཕྱུག་པོ།	秋伯
栗苏译语	ཕྱུག་པོ།	卜索
打箭炉译语	无	无
木坪译语	ཕྱུག་པོ།	初补

男子　现代藏语　ཕོ།

地　区	译　语	汉文标音
嘉绒译语	ཀ་ཅ་ཕྱ།	各乍凹
松潘译语	སྐྱེས་པ།	吉罢
象鼻高山译语	གྱི་ངན་རེད།	尼京
白马译语	བདག་བུ་རེག	达卜
多续译语	སག་ཅི།	撒即
木里译语	བུ།	布
栗苏译语	སྐྱེས་པ།	呀支自
打箭炉译语	无	无
木坪译语	སྐྱེས་པ།	吉巴

侄　现代藏语　ཚ་བོ་ཚ་མོ།

地　区	译　语	汉文标音
嘉绒译语	ཧེམ་བུ།	登豆
松潘译语	ཚ་བོ།	擦物
象鼻高山译语	ཚའོ་རེད།	瑳
白马译语	ཚབ་བུ་རེག	错勒
多续译语	ཀྱུ་ཅི།	局即
木里译语	ཚྭ་བོ།	擦窝
栗苏译语	ཚ་བོ།	自车
打箭炉译语	无	无
木坪译语	ཚའོ།	草乌

妇人　现代藏语　བུད་མེད།

地　区	译　语	汉文标音
嘉绒译语	ཕ་སྨོམ།	窝儿桑
松潘译语	བུད་མེད།	不灭
象鼻高山译语	ནག་མོ་རེ།	男
白马译语	བུང་ན་ལྷག	卜纳扎
多续译语	མེ་ཙི་ནག	密兹那
木里译语	བུ་མོ།	布木
栗苏译语	བུད་མེད།	卸末自
打箭炉译语	无	无
木坪译语	བུ་མི།	拨灭

孙　现代藏语　ཡང་ཚ།

地　区	译　语	汉文标音
嘉绒译语	ཨ་པེ།	阿珮
松潘译语	ཡང་ཚ།	羊擦
象鼻高山译语	ཞུ་རྩིའུ་རེ།	日邱
白马译语	ཚབ་བུ་རེག	错勒
多续译语	དབྱིབ་གཏོལ།	裔度
木里译语	ཡང་ཚ།	阿擦
栗苏译语	ཡང་ཚ།	勒图
打箭炉译语	无	无
木坪译语	ཡང་ཚ།	容擦

兄　　现代藏语　ཕུན།

地　区	译　语	汉文标音
嘉绒译语	ཕ་ཡུ།	阿与
松潘译语	ཕུ་བོ།	卜物
象鼻高山译语	ཡ་ཀ་རེད།	呵哈
白马译语	ཨ་ཀོང་།	伯依勒
多续译语	འ་ཡག	阿吖
木里译语	ཕའོ།	怕窝
栗苏译语	ཕུ་བོ།	汶朗
打箭炉译语	ཕུ་བོ།	汶朗
木坪译语	ཕུའོ།	朴乌

女　　现代藏语　བུ་མོ།

地　区	译　语	汉文标音
嘉绒译语	ཏེ་མེ།	的敏
松潘译语	བུ་མོ།	不磨
象鼻高山译语	བུ་མོ་རེད།	不慕
白马译语	བུང་རེག	卜勒
多续译语	བཟ་མིན།	咱米
木里译语	བུ་མོ།	补木
栗苏译语	བུ་མོ།	卸叶
打箭炉译语	བུ་མ།	卸叶
木坪译语	བུ་མོ།	拨母

弟　现代藏语　ནུ་བོ།

地　区	译　语	汉文标音
嘉绒译语	ཨུ་ཙེས།	阿者
松潘译语	ནུ་བོ།	洛物
象鼻高山译语	སྤྲན་པ་རེད།	卜然
白马译语	སྤུན་སླར།	伯牙勒
多续译语	ཡིད་ནོ།	依糯
木里译语	ནུ་བའོ།	布窝
栗苏译语	ནུ་བོ།	疑朗
打箭炉译语	ནུ་བོ།	疑朗
木坪译语	ནུའོ།	纳乌

子　现代藏语　བུ།

地　区	译　语	汉文标音
嘉绒译语	ཏི་ཙ།	的咱
松潘译语	བུ།	不
象鼻高山译语	བུ་རི།	不立
白马译语	བུ་རིག	波勒
多续译语	ཚོ་ལག	慈那
木里译语	བུ་ཚ།	补擦
栗苏译语	བུ།	呀支
打箭炉译语	བུ།	呀支
木坪译语	བུ།	拨

母 现代藏语 ཨ་མ།

地　区	译　语	汉文标音
嘉绒译语	ཨ་མ།	阿马
松潘译语	མ།	吗
象鼻高山译语	མང་རེ།	麻
白马译语	མ་ཀན	麻盖勒
多续译语	ཨ་མ།	阿妈
木里译语	མ།	麻
栗苏译语	མ།	麻木
打箭炉译语	མ།	麻木
木坪译语	མ།	妈

伯 现代藏语 ཨ་ཁུ།

地　区	译　语	汉文标音
嘉绒译语	ད་རེ།	葛皆
松潘译语	ཨ་ཁུ་ཆེ་བ།	阿哭切凹
象鼻高山译语	ཨ་ཀུ་ཆེ་བ་རེད།	鸭谷切哇
白马译语	ཕ་བོན་རེག	拔背
多续译语	ཨ་པ་ཁག	阿把卡
木里译语	ཨ་ལུར་བེས།	阿为虔伯
栗苏译语	ཁུ་བོ་ཆེན་པོ།	扒木呀星
打箭炉译语	ཁུ་བོ་ཆེན་པོ།	扒木呀星
木坪译语	ཨ་ཀུ་ཆུང་བ།	阿苦中瓦

舅　现代藏语　ཨ་ཞང་།

地　区	译　语	汉文标音
嘉绒译语	ཨ་ཀུ།	阿古
松潘译语	ཨ་ཞང་།	阿让
象鼻高山译语	ཨ་ཞང་རེད།	鸭呵里
白马译语	ཨ་སྲུང་།	那入勒
多续译语	ཨ་ཅུད།	阿乌
木里译语	ཇོ་བོ།	觉鄂
栗苏译语	ཨ་ཞང་།	呵拒
打箭炉译语	ཨ་ཞང་།	呵拒
木坪译语	ཨ་ཞང་།	阿绒

父　现代藏语　ཕ།

地　区	译　语	汉文标音
嘉绒译语	ཨ་པ།	阿巴
松潘译语	ཕ།	拔
象鼻高山译语	ཕ་ངན་རེད།	筏爱里
白马译语	ཕ་ཀན་རེག	拔盖
多续译语	ཨ་པག	阿巴
木里译语	ཕ།	怕
栗苏译语	ཕ།	呵巴
打箭炉译语	ཕ།	呵巴
木坪译语	ཕ།	怕

老　现代藏语　རྒས།

地　区	译　语	汉文标音
嘉绒译语	ཀི་སྨུ་རྡོ།	各莫卓
松潘译语	རྒན་པོ།	干播
象鼻高山译语	རྐོ་ཚར།	哀咱子
白马译语	རྒོང་ཞི་རེག	额食
多续译语	མོ་ཡག	暮押
木里译语	ཝ་ན་པོ།	格卜
栗苏译语	རྒན་པོ།	通末
打箭炉译语	རྒས་པོ།	格波
木坪译语	རྒན་པོ།	厄拨

主　现代藏语　བདག་པོ།

地　区	译　语	汉文标音
嘉绒译语	གནས་པོ།	纳色步
松潘译语	བདག་པོ།	达播
象鼻高山译语	ཞིབ་པ་རིད།	日八里
白马译语	ཡོན་བདག	于达勒
多续译语	སེ་པག	谢把
木里译语	བདག་པོ།	答伯
栗苏译语	བདག་པོ།	赛
打箭炉译语	བདག་པོ།	达波
木坪译语	བདག་པོ།	达补

贼　现代藏语　རྐུན་མ།

地　区	译　语	汉文标音
嘉绒译语	ཀི་ཞིག་མོང་།	各什某布
松潘译语	ཛག་པ།	夹罢
象鼻高山译语	ནན་ཏན་རེ།	难得你
白马译语	རྐུ་མ་རེག	骨麻勒
多续译语	སུ་སྲུ།	没畜
木里译语	ཛག་པ།	夹巴
栗苏译语	ཛག་པ།	颇苏
打箭炉译语	ཛག་པ།	甲巴
木坪译语	རྐུ་མ།	谷马

岁　现代藏语　ལོ།

地　区	译　语	汉文标音
嘉绒译语	ཏ་པའ།	打巴
松潘译语	ན་པོ།	拿梭
象鼻高山译语	ཡི་ཚེ་རེད།	也七里
白马译语	བྱུ་ལོང་བྲ།	蜡着勒
多续译语	ལུག	遛
木里译语	ནག་པོ།	那伯
栗苏译语	ན་སོ།	都者
打箭炉译语	ན་སོ།	拿梭
木坪译语	ན་སོ།	拿酥

紧　现代藏语　དམ་པོ།

地　区	译　语	汉文标音
嘉绒译语	ཀི་ཤི་ཀར།	格十政
松潘译语	གྲོག	扎罢
象鼻高山译语	ཀྲུམ་མོ་རེད།	角莫里
白马译语	ཟས་ཙང་རེག	足这勒
多续译语	ཁག་ཁག	卡卡
木里译语	རག་པོ།	扎巴
栗苏译语	ཏག་པ།	得结
打箭炉译语	མགྲོག་པོ།	觉巴
木坪译语	གྲེ་བ་ཆེ།	折瓦吃

智慧　现代藏语　ཤེས་རབ།

地　区	译　语	汉文标音
嘉绒译语	ཀི་སྔ།	各色难
松潘译语	ཤེས་རབ།	舍洛
象鼻高山译语	བཙའ་བཞི་རེད།	甲日里
白马译语	ཟས་བཟད་རེག	色速是
多续译语	ཤུ་ཆད།	畜产
木里译语	མཐབ་མཁན།	汤刻
栗苏译语	ཤེས་རབ།	牙角
打箭炉译语	བློ་གོས།	洛郭
木坪译语	བློ་རྐོད།	陇呢

化缘　现代藏语　བསོད་སྙོམས།

地　区	译　语	汉文标音
嘉绒译语	སྤྱ་ཐུ།	色豆布
松潘译语	བསོད་སྙོམ།	梭念
象鼻高山译语	སྤྲང་པོ་རེད།	说卜里
白马译语	ཁེས་ལེང་རེག	客夜勒
多续译语	ཞེ་པ་མི།	喏吧墨
木里译语	སྤྲང་སློས།	章伯
栗苏译语	བསོད་སྙོམས།	勒让
打箭炉译语	ལྷ་ཀབས།	贪豆
木坪译语	བྱ་གྲོ་བ།	折瓦诺

柔善　现代藏语　ཞི་དུལ།

地　区	译　语	汉文标音
嘉绒译语	ངོ་སྐྱོ།	各阿色斗
松潘译语	ཞེ་བ།	失瓦
象鼻高山译语	སྙི་སྙོན་པོ་རེད།	你林卜里
白马译语	སེམས་བཟད་རེག	色速是
多续译语	ཉེ་གོག	业锅
木里译语	ཤིང་མངའ།	受瓦
栗苏译语	ཞེ་བ།	满兹
打箭炉译语	མཉམ་ཚུང་།	酿宠
木坪译语	ཞེ་བཟང་།	热嚷

兄弟　现代藏语　སྤུན་ཟླ།

地　区	译　语	汉文标音
嘉绒译语	ཨ་ཡོ་ཨུ་ཙེས།	阿与阿者
松潘译语	བུ་སྤུན།	不奔
象鼻高山译语	ཤི་ཉེ་ཆུང་བ་རེ།	杀尼曲圭里
白马译语	སྤོས་སྤྲུར་རེག	伯鸭勒
多续译语	འ་ཡག་ཡིད་ནོ།	阿吖依糯
木里译语	ཕ་སྤུན།	扒必
栗苏译语	ཕུ་འོན་པོ།	疑即
打箭炉译语	ཕ་ནུ།	卜奴
木坪译语	ཕོའུ་ནུའུ།	朴乌恼乌

继父　现代藏语　ཕ་ཡར།

地　区	译　语	汉文标音
嘉绒译语	ཨུ་ཕུ་ཨ་པ།	温库阿巴
松潘译语	ཕ་ཡར།	怕牙
象鼻高山译语	ཕ་ཡར་རེད།	筏牙里
白马译语	ཕ་སྣན་རེག	拔盖勒
多续译语	འཕན་བཀོད།	潘公
木里译语	ནང་མ་མ།	即仓马
栗苏译语	ཕ་ཡར།	扒木叶
打箭炉译语	ཕ་ཡ།	怕牙
木坪译语	ཕ་ཡར།	怕也儿

朋友　现代藏语　གྲོགས་པོ།

地　区	译　语	汉文标音
嘉绒译语	དར་སྐྱོ་སོ།	达色荀搜
松潘译语	འཛམ་པོ།	杂俄
象鼻高山译语	བུ་དེ་ན་རེ།	卜卜里
白马译语	སེམས་འཕྲད་རེག	色这勒
多续译语	ཉེ་ཕོག	蚁破
木里译语	ངེ་ཤེས།	偶歇
栗苏译语	མཛའ་པོ།	卜家
打箭炉译语	འཛའ་པོ།	杂窝
木坪译语	གྲང་ཚོས།	当出

继母　现代藏语　མ་ཡར།

地　区	译　语	汉文标音
嘉绒译语	ཏ་སྦོད་མོ།	的色波某
松潘译语	མ་ཡར།	麻牙
象鼻高山译语	མ་ཡར་རེད།	麻牙里
白马译语	མ་སྦྲུར་རེག	麻牙勒
多续译语	མག་ཀུ།	妈姑
木里译语	སྐྱི་ཚང་མ།	生柯马
栗苏译语	མ་ཡར།	麻木叶
打箭炉译语	མ་ཡ།	妈牙
木坪译语	མ་ཡར།	马押耳

甲士　现代藏语　ཁྲབ་མ།

地　区	译　语	汉文标音
嘉绒译语	དར་དབུག་ཕྱ།	得儿补各瓦
松潘译语	ཁྲབ་ཅན།	仆战
象鼻高山译语	གཉེར་པ་རེད།	年八里
白马译语	ཁྲུབ་རེག	秋人
多续译语	ཞོ་ཆག་ལྷོད།	普岔歪
木里译语	ནང་ཟན་མ་མ།	即借
栗苏译语	ཁྲབ་ཅན།	丹督
打箭炉译语	ཁྲབ་ཅན།	朝儿井
木坪译语	ཁྲབ།	贴鲁

和尚　现代藏语　ཧྭ་ཤང་།

地　区	译　语	汉文标音
嘉绒译语	དགེ་ཤེས།	告杀思
松潘译语	བན་དྷེ།	班弟
象鼻高山译语	བན་ཛེ་རེད།	邦得里
白马译语	དགེ་ཞང་རེག	额热勒
多续译语	འ་ཧེ་ཕད།	阿黑歪
木里译语	བན་དྷེ།	板的
栗苏译语	བན་ཧེ།	和尚
打箭炉译语	གྲ་པ།	扎巴
木坪译语	དགེའ་སློང་།	厄陇

牌手　现代藏语　ཕྱུབ་དམག

地　区	译　语	汉文标音
嘉绒译语	སར་ཏམ།	腮思党
松潘译语	ཕྱུབ་ཅན།	仆战
象鼻高山译语	གྱོ་རན་རེ།	恶列里
白马译语	ཕོན་ཡག	牌牙勒
多续译语	ལྷག་མག་དཀན།	拉马悍
木里译语	ནང་བཟན་ཕྱི་མ།	即借擒马
栗苏译语	ཕྱུབ་ཅན།	测且也
打箭炉译语	དམག་མགོ་དཔོན།	马恶本
木坪译语	ཕྱུག	音朴

比丘　现代藏语　དགེ་སློང་།

地　区	译　语	汉文标音
嘉绒译语	དགོ་ཕྱོ།	吉思朗
松潘译语	དགེ་སློང་།	革夷
象鼻高山译语	ཏ། ཤི་བཟང་བོ་རེ།	道士若不里
白马译语	བོན་སོ་རེག	白木勒
多续译语	ཆེ་ཤིས།	隔诗
木里译语	དགེ་སློང་།	格即
栗苏译语	དགེ་སློང་།	迷狠
打箭炉译语	དགེ་སློང་།	格弄
木坪译语	ཏ་མོ།	达母

怜悯 现代藏语 སྲུང་པོ།

地 区	译 语	汉文标音
嘉绒译语	ཏི་བློ་ཀེས་ཏེས།	斗罗各借
松潘译语	སེམས་རྗེ།	色诺
象鼻高山译语	རྒྱེ་ཅིག་བཟང་རེ།	舍走若卜里
白马译语	གྱེ་མོ་རེག	借目勒
多续译语	ཀླག་དོག	腊夺
木里译语	གཟུང་བཟང་།	宗藏
栗苏译语	སྲུང་པོ།	苏徹
打箭炉译语	སྲུང་པོ།	江波
木坪译语	ཏྲག་པོ།	鲊补

懒惰 现代藏语 སྒྲིད་ལུག

地 区	译 语	汉文标音
嘉绒译语	སྤྱམ་ཅི།	邦畿
松潘译语	ཀང་ངན།	供硬
象鼻高山译语	ཚ་སྐ་མཁག་རེ།	咱哈客里
白马译语	འདྲོན་ཉེས་རེག	这呢勒
多续译语	མག་ཐོ།	马兔
木里译语	མ་རབས།	马若巴
栗苏译语	སྒྲི་ངན།	精接
打箭炉译语	འགྲུལ་ཚོ།	共泽
木坪译语	འགྲུ་ཆེར།	悟耳折

身　　现代藏语　ལུས་པོ།

地　区	译　语	汉文标音
嘉绒译语	ཝུ་ཤིང་།(ཤྲིང་།)	窝什苟
松潘译语	ལུས།	路
象鼻高山译语	མི་ཅིར་པོ།	力吉波
白马译语	སྐུ་ལུས་རེག	月卜勒
多续译语	ཀིན་མག	更马
木里译语	ཕོང་པོ།	朋布
栗苏译语	ལུས།	六布
打箭炉译语	ལུས།	虑
木坪译语	ལུས།	吕

头　　现代藏语　མགོ།

地　区	译　语	汉文标音
嘉绒译语	ཏ་ཀའོ།	打顾
松潘译语	ཧྒོ།	恶
象鼻高山译语	མགོ།	果
白马译语	ཀློ་རེག	恶勒
多续译语	ཝུ་འཇུ།	务鞠
木里译语	མགོ།	故
栗苏译语	དབུ།	物利
打箭炉译语	མགོ།	俄
木坪译语	མགོ།	午

口 现代藏语 ཁ།

地区	译语	汉文标音
嘉绒译语	ཏི་ཁ།	的卡
松潘译语	ཁ།	渴
象鼻高山译语	ཁ་ངན་རེ།	哈哀里
白马译语	ཁ་རེག	卡勒
多续译语	ཁག་ཕི།	卡比
木里译语	ཁ།	卡
栗苏译语	ཁ།	衣
打箭炉译语	ཁ།	咔
木坪译语	ཁ།	可

耳 现代藏语 རྣ།

地区	译语	汉文标音
嘉绒译语	ཏི་སྣ།	的耳难
松潘译语	རྣ་བ།	纳瓦
象鼻高山译语	སྣ་ངན་རེ།	拿哀里
白马译语	སྣ་རེག	那勒
多续译语	ཡག་ཡིད།	哑依
木里译语	རྣ་བ།	拿瓦
栗苏译语	རྣ་བ།	乃比
打箭炉译语	རྣ་བ།	纳瓦
木坪译语	སྣ་བ།	纳瓦

唇　现代藏语　མཆུ།

地　区	译　语	汉文标音
嘉绒译语	ཏིན་མཆི།	登齿
松潘译语	མཁུ།	曲
象鼻高山译语	ལྷེ་ངན་རེ།	唇哀里
白马译语	མཆུ་སྤག	如八勒
多续译语	མིན་ཕི།	四皮
木里译语	མཆུ།	区
栗苏译语	མཆུ།	须必
打箭炉译语	མཆུ།	出
木坪译语	ཆུ་སྤག	出扳

鼻　现代藏语　སྣ།

地　区	译　语	汉文标音
嘉绒译语	ཏི་ཤི་སྣ།	的什难
松潘译语	སྣ།	纳
象鼻高山译语	སྣ་སྒྲ་རེ།	纳我里
白马译语	སྣ་གོ་རེག	难各勒
多续译语	ཡག་ཀོ།	哑狐
木里译语	སྣ།	难
栗苏译语	སྣ་བ།	巡布
打箭炉译语	སྣ།	纳
木坪译语	སྣ་གོང་།	纳栱

眼　现代藏语 མིག

地区	译语	汉文标音
嘉绒译语	ཏི་མྱུ།	登敏
松潘译语	མིག	迷
象鼻高山译语	མི།	米
白马译语	མི་འབྲས་རེག	宁知勒
多续译语	མིག་སི།	迷思
木里译语	མི།	迷
栗苏译语	མིག	夺索
打箭炉译语	མིག	迷
木坪译语	དམིག	觅

顶　现代藏语 སྤྱི་བོ།

地区	译语	汉文标音
嘉绒译语	ཐག་པ་ལ།	他耳巴纳
松潘译语	སྤྱི་བོར།	洛俄
象鼻高山译语	སྤྱུ་ཙུར།	吉祖
白马译语	ཀླེ་རེག	格勒
多续译语	དམུལ།	模
木里译语	སྤྱིའོ།	觉物
栗苏译语	སྤྱི་བོ།	尖木
打箭炉译语	སྤྱི་ཐོ།	吉妥
木坪译语	སྤྱི་བོ།	卒乌

眉　现代藏语　སྨིན་མ།

地　区	译　语	汉文标音
嘉绒译语	ཏི་མྱུ་མུར་རེ།	登貌莫耳几
松潘译语	སྨིན་མ།	门麻
象鼻高山译语	ལི་སྤྲུ།	里补
白马译语	ཉི་སྤུ་སྤྲེང་།	宁不足勒
多续译语	མིག་དམུལ།	迷没
木里译语	སྨིན་མ།	迷马
栗苏译语	སྨིན་མ།	多门子
打箭炉译语	མི་སྤུད།	迷布
木坪译语	དམིག་སྤུས།	觅哺

发　现代藏语　སྐྲ།

地　区	译　语	汉文标音
嘉绒译语	ཏ་ཀོ་ཤུས།	皆温通
松潘译语	སྐྲ།	劄
象鼻高山译语	བསྐྲ།	札
白马译语	རྒྱར་འབུམ་རེག	甲卜勒
多续译语	ཛོག	杂
木里译语	སྐྲ།	喳
栗苏译语	སྐྲ།	接
打箭炉译语	སྐྲ།	匝
木坪译语	སྐྲ།	灼

气　现代藏语　དབུགས།

地　区	译　语	汉文标音
嘉绒译语	ཁི་སྲོ།	开罗
松潘译语	དབུག	物
象鼻高山译语	ཁ་རླུང་རི།	卡六里
白马译语	ཁེད་རྫོག་བར།	哈劳勒巴
多续译语	སོག	率
木里译语	དབུག	唔
栗苏译语	དབུག་པ།	色
打箭炉译语	དབུགས།	握
木坪译语	དབུག	乌

心　现代藏语　སྙིང་།

地　区	译　语	汉文标音
嘉绒译语	ཏི་སྙང་།	的什令
松潘译语	སེམས།	桑
象鼻高山译语	དྲན་པ་རི།	占巴里
白马译语	སེམས་རིག	色勒
多续译语	ཉེ་མ།	业妈
木里译语	སེམས།	生
栗苏译语	སེམས།	细迷
打箭炉译语	སེམས།	桑巴
木坪译语	སེམས།	生母

疮　　现代藏语　རྨ།

地　区	译　语	汉文标音
嘉绒译语	ཏ་ཤུ་ཁོད།	的什可
松潘译语	རྨ་ཏུས།	骂肉
象鼻高山译语	རྨ་ཏུ་རེད།	麻立里
白马译语	རྨ་རིག་རེག	麻利勒
多续译语	རྐོག	故
木里译语	ན་བ།	刺瓦
栗苏译语	ཤུ་བ།	灭勒
打箭炉译语	ཤུ་བ།	孰瓦
木坪译语	ཤུ་བ།	熟瓦

脚　　现代藏语　རྐང་པ།

地　区	译　语	汉文标音
嘉绒译语	ཏ་མེད།	达命
松潘译语	རྐད་པ།	扛罢
象鼻高山译语	རྐང་པ་རེ།	各巴里
白马译语	རྐང་བར་རེག	各哇勒
多续译语	རྐོ་གཏུག	谷独
木里译语	རྐང་།	工
栗苏译语	རྐང་པ།	知之
打箭炉译语	རྐང་པ།	工巴
木坪译语	རྐང་པ།	公罢

手　现代藏语 ལག་པ།

地　区	译　语	汉文标音
嘉绒译语	ད་སྐྱུག	的牙
松潘译语	ལར་པ།	纳巴
象鼻高山译语	ལག་པ་རེ།	押巴里
白马译语	ལག་པར་རེག	牙哇勒
多续译语	ཡོག་ཀོག	锣锅
木里译语	ལག	那
栗苏译语	ལག	勒迫
打箭炉译语	ལག་པ།	纳巴
木坪译语	ལག་པ།	喇八

齿　现代藏语 སོ།

地　区	译　语	汉文标音
嘉绒译语	ཏིས་ཕྱ།	的色凹
松潘译语	སོ།	梭
象鼻高山译语	སོ་རེ།	速哀里
白马译语	སྲོ་རེག	速勒
多续译语	སེ་མག	谢马
木里译语	སོ།	斯
栗苏译语	སོ།	胡麻
打箭炉译语	སོ།	索
木坪译语	བསོ།	梭

肚　现代藏语　གྲོད་ཁོག

地　区	译　语	汉文标音
嘉绒译语	ཏི་བཤ་ཏག	杀达
松潘译语	ཕོ་བ།	凹
象鼻高山译语	ཕོ་བ་རེད	破哀里
白马译语	ཕན་རེག	迫勒
多续译语	གཏོའ་འཕག	度怕
木里译语	གསུས་པ།	撒巴
栗苏译语	གསུས་པ།	也怕
打箭炉译语	གསུང་པ།	慈巴
木坪译语	གསུ་བ།	酥罢

乳　现代藏语　ནུ་མ།

地　区	译　语	汉文标音
嘉绒译语	ཏུ་ནུབ།	的弄
松潘译语	ནུ་མ།	奴麻
象鼻高山译语	ནུ་མ་རེད།	罗麻里
白马译语	སྣག་ཕོ་རེག	乳勒
多续译语	དཔེའ་པེ།	別別
木里译语	ནུ་མ།	谷慢
栗苏译语	ནུ་མ།	奶奶
打箭炉译语	ནུ་མ།	奴马
木坪译语	ནུ་མ།	奴妈

心性　现代藏语　གཤིས་རྒྱུད།

地　区	译　语	汉文标音
嘉绒译语	ཨ་སྟང་མ།	窝石领
松潘译语	སེམས་ཉིད།	桑尼
象鼻高山译语	སྦྱི་དྲང་རེ།	里竹里
白马译语	སེམས་རེད།	色速五勒
多续译语	བསམ་པ་བདེའ།	三得
木里译语	སེམས་ཀས།	些利
栗苏译语	སེམ་ཉིད།	细迷得骂
打箭炉译语	སེམས་ཉིན།	性尼
木坪译语	སེམས་ཉིད།	徇你

福禄　现代藏语　བསོད་ནམས།

地　区	译　语	汉文标音
嘉绒译语	ཕ་ཏག་ཁུ་མཁར།	耳多哭麻爱
松潘译语	དབང་ཐང་།	望汤
象鼻高山译语	འཕྲུར་པོ་རེ།	出不里
白马译语	བཟའུ་རེད།	速五勒
多续译语	ཁར།	卡儿
木里译语	དབང་ཐང་།	旺汤
栗苏译语	དབང་ཐང་།	粗舌
打箭炉译语	དབང་ཐང་།	望汤
木坪译语	དབང་ཐང་།	汪倘

想　现代藏语　དྲན་པ།

地　区	译　语	汉文标音
嘉绒译语	སེ་སྐྱོ།	喜所
松潘译语	བསམ་པ།	桑罢
象鼻高山译语	སེམས་ན་གཙོད་འདུག	巴六甲勅
白马译语	སེ་པས་སགས།	撒那勒
多续译语	འག་ཧག	阿甲
木里译语	བསམ་པ།	桑巴
栗苏译语	བསམ་པ།	即家
打箭炉译语	བསམ།	额
木坪译语	སམ་པ།	王罢

念　现代藏语　རྗེས་དྲན།

地　区	译　语	汉文标音
嘉绒译语	ཁ་འདོན།	卡独
松潘译语	འདོན།	论
象鼻高山译语	ཁ་དོན་ཅེས།	喝东及
白马译语	ཡོན་ཡ་རེད།	夜以勒
多续译语	ནག	纳
木里译语	དྲན་པ།	占巴
栗苏译语	འདོན།	硬行
打箭炉译语	འདུན།	端
木坪译语	འདོན།	讷

筋　　现代藏语　རྒྱུས་པ།

地　区	译　语	汉文标音
嘉绒译语	ཏེ་གྱེ།	的皆
松潘译语	རྒྱུར་སྐ།	足噶
象鼻高山译语	རྩ་རེ།	杂里
白马译语	ཙ་རྒྱུད་རིད།	杂绝
多续译语	ཀྱུ།	鼓
木里译语	སྐྱུད་པ།	菊巴
栗苏译语	རྒྱུས་པ།	住
打箭炉译语	བརྒྱུད་པ།	菊色
木坪译语	རྒྱུད་པ།	居巴

舌　　现代藏语　ལྕེ།

地　区	译　语	汉文标音
嘉绒译语	ཏི་ཕྱེ།	的什敏
松潘译语	ལྕེ།	吉
象鼻高山译语	ལྕེ་རེ།	习里
白马译语	ལྕེ་རེག	扎勒
多续译语	འར་ཧྱུ།	噎哺
木里译语	ལྕེ།	吉
栗苏译语	ལྕེ།	即比
打箭炉译语	ལྕེ།	结
木坪译语	ལྕེ།	遮

力气　现代藏语　ཤུགས།

地　区	译　语	汉文标音
嘉绒译语	ཀི་ལྷུ་སྲུབས།	各五色达思
松潘译语	ཤེད་མོ།	舍木
象鼻高山译语	ལྷེ་ཆེན་རེ།	舍今里
白马译语	མཚོན་རེད།	拆勒
多续译语	སྨུ་ཧིན།	木根
木里译语	ཤ་བཟང་།	盛藏
栗苏译语	ཤེ་མོང་།	说末
打箭炉译语	ཤེད་མོ།	涉磨
木坪译语	ཤུག་མོ་ཆེ།	舍母扯

模样　现代藏语　རྣམ་པ།

地　区	译　语	汉文标音
嘉绒译语	ཀི་མཁྲུར།	更票
松潘译语	རྣམ་འགྱུར།	难菊
象鼻高山译语	འདྲུ་ཡན་རེ།	模样里
白马译语	ལོ་རིག	鲁勒
多续译语	སྨུ་འགུ།	梦古
木里译语	ལུས་བཟང་།	律藏
栗苏译语	རྣམ་འགྱུར།	二巴
打箭炉译语	དབྱི་བ་གཟུགས།	亦入
木坪译语	མ་སྤྱིས།	墨必

毛　现代藏语　སྤུ།

地　区	译　语	汉文标音
嘉绒译语	དར་ཧྲེག	达儿领
松潘译语	སྤུ།	博
象鼻高山译语	སྤུ་རེ།	不里
白马译语	གྲ་འབུམ་རེད།	甲卜勒
多续译语	དསྨུལ།	谋
木里译语	སྤུ།	百
栗苏译语	སྤུ།	卖
打箭炉译语	སྤུད།	布
木坪译语	སྤུས།	拨

肺　现代藏语　གློ་བ།

地　区	译　语	汉文标音
嘉绒译语	ཏུར་རྩོམ།	斗肉簇思
松潘译语	གློ་བ།	洛瓦
象鼻高山译语	གློ་པ་རེ།	欲白里
白马译语	གློག་རེད།	月勒
多续译语	ཚེ་ཏུ།	择哺
木里译语	གློ་བ།	洛瓦
栗苏译语	གློ་བ།	初
打箭炉译语	གློ་བ།	洛瓦
木坪译语	གློ་བ།	洛九

血　现代藏语　ཁྲག

地　区	译　语	汉文标音
嘉绒译语	ཏེ་ཞོས།	打使
松潘译语	ཁྲག	插
象鼻高山译语	ཁྲག་རེ།	治里
白马译语	ཁྲང་རེད།	治勒
多续译语	ཞོ།	输
木里译语	ཁྲག	岔
栗苏译语	ཁྲག	折
打箭炉译语	ཁྲག	刹
木坪译语	ཁྲག	乂

骨　现代藏语　རུས་པ།

地　区	译　语	汉文标音
嘉绒译语	ཤ་རུ།	杀又
松潘译语	རུས་པ།	肉罢
象鼻高山译语	རུས་པ་རེ།	若巴里
白马译语	ཏུས་པར་རེད།	肉巴勒
多续译语	ཡུ་ཀོ།	玉古
木里译语	རུས་པ།	若巴
栗苏译语	རུས་པ།	勒骨
打箭炉译语	རུས་པ།	入巴
木坪译语	རུས་པ།	鲁罢

指　现代藏语　མཛུག་གུ།

地　区	译　语	汉文标音
嘉绒译语	ཏ་ཡུའ་དཟོ།	达养坐
松潘译语	སོར་མོ།	梭磨
象鼻高山译语	འཛུཨུ་རེ།	足屋里
白马译语	འཛུཨུ་རེད།	足勒
多续译语	ཡོག་ཧྲི།	落宜
木里译语	སོར་མོ།	邪门
栗苏译语	སོར་མོ།	勒需
打箭炉译语	སེ་མོ།	色摸
木坪译语	སེན་མོ།	色耳目

面　现代藏语　གདོང་།

地　区	译　语	汉文标音
嘉绒译语	ཏ་ཡོ།	达有
松潘译语	ཞལ་ངོ་།	押恶
象鼻高山译语	ཁ་ངོ་རི།	哈恶里
白马译语	ཁ་ངོ་རེད།	康峨勒
多续译语	མིན་ཕོག	命坡
木里译语	ཁ་ངོ།	克俄
栗苏译语	ཞལ།	乌马
打箭炉译语	ངོ་།	蛾
木坪译语	ཁ་ངོ་།	坎屋

肝 现代藏语 མཆིན་པ།

地　区	译　语	汉文标音
嘉绒译语	ཏེ་བཤེང་།	斗是
松潘译语	མཆིན་མ།	琴罢
象鼻高山译语	མཆིན་པ་རེ།	穷巴里
白马译语	འཆིས་བླར་རེད།	虫巴勒
多续译语	སེ་རྒུ།	谢哺
木里译语	མཆིན་པ།	擒巴
栗苏译语	མཆིན་པ།	水
打箭炉译语	མཆིན་པ།	称巴
木坪译语	ཆིན་པ།	轻罢

胸 现代藏语 བྲང་ཁ།

地　区	译　语	汉文标音
嘉绒译语	ཏ་ཏོང་།	达扰
松潘译语	བྲང་།	装
象鼻高山译语	བྲང་རེ་རེད།	卓利里
白马译语	གྲང་རིང་རེད།	着力勒
多续译语	འགོག་ཡི།	鹅别
木里译语	བྲང་།	障
栗苏译语	བྲང་།	勒库
打箭炉译语	བྲང་།	章
木坪译语	བྲང་།	不当

强　现代藏语 སྟོབས་ཆེན།

地　区	译　语	汉文标音
嘉绒译语	ཀི་ཁྲུ།	各洽
松潘译语	དབང་ཆེ་བ།	望切挖
象鼻高山译语	ཁྱི་རྒོད་པ་རེད།	斥恶不里
白马译语	སྐེ་ཧ་ན་རེད།	哈根勒
多续译语	གནམ་ཙ་ཁག	昂咱卡
木里译语	ཀྱན་པོ།	牵卜
栗苏译语	དབང་ཆབ།	昂
打箭炉译语	དབང་ཆེས།	望辄
木坪译语	དབང་ཆེན།	汪齿

弱　现代藏语 སྟོབས་ཆུང་།

地　区	译　语	汉文标音
嘉绒译语	མ་ཀི་ཁྲུ།	马各洽
松潘译语	ཉམ་ཆུང་བ།	望穷挖
象鼻高山译语	ཁྱི་ལུའ་ཆུང་ཚོག་རེ།	你六曲子里
白马译语	ཞེས་སྨུ་ནང་།	千木咎
多续译语	མན་ཕེད།	慢迫
木里译语	ཉམ་ཆུང་།	良穷
栗苏译语	ཉམས་ཆུང་བ།	嘛歪
打箭炉译语	ཉེ་ཆུང་བ།	念虫哇
木坪译语	ཉམ་ཆུང་།	仰冲

宫殿 现代藏语 ཕོ་བྲང་།

地 区	译 语	汉文标音
嘉绒译语	འཛམ་ཁང་།	藏康
松潘译语	ཕོ་བྲང་།	卡椿
象鼻高山译语	ཡ་ཕྱང་རེད།	哈呵
白马译语	ཧར་འོང་།	哈阿勒
多续译语	ཕོག་ཙན།	婆粘
木里译语	ཕོ་བྲང་།	破障
栗苏译语	ཕོ་བྲང་།	唧搭
打箭炉译语	ཕོ་བྲང་།	泼章
木坪译语	ཕོ་བྲང་།	拨钟

前殿 现代藏语 ཚོགས་ཆེན་མདུན་ཁང་།

地 区	译 语	汉文标音
嘉绒译语	སེར་སྤྱ་ཕོ།	色碑穰
松潘译语	ཕོ་བྲང་མདུན་མ།	卡椿敦
象鼻高山译语	ལྷ་ཚོད་པོ་རེད།	纳七卜
白马译语	སྔོན་ཕྱུག	共脚勒
多续译语	ཕོག་ཙན་ཧིན་ཕོག	婆粘恒坡
木里译语	ཕོ་མདུན།	破都耳
栗苏译语	ཕོ་བྲང་འདུན།	嗄倍即搭
打箭炉译语	ཕོ་བྲང་ཕྱི།	泼章起
木坪译语	ཕོ་བྲང་འདུན།	拨转洛

衙门　现代藏语　ཡ་མོན།

地　区	译　语	汉文标音
嘉绒译语	རྒྱལ་ཁང་།	家耳康
松潘译语	ཁྲིམས་ཁང་།	重亢
象鼻高山译语	ཡ་མེ་རེད།	衙门里
白马译语	ཁས་པ་ཡག་སྤྱི་རེད།	衙门勒
多续译语	ཙོག་མོ་ཡག	坐暮压
木里译语	སླ་བྲང་།	纳章
栗苏译语	ཁྲིམས་ར།	衙门
打箭炉译语	དཔོན་ཁང་།	本亢
木坪译语	རྒྱལ་ས།	业耳萨

书房　现代藏语　དཔེ་ཁང་།

地　区	译　语	汉文标音
嘉绒译语	ཏ་སྐྱོང་སངས།	达色九撒覇
松潘译语	ཡིག་ཁང་།	夷亢
象鼻高山译语	ཆོས་རྗོ་ས།	邱苗日萨
白马译语	ཡིག་ཁན་རིག	夜月略撤勒
多续译语	འདེན་ཇེ་ཡག	整机压
木里译语	ཡིག་ཁང་།	夷亢
栗苏译语	ཡིག་ཁང་།	正今也
打箭炉译语	རྡུང་ཡིག་ཁང་།	中译亢
木坪译语	ཡིག་ཁང་།	亦可

馆驿　现代藏语　ས་ཚུགས།

地　区	译　语	汉文标音
嘉绒译语	དར་བདུ་ཁོ།	达耳多可
松潘译语	བང་ཆེན་ཁང་།	邦青亢
象鼻高山译语	བཀན་ཡི།	馆驿
白马译语	དན་འཛོ་རེད།	店子勒
多续译语	དབྱིབ་ལག་ཡག	依拉压
木里译语	གདམ་མོ།	斗木
栗苏译语	འར་མ་ཡོ།	馆驿
打箭炉译语	དཔོན་འདུག་ཁང་།	本禄亢
木坪译语	ཕེབས་སུ་ཁང་།	迫思可

学堂　现代藏语　སློབ་ཁང་།

地　区	译　语	汉文标音
嘉绒译语	ཚོས་ས་ལ།	出思色覇
松潘译语	སྲོབ་ཁང་།	洛亢
象鼻高山译语	ཤོས་ཡན་རེ།	学堂里
白马译语	ཡིག་གེ་རྒྱབ་པ།	夜月作撤勒
多续译语	སློབ་དཔོན་ཡག	率白压
木里译语	སློབ་ཁང་།	罗亢
栗苏译语	སློབ་ཁང་།	学堂
打箭炉译语	སློབ་ཡིག་ཁང་།	梭亦亢
木坪译语	སློབས་ཁང་།	蒿可

寺院　现代藏语　དགོན་པ།

地　区	译　语	汉文标音
嘉绒译语	ལྷ་ཁང་སྐོ་ཁྱམ།	郎康色过耳枪
松潘译语	ལྷ་ཁང་།	纳亢
象鼻高山译语	ཁ་བང་།	哈屋
白马译语	ཧར་འོང་རད་འཁྱི།	哈哇鸾欺勒
多续译语	དགོན་ལྷ།	公巴
木里译语	ལྷ་ཁང་།	剌扛
栗苏译语	ལྷ་ཁང་།	呐果
打箭炉译语	ལྷ་ཁང་།	喇亢
木坪译语	ལྷ་ཁང་།	哈可

后殿　现代藏语　གཙང་ཁང་།

地　区	译　语	汉文标音
嘉绒译语	སོ་ཕོ་ཅེ།	色下儿
松潘译语	ཕོ་བྲང་རྒྱབ།	卡椿教
象鼻高山译语	ཤཀྱ་ཐུབ་པ།	鹅曲
白马译语	རྒྱབ་ཕྱོག	牛肖那阿
多续译语	ཕོག་ཅན་ནོ་ཕོག	婆粘怒坡
木里译语	ཕ་རབ།	破菊耳
栗苏译语	ཕ་བྲང་གྱབ་པ།	者昂倍即搭
打箭炉译语	ཕོ་བྲང་གྱབ།	泼章揖
木坪译语	ཕོ་བྲང་རྒྱབ།	拨转交

库房　现代藏语　མཛོད་ཁང་།

地　区	译　语	汉文标音
嘉绒译语	མཛེ་ཁོ།	则可
松潘译语	མཛོ་ཁང་།	作亢
象鼻高山译语	ཚང་ངན།	择哀
白马译语	མཛོད་ཁང་།	略阿勒
多续译语	དགོན་ལྷ་རྫོག	公巴作
木里译语	མཛོད།	奏喇
栗苏译语	ལར་དོ་ཁང་།	矮即搭
打箭炉译语	ཕྱུག་མཛོ།	察入
木坪译语	མཛོད་ཁང་།	卒可

房　现代藏语　ཁང་པ།

地　区	译　语	汉文标音
嘉绒译语	ནས་ཁང་།	纳色康
松潘译语	ཁང་བ།	亢罢
象鼻高山译语	ཁང་པ་རིད།	柯巴
白马译语	ཁམས་པར་རིག	莪阿勒
多续译语	ཡག	压
木里译语	ཁང་པ།	亢巴
栗苏译语	ཁང་པ།	叶
打箭炉译语	ཁང་པ།	亢罢
木坪译语	ཁང་པ།	空罢

簇　现代藏语　ཚོམ།

地　区	译　语	汉文标音
嘉绒译语	ཙ་ཀྲི།	簇底
松潘译语	ཁག་གཅིག	卡鸡
象鼻高山译语	ཏུང་པ།	东巴
白马译语	སྨེར་འདྲ་རེག	勒哇勒
多续译语	མཚོའ།	初
木里译语	ཚུག	租
栗苏译语	ཚུག	怕初
打箭炉译语	འཛོམ་པ།	仍撒
木坪译语	འཛོམ།	绒

寺　现代藏语　དགོན།

地　区	译　语	汉文标音
嘉绒译语	སྣང་ཁང་།	那康
松潘译语	གདོན་སྡེ།	观楪
象鼻高山译语	ཚ་ངབ།	咱谷
白马译语	ཧར་འོང་རང་འཁྱི་རེག	哈勒鸾欺
多续译语	དགོན་པ་ཡག	公巴压
木里译语	དགོན་སྡེ།	观的
栗苏译语	དགོན་སྡེ།	纳颗
打箭炉译语	དགོན་པ།	能巴
木坪译语	དགོན་སྡེ།	阿的

寨　现代藏语　གྲོང་སྡེ།

地　区	译　语	汉文标音
嘉绒译语	ཁྲུ།	秋
松潘译语	ཇོང་བ།	中罢
象鼻高山译语	ཤར་མོ།	杀莫
白马译语	སྡེར་བར་རིག	勒哇勒
多续译语	དཔོ་འག	补阿
木里译语	ལྷགས་རི།	加惹
栗苏译语	རྫོང་།	寨
打箭炉译语	རྫོངས།	宗
木坪译语	མཁར།	哈耳

窗　现代藏语　སྒེའུ་ཁུང་།

地　区	译　语	汉文标音
嘉绒译语	རྒྱབ་བཀྲ།	桑札
松潘译语	པ་ཏྲ།	八扎
象鼻高山译语	དབད་དུ་ཕྱོ།	恶曲
白马译语	ལྷ་ཉི་རིག	扎呢勒
多续译语	གོ་དཔལ།	雇罢
木里译语	ཚང་རྗེས།	床即
栗苏译语	ཚང་ཙོ།	呷哭
打箭炉译语	སྐ་ཁང་།	格亢
木坪译语	ཀ་ཀྲ།	各扎

椽　现代藏语　ལྕམ་ཤིང་།

地　区	译　语	汉文标音
嘉绒译语	ཤེ་རྡོག	射卓
松潘译语	ཇབ།	召
象鼻高山译语	དབང་ཁྲི།	峨屈
白马译语	བྲིས་འགོ་རེད།	智阿勒
多续译语	ཞོག	杓
木里译语	གདུང་མ།	朵马
栗苏译语	ཇྲབ།	椽
打箭炉译语	གདུང་མ།	栋马
木坪译语	གདུང་མག	陇吗

梁　现代藏语　གདུང་མ།

地　区	译　语	汉文标音
嘉绒译语	ཁེ་པོ།	克保
松潘译语	གདོང་མ།	动麻
象鼻高山译语	གདུང་བ།	毒瓦
白马译语	ཀ་ཁོང་རེད།	哈孤勒
多续译语	ཡག་ཀོ།	压骨
木里译语	ཕོག	破瓦
栗苏译语	ཕོག	葛瓦
打箭炉译语	ཕོང་།	破
木坪译语	གདུང་།	□

门　现代藏语　སྒོ།

地　区	译　语	汉文标音
嘉绒译语	ཀོམ།	虹
松潘译语	སྒོ།	郭
象鼻高山译语	སྣ་འོག།	恶哀
白马译语	སྒོ་རེད།	恶勒
多续译语	འཛག	架
木里译语	སྒོ།	归
栗苏译语	སྒོ།	昂
打箭炉译语	སྒོ།	郭
木坪译语	སྒོ།	阿

柱　现代藏语　ཀ་བ།

地　区	译　语	汉文标音
嘉绒译语	ཏན་ཚོས་(ཚོསེ)།	胆迟
松潘译语	ཀ་བ།	噶瓦
象鼻高山译语	ཀ་རི།	哈立
白马译语	ཆག་རེད།	哈勒
多续译语	བྱེད་པག	接扒
木里译语	ཟང་བ།	呷瓦
栗苏译语	ཀ་བ།	则怕
打箭炉译语	ཀ་བ།	葛瓦
木坪译语	ཀ་བ།	葛瓦

塔　现代藏语　མཆོད་རྟེན།

地　区	译　语	汉文标音
嘉绒译语	མཐོ་རྟེན།	出儿登
松潘译语	མཆོད་རྟེན།	鹊定
象鼻高山译语	ཐ་རི།	塔里
白马译语	ཨ་བུ་རལ་ལོ་གིར་འབུམ་རེད།	那罗的抹
多续译语	ཅོག་རྟད།	濯得
木里译语	མཆོད་བརྟེན།	乞甸
栗苏译语	གདུང་རྟེན།	捉结
打箭炉译语	མཆོད་རྟེན།	车邓
木坪译语	གདུང་བརྟེན།	东颠

营　现代藏语　སྒར་ས།

地　区	译　语	汉文标音
嘉绒译语	དམང་ཁྲི།	马各强
松潘译语	སྒར།	噶
象鼻高山译语	ཡ་འེ་ཕེན་རེ།	营盘里
白马译语	མཚོན་ཆར།	速扎
多续译语	ཞམ་ཏག	让哈
木里译语	སྒེར།	扛
栗苏译语	སྒར།	营
打箭炉译语	དམང་སྒར།	骂噶
木坪译语	སྒར།	阿耳

印　现代藏语　ཐམ་ག

地　区	译　语	汉文标音
嘉绒译语	ལ་སང་ཁ།	那色卡
松潘译语	དམ་ཀ	丹噶
象鼻高山译语	ཐེ་ཙེ་རེ།	铁则里
白马译语	ཡེས་རེག	印勒
多续译语	གཡིན།	印
木里译语	གདྲི་ན།	党呷
栗苏译语	དམ་ཀ	挡呷
打箭炉译语	དམ་ཀ	汤噶
木坪译语	དམ་ཀ	丹葛

玉印　现代藏语　གཡུ་ཐམ།

地　区	译　语	汉文标音
嘉绒译语	ཚུ་ཤེས་ལས་ཁ།	寺射那色卡
松潘译语	ཤེལ་གྱི་དམ་ཀ	舍吉丹噶
象鼻高山译语	ཡོས་འཡིན་རེ།	玉印里
白马译语	མཛར་ཞི་རེད།	惹印勒
多续译语	འི་པག་ཡིན།	威巴印
木里译语	ཤེལ་གྱི་ཐམ་ཀ	辛已党呷
栗苏译语	ཤེལ་གྱི་དམ་ཀ	果麻挡呷
打箭炉译语	གོང་མ་དམ་ཀ	谷马当噶
木坪译语	ཤེལ་གྱི་དམ་ཀ	舍吉丹葛

斗　现代藏语　འབོ།

地　区	译　语	汉文标音
嘉绒译语	ཕོང་།	波
松潘译语	བྲོ།	直
象鼻高山译语	ཀེན་ངན།	格哀
白马译语	གན་རེག	盖勒
多续译语	ཨག	呷
木里译语	བབས།	邦
栗苏译语	བྲེ།	巴
打箭炉译语	འབོག་ཚུང་།	箔铳
木坪译语	འབོ།	莫

碟　现代藏语　སྡེར་མ།

地　区	译　语	汉文标音
嘉绒译语	ཁྲོང་རྩ།	足则
松潘译语	སྡེར་མ།	楪儿麻
象鼻高山译语	ཀར་སྐོར་རེད།	冈碟
白马译语	ཀ་ལྡིང་རེག	碟子勒
多续译语	ཤག་མག	呷妈
木里译语	སྡེར་མ།	迭妈
栗苏译语	སྡེར་མ།	结麻
打箭炉译语	སྡེར་མ།	楪麻
木坪译语	སྡེ་མ།	得耳麻

盆 现代藏语 གཞོང་པ།

地区	译语	汉文标音
嘉绒译语	ཏི་ཞོང་།	的窝
松潘译语	གཞོང་བ།	戎罢
象鼻高山译语	ས་འགོ་རིད།	萨屋
白马译语	རག་ཨུང་ད།	纳阿勒
多续译语	ལོག་མ།	罗吗
木里译语	གཞོང་པ།	戎巴
栗苏译语	གཞོང་པ།	盆
打箭炉译语	གཞོང་པ།	戎罢
木坪译语	གཞོང་འབབ།	绒罢

酒盏 现代藏语 ཆང་ཕོར།

地区	译语	汉文标音
嘉绒译语	བྲུང་ཙེར།	钟子
松潘译语	ཆང་ཅན།	唱战
象鼻高山译语	ཅུང་རྫི་རིད།	中子里
白马译语	བཅུ་འཛི་རིག	钟子勒
多续译语	བཅུད་ཙི།	钟子
木里译语	དཀར་ཡུལ།	格郁
栗苏译语	ཆང་ཅན།	雾卸大
打箭炉译语	ཆང་ཞེས།	昌热
木坪译语	ཆང་ཞེའུ།	长日午

铜印 现代藏语 ཟངས་ཐམ།

地 区	译 语	汉文标音
嘉绒译语	རག་ཀོ་ལས་ཁ།	肉歌那色卡
松潘译语	མཁར་བའི་དམ་ཀ	渴耳位丹噶
象鼻高山译语	མཁར་ཐོ་རེད།	哈铁里
白马译语	ཟས་ཡིས།	铜印勒
多续译语	སོག་སི་ཡིན།	销思印
木里译语	དངུལ་གྱི་ཐམ་ཀ	藏已党卡
栗苏译语	མཁར་བའི་དམ་ཀ	铜衣挡呷
打箭炉译语	ཁར་བ་དམ་ཀ	咯瓦当噶
木坪译语	མཁར་བ་དམ་ཀ	克威丹葛

金印 现代藏语 གསེར་ཐམ།

地 区	译 语	汉文标音
嘉绒译语	དར་སྡེ་ལས་ཁ།	达惹那色卡
松潘译语	གསེར་གྱི་དམ་ཀ	色吉丹噶
象鼻高山译语	གསོར་ཐེ་རེད།	色铁里
白马译语	སླར་ཡིས་རེག	色印勒
多续译语	ཉི་ཡིན།	你印
木里译语	གསེར་གྱི་ཐམ་ཀ	谢耳党呷
栗苏译语	གསེར་གྱི་དམ་ཀ	尼衣挡呷
打箭炉译语	གསེར་དམ་ཀ	色当噶
木坪译语	གསེར་དམག	色吉丹葛

碗　现代藏语　ཕོར་པ།

地区	译语	汉文标音
嘉绒译语	ཁྲེ།	愧
松潘译语	ཕོར་བ།	破儿罢
象鼻高山译语	ཀར་ཡོའི་རེད།	哈衣
白马译语	ཀ་སྐྱིང་རེག	哈衣
多续译语	ཛག	酢
木里译语	ཕོར་པ།	浦巴
栗苏译语	ཕོར་བ།	铙误
打箭炉译语	ཕོར་བ།	破罢
木坪译语	ཕུ་ཏུས།	普吕

银印　现代藏语　དངུལ་ཐམ།

地区	译语	汉文标音
嘉绒译语	པའི་ང་ལས་ཁ།	邦挨那色卡
松潘译语	དངུལ་གྱི་དམ་ཀ	殴吉丹噶
象鼻高山译语	དངུལ་ཐེ་རེད།	尼铁里
白马译语	རྔུལ་ཡིས་རེག	你印勒
多续译语	ལྡོ་ཡིན།	物印
木里译语	ཟངས་གྱི་ཐམ་ཀ	锐己党呷
栗苏译语	དངུལ་གྱི་དམ་ཀ	厄衣挡呷
打箭炉译语	དངུལ་དམ་ཀ	我当噶
木坪译语	དངུལ་དམ་ཀ	岳吉丹葛

轿　现代藏语　འཁྱོགས་བྱམས།

地　区	译　语	汉文标音
嘉绒译语	ཀྱུའུ་རྗེས།	轿子
松潘译语	ཏར་ཁང་།	达亢
象鼻高山译语	ཅོ་ཅི་རེད།	轿子里
白马译语	གྱུང་རྗི་རག	桥子勒
多续译语	མཐའ་ཀུག	他古
木里译语	འཁྱོང་ཁྲི།	脚尺
栗苏译语	རོ་ལེ།	轿
打箭炉译语	ལྕམ་ཁྲི།	江齿
木坪译语	ལྕང་ཁྲྀ།	降抬

钥匙　现代藏语　ལྡེ་མིག

地　区	译　语	汉文标音
嘉绒译语	ཀི་པ།	钢宝
松潘译语	སྡེ་མིག	楪迷
象鼻高山译语	ལྡེམ་ཏིག་རེད།	得力里
白马译语	ལེ་ཏི།	独呢
多续译语	ཁོ་ཡིས།	库夜
木里译语	པེ་མིན།	白迷
栗苏译语	སྡེ་མིག	库锥呷
打箭炉译语	ལྡེ་མིག	的迷
木坪译语	ལྡེ་མིག	得米

车 现代藏语 རླངས་འཁོར།

地区	译语	汉文标音
嘉绒译语	ཤིང་བཏར།	身儿达
松潘译语	ཤིང་རྟ་འཁོར་ལོ།	盛达颗乐
象鼻高山译语	ཤིང་རྟ་འཁོར་ལོ་རེད།	财当柯六里
白马译语	འཁོར་ལོ་རེག	峨六勒
多续译语	ཀོ་མོ།	果木
木里译语	ཤིང་རྟ་འཁོར།	什旦科内
栗苏译语	ཤིང་རྟ།	车
打箭炉译语	ཤིང་རྟ།	申答
木坪译语	ཤིང་རྟ།	身多

漆 现代藏语 བཀྱག་རྩི།

地区	译语	汉文标音
嘉绒译语	ཤ་རི།	石之
松潘译语	བསེ།	色
象鼻高山译语	གསང་སྐྱུ་རེད།	色谷
白马译语	ཟེར་ཤེས།	色勒
多续译语	གིན་ནད།	梗乃
木里译语	བ་དེ།	西
栗苏译语	བསེ།	之
打箭炉译语	སྣམ་ཚིག	散漆
木坪译语	གསོ།	塞

桌　现代藏语　སྒྲོག་ཙེ།

地　区	译　语	汉文标音
嘉绒译语	བཙོག་གེ་རྩེས།	桌子
松潘译语	ཙོག་ཙེ།	卓借
象鼻高山译语	ཙིག་ཙེ་རེད།	卓则里
白马译语	ཙོ་རྩེ་རེད།	桌子勒
多续译语	ཙོག་ཙི།	卓子
木里译语	རྩོ་རྩེས།	甸却
栗苏译语	ཙོག་ཙེ།	棹
打箭炉译语	ཙོག་རྩེས།	棹
木坪译语	སྒྲོག་རྩེས།	棹子

锅　现代藏语　ཟངས་ཁོག

地　区	译　语	汉文标音
嘉绒译语	ཏ་ཡོམ།	达念
松潘译语	ཟང་ང་།	桑艾
象鼻高山译语	ཟང་ངན།	若哀
白马译语	ཟང་ཙུང་།	撒着勒
多续译语	ཁེ།	隔
木里译语	ཟང་ནག	宗纳
栗苏译语	ཁོག་མ།	智
打箭炉译语	ཟང་།	仍
木坪译语	བཟུང་།	嚷

锁　现代藏语　སྒོ་ལྕགས།

地　区	译　语	汉文标音
嘉绒译语	ཏ་བརྒྱུད།	打具
松潘译语	ཟ་ཚེ།	萨借
象鼻高山译语	གཟེར་ཙ།	色哇
白马译语	སྒོར་འུ་རེག	峨乌勒
多续译语	ཁོ་ཨག	库呷
木里译语	སྒོ་ལྕགས།	鬼洽
栗苏译语	ཟག་ཚེ།	锁
打箭炉译语	སྒོ་ལྕང་།	郭甲
木坪译语	སྒོ་ལྕད།	阿同

勺　现代藏语　ཁྱེམ་བུ།

地　区	译　语	汉文标音
嘉绒译语	ཀི་པོ།	各波
松潘译语	ཐོལ་བུ།	团卜
象鼻高山译语	ཐིམ་འབུ།	同卜
白马译语	ཐོར་འོར་རེག	同卜勒
多续译语	ཡུག་མག	油妈
木里译语	ཟང་སྐྱོག	宗却
栗苏译语	ཐོམ་བུ།	玉麻
打箭炉译语	སྐྱོག	角
木坪译语	སྐྱོག	觉

旗　现代藏语　དར།

地　区	译　语	汉文标音
嘉绒译语	རིག་མཚོན།	认灿
松潘译语	དར།	颗送
象鼻高山译语	ཁྲི་འཕྱུར་རེད།	妻察里
白马译语	དར་རིག	大勒
多续译语	ཏག་པོ།	打补
木里译语	དར།	蝶
栗苏译语	དར།	奇
打箭炉译语	དར།	达耳
木坪译语	བར་ག་ན།	百登

弓　现代藏语　གཞུ།

地　区	译　语	汉文标音
嘉绒译语	ཏ་སྒྱུ།	丁渺
松潘译语	གཞུ།	热
象鼻高山译语	གཞུ་ངན་རེ།	日哀
白马译语	ལགྲུའ་རིག	入勒
多续译语	ལེ་ཁོག	列渴
木里译语	གཞུ།	郁
栗苏译语	གཞུ།	耽角
打箭炉译语	གཞུ།	茹
木坪译语	གཞུ།	八

刀鞘　现代藏语　གྲི་ཤུབས།

地区	译语	汉文标音
嘉绒译语	ཏོ་རབ་ལུང་།	达惹笼
松潘译语	གྲི་ཤུབ།	直收
象鼻高山译语	ཀྲི་ཤིབ་རེ།	叔妆里
白马译语	དཀྱིལ་གཞུང་།	急束勒
多续译语	མེ་ཐོག་ཡག	麦妥压
木里译语	གྲི་ཤུབ།	志旭
栗苏译语	གྲི་ཤུབས།	木查也
打箭炉译语	གྲི་ཤུག	只手
木坪译语	གྲི་ཤུབ།	旨熟

箭　现代藏语　མདའ།

地区	译语	汉文标音
嘉绒译语	ཀེ་པེ།	各比
松潘译语	མདའ།	达
象鼻高山译语	མདའ་རེ།	塔里
白马译语	མདའ་རེག	打勒
多续译语	མེ་ཨག	麦呷
木里译语	མདའ།	答
栗苏译语	མདའ།	貊
打箭炉译语	མདའ།	达
木坪译语	མདའ།	猓

枪　　现代藏语　མེ་མདའ།

地　区	译　语	汉文标音
嘉绒译语	ཤ་མདུང་།	伤动
松潘译语	མདུང་།	栋
象鼻高山译语	ལོ་ཆུང་རེད།	老出里
白马译语	བྲི་རྫིག	乌枪勒
多续译语	ཀེ་ཨག	格呷
木里译语	མདུང་།	斗
栗苏译语	མདུང་།	麦锥
打箭炉译语	མི་མདའ།	明打
木坪译语	གདུང་།	董

刀　　现代藏语　གྲི།

地　区	译　语	汉文标音
嘉绒译语	བཙན་འགི།	达惹
松潘译语	གྲི་ཆུང་།	至梭
象鼻高山译语	ལྕག་ཏོ་རེད།	甲刀里
白马译语	ཀྲི་འུང་རེག	急阿勒
多续译语	མེ་ཐོག	卖妥
木里译语	གྲི།	志
栗苏译语	གྲི།	木查
打箭炉译语	གྲི།	直
木坪译语	གྲི་ཐུང་།	指桶

牌　现代藏语　ཕུབ།

地　区	译　语	汉文标音
嘉绒译语	ཕྱུག་ལྷུར།	漂战
松潘译语	ཕུབ།	仆
象鼻高山译语	ཕོ་རེད།	牌里
白马译语	ཕོན་རེག	牌勒
多续译语	ལག་མ་ཨག	拉马呷
木里译语	ཕུབ།	卜
栗苏译语	ཕུབ།	牌
打箭炉译语	ཕུབ།	朴
木坪译语	ཕུག	朴

剑　现代藏语　རལ་གྲི།

地　区	译　语	汉文标音
嘉绒译语	ཛམ་ར།	色望领思
松潘译语	ཤད་ལང་།	上朗
象鼻高山译语	ཀྲི་ས་དགུ་རེད།	色谷里
白马译语	གྲུན་རེག	剑勒
多续译语	མེ་ཛོག་ཉེན་སེན།	卖妥念谢
木里译语	རལ་གྲི།	惹志
栗苏译语	རལ་གྲི།	剑
打箭炉译语	རལ་གྲི།	热直
木坪译语	རལ་གྲི།	勒折

鼓　现代藏语 རྔ་།

地　区	译　语	汉文标音
嘉绒译语	ཏུ་བྲོ།	的儿播
松潘译语	རྔ་།	阿
象鼻高山译语	རྒྱ་རེ།	安里
白马译语	འ་རེག	哈勒
多续译语	བྱེད་པོ།	借补
木里译语	བརྔ།	敖吾
栗苏译语	སྔ་བོ།	窄
打箭炉译语	བརྔ།	呵
木坪译语	བརྔ།	恶

船　现代藏语 གྲུ།

地　区	译　语	汉文标音
嘉绒译语	པ།	拔
松潘译语	གྲུ།	苴
象鼻高山译语	གྲི་རེ།	及里
白马译语	ཙོག་རེག	船勒
多续译语	ཀྲུ།	沽
木里译语	གྲུ།	昼
栗苏译语	བྲུ།	船
打箭炉译语	གྲུས།	住
木坪译语	བྲུས།	诸

钹　　现代藏语　སྦུབ་ཆལ།

地　区	译　语	汉文标音
嘉绒译语	སྦུག་ཆོལ།	儿播岔
松潘译语	སྦུབ་ཆ།	无千
象鼻高山译语	སྦུབ་ཆོ་རེད།	木茄里
白马译语	ཆོ་བྱང་རེག	茶中勒
多续译语	ཆ་ལམ།	查罗
木里译语	སྦུག་ཆེས།	补欠
栗苏译语	ཆ་ལང་།	撞郎
打箭炉译语	ཕང་ལང་།	刹啷
木坪译语	སྦུག་ཆོད།	木车

钟　　现代藏语　དྲིལ་ཅོང་།

地　区	译　语	汉文标音
嘉绒译语	ཁྲོང་ལུང་།	尔朗
松潘译语	ཙུང་།	中
象鼻高山译语	ཙུང་རེད།	竹里
白马译语	ཚུང་རེག	钟子勒
多续译语	དྲི་ཨུ།	止巫
木里译语	དྲིལ་ཆེན།	祝欠
栗苏译语	ཅོང་།	中
打箭炉译语	གྲིཨུ་ཆེས་བ།	住五怯
木坪译语	གྲི་བུ།	直补

炮　现代藏语　མེ་སྒྲོགས།

地　区	译　语	汉文标音
嘉绒译语	ཤ་མདུ་ཧོས།	伤动借
松潘译语	བསོ་ཀན།	薄干
象鼻高山译语	ཏ་འཕོ་རེ།	大炮里
白马译语	ཏག་ཕོབ་རེག	大炮勒
多续译语	འཕོག	炮
木里译语	མི་ཀྲོག	某曲
栗苏译语	སྒྲོགས།	炮
打箭炉译语	མི་མདའ་ཆེ་བ།	明打极瓦
木坪译语	མེ་མདའ་ཆེ་བ།	闵朵

甲　现代藏语　ཁྲབ།

地　区	译　语	汉文标音
嘉绒译语	ཀྲུ་ལང་།	而甲纳
松潘译语	ཁྲབ།	抄
象鼻高山译语	ཁྲུབ་རེ།	曲里
白马译语	ཁྲུབ་རེག	秋勒
多续译语	འག་ཚུལ།	呷初
木里译语	ཁྲབ།	插
栗苏译语	ཁྲབ།	家
打箭炉译语	ཁྲབ།	超
木坪译语	ཁྲབ།	超

兵器　现代藏语　གོ་མཚོན།

地　区	译　语	汉文标音
嘉绒译语	འཁོར་གསུམ་ལག	可儿生纳各利
松潘译语	མཚོན་ཆ།	存岔
象鼻高山译语	ཤིང་ཡིང་།	说欲
白马译语	མང་མི་མཚོན་ཆ་རིག	随义
多续译语	མཚོན་ཆ།	磋岔
木里译语	མཚོན་ཆ།	前洽
栗苏译语	མཚོན་ཆ།	嘛勒榭奴
打箭炉译语	མཚོན་ཆ།	村恰
木坪译语	མཚོན་ཆ།	撺扯

盔　现代藏语　རྨོག

地　区	译　语	汉文标音
嘉绒译语	ཞྭད་རྨོག	张帽
松潘译语	རྨོག	磨
象鼻高山译语	རྨོག་རིད།	母里
白马译语	སྨོག་རིག	吗勒
多续译语	ཤག་རྨོག	沙帽
木里译语	རྨ།	磨
栗苏译语	རྨོག	魁
打箭炉译语	རྨོག	磨
木坪译语	རྨོག	莫

磬　现代藏语　ཆིང་ཏིང་།

地区	译语	汉文标音
嘉绒译语	ཚང་ཚང་།	仓仓
松潘译语	བུར་སྡིང་།	卜儿定
象鼻高山译语	ཅི།	竹
白马译语	ཆུང་རེད།	亦出
多续译语	གྱུག་ཏེ་ཝུང་།	架得翁
木里译语	ཟླ་ཛ།	假骂
栗苏译语	བུར་རྟིང་།	与
打箭炉译语	ཆོས་འབུམ་ཆིང་།	曲律清
木坪译语	ཁྲོ་ལིང་།	咄里

幡　现代藏语　དར་འཕན།

地区	译语	汉文标音
嘉绒译语	པ་ཊ་རི་མོ།	板旦又
松潘译语	འཕན།	判
象鼻高山译语	སྤུང་ལོ་རེ།	潘力里
白马译语	དར་ཆེ་རེག	打琢勒
多续译语	ཕེད།	咧
木里译语	འཕན།	拍
栗苏译语	འཕན།	潘
打箭炉译语	ངང་པེན།	绊
木坪译语	འཕེན།	判

锣　现代藏语　འཁར་རྔ།

地　区	译　语	汉文标音
嘉绒译语	སྐར་བརྡོ།	色阿耳播
松潘译语	འཁར་རྔ་།	卡艾
象鼻高山译语	མཁར་རྒྱ་རེ།	客安里
白马译语	མཁར་ཏྲ་རེག	哈哈勒
多续译语	ཤག་སྐྱེ་ལ།	砂节
木里译语	འཁར་རྔ།	亢阿
栗苏译语	ཁར་རྔ།	若厄
打箭炉译语	མཁར་བརྔ།	咔呵
木坪译语	མཁར་རྔ།	哈耳岳

花瓶　现代藏语　མེ་ཏོག་བུམ་པ།

地　区	译　语	汉文标音
嘉绒译语	མི་ཏོག་དམ་འབེ།	木朵撒错党命
松潘译语	མེ་ཏོག་གི་བུམ་པ།	墨夺吉本罢
象鼻高山译语	རྔ་འཕེན།	花瓶
白马译语	མི་མི་རེག	明明勒
多续译语	མེ་གཏོག་ཚ་སྐྱེལ།	咩多处节
木里译语	མེ་ཏོག་བུ་པ།	母多丹巴
栗苏译语	མེ་ཏོག་གི་བུམ་པ།	灭朵格塔
打箭炉译语	མེ་ཏོག་བུམ་པ།	木朵奔罢
木坪译语	མེ་ཏོག་དམ་བུ།	灭多当木

乐器　现代藏语　རོལ་ཆས།

地　区	译　语	汉文标音
嘉绒译语	མཆོང་པ།	出刹
松潘译语	རོལ་མོ།	罗磨
象鼻高山译语	རྔ་ཆ།	那加
白马译语	ཀྱག་རེག་ཞེ།	加事勒
多续译语	རོལ་མོ།	喏模
木里译语	རོལ་མོ།	忍墨
栗苏译语	རོལ་མོ།	特迫大
打箭炉译语	སྒྲ་རིག་མོ་འཛོམ།	达耳孟总
木坪译语	རོལ་མོ།	耳木

铃杵　现代藏语　རྡོར་དྲིལ།

地　区	译　语	汉文标音
嘉绒译语	གྲི་གུ།	直儿灰
松潘译语	རྡོ་རྗེ།	夺析
象鼻高山译语	ཀྱག་སྡོ།	加独
白马译语	ཁྲབ་བྲིས།	求刀多木
多续译语	རྡོ་རྗེ།	独治
木里译语	རྡོ་དྲིལ།	朵耳支
栗苏译语	རྡོ་རྗེ།	铃杵
打箭炉译语	གྲི་གུ།	纨武
木坪译语	གྲི་གུ།	遮五

香炉　现代藏语　སྤོས་ཕོར།

地　区	译　语	汉文标音
嘉绒译语	སྤོ་འཛིན།	色保生赠
松潘译语	སྤོས་ཕོར།	木卜
象鼻高山译语	སྤོས་རི།	北地
白马译语	ཤྱང་ལོང་རེག	香炉勒
多续译语	སྤོས་ཕོར།	梭坡
木里译语	ཕོར་སྤོ།	薄不
栗苏译语	སྤོས་ཕོར།	泊列初达
打箭炉译语	ཡོ་ཕོར།	箔破
木坪译语	སྤོས་ཕོར།	百普

云锣　现代藏语　མདོ་དར་མ།

地　区	译　语	汉文标音
嘉绒译语	སྐར་རྡོ་ཀི་ཙེ།	色阿儿播各几
松潘译语	ཏང་ཏང་།	当当
象鼻高山译语	ཡོ་ལའོ།	云锣
白马译语	མཁར་ང་རེག	宝略日勒
多续译语	ཏིང་ཤག	叮砂
木里译语	ཏི་ཏི་ཏམ་ཏམ།	丁丁当当
栗苏译语	ཏང་ཏང་།	当当
打箭炉译语	ཏི་ཏམ་ཏི་ཏམ།	叮叮当当
木坪译语	ཏམ་ཏམ།	当当

响钹 现代藏语 ཚ་ལང་།

地 区	译 语	汉文标音
嘉绒译语	སྒྲུས་ཚ་ཏེ།	而不刹皆
松潘译语	ཏིང་ཤག	定厦
象鼻高山译语	ཤོ་འཕེན་རེད།	响钹里
白马译语	ཚ་ཀྲུང་།	茶六
多续译语	ཏིང་དིན་ཤག	钉锭砂
木里译语	སྟིང་ཤུག	抵香
栗苏译语	ཏིང་ཤག	登白列
打箭炉译语	བསིལ་སྙན།	积摄
木坪译语	སིལ་སྙན།	尼业

大鼓 现代藏语 རྔ་ཆེན།

地 区	译 语	汉文标音
嘉绒译语	རྔ་ཅན།	而额战
松潘译语	རྔ་བོ་ཆེ།	阿俄辙
象鼻高山译语	རྔ་ཆེ་བ་རེ།	哈切哇里
白马译语	རྡ་རེད།	哈勒
多续译语	བྲེད་མཁན་པོ།	借康补
木里译语	བརྔ་བྲུ་ཆེ།	阿物勤
栗苏译语	རྔ་བོ་ཆེས།	则牙跨
打箭炉译语	བརྔའོ་ཆེ།	呵瓦乞
木坪译语	རྔའོ་ཆེ།	岳五齿

拍板 现代藏语 ཐག་གཅོད་པ།

地 区	译 语	汉文标音
嘉绒译语	ཤ་ཀ་ཀི་མཛད།	射阿色斗
松潘译语	ཚ་ཚ།	岔岔
象鼻高山译语	འཕག་པ་རེད།	拍板里
白马译语	པར་རེད།	板勒
多续译语	ཨ་ཡག་ཀོ།།	哑吖古
木里译语	ཚ་ཚ།	强强
栗苏译语	ཚ་ཚ།	得露榭必
打箭炉译语	གག་ཀྲག	噶扎
木坪译语	ཚ་ཚ།	擦擦

小鼓 现代藏语 ཛ་ཚུང་།

地 区	译 语	汉文标音
嘉绒译语	ཛ་ཚུང་།	额冲
松潘译语	ཛ་བོ་ཚུང་།	阿俄冲
象鼻高山译语	ཛ་ཚུང་བ་རེད།	哈切哀里
白马译语	ཧྭ་རེད།	哈勒
多续译语	བྲེད་ཀོ་ཙི།	借果即
木里译语	བཛ་བུ་ཚུང་།	阿物穷
栗苏译语	ཛ་བོ་ཚུང་།	则也也
打箭炉译语	བཛ་ཚུད	呵宠
木坪译语	ཛ་ཚུང་།	达罢

鞍　现代藏语　སྒ།

地　区	译　语	汉文标音
嘉绒译语	ཏའི་སྒོ།	达竹闹
松潘译语	སྒ།	噶
象鼻高山译语	ཏ་རྒྱུག	塔哈
白马译语	ཀ་ཚར་རེད།	打哈勒
多续译语	ཨ་ཕོག	阿迫
木里译语	སྐར།	呷
栗苏译语	སྒ།	嗟
打箭炉译语	སྒ།	哈
木坪译语	སྒ་ཚ།	尼擦

绳　现代藏语　ཐག་པ།

地　区	译　语	汉文标音
嘉绒译语	ཏུ་རེས།	斗惹
松潘译语	ཐག་པ།	塔罢
象鼻高山译语	ཐག་པ།	塔包
白马译语	ཐར་བར་རེད།	堂挖勒
多续译语	ཕོ་ཨག	补呷
木里译语	ཐག་པ།	踏巴
栗苏译语	ཐག་པ།	白呷
打箭炉译语	ཐག་པ།	塔罢
木坪译语	ཐག་པ།	他巴

笛　现代藏语　གླིང་བུ།

地　区	译　语	汉文标音
嘉绒译语	ཏ་ཡི།	达义
松潘译语	གླིང་བུ།	令吾
象鼻高山译语	ལི་ཐེ།	力梯
白马译语	ཡུད་རེད།	又勒
多续译语	གླིང་ཨག	令呷
木里译语	གླིང་བུ།	列卜
栗苏译语	གླིང་བུ།	的
打箭炉译语	གླིང་བུ།	令五
木坪译语	གླིང་བུ།	立五

伞　现代藏语　གདུགས།

地　区	译　语	汉文标音
嘉绒译语	སེན།	三
松潘译语	གདུགས།	斗
象鼻高山译语	གདུག	吕
白马译语	ཆ་སྔུག་རེད།	插额勒
多续译语	གཏོའ།	独
木里译语	གདུག	斗
栗苏译语	གདུགས།	说多
打箭炉译语	གདུང་།	稍斗
木坪译语	གདུགས།	兜

轮　　现代藏语　འཁོར་ལོ།

地　区	译　语	汉文标音
嘉绒译语	བརྗེ་ལེབ།	而豆纳
松潘译语	འཁོར་ལོ།	颗罗
象鼻高山译语	ལག་བྲེ་རེ།	呀只里
白马译语	ས་ཁེན་འབྲུག་སྒོ།	澈思
多续译语	ཀོ་འཛོག	谷脚
木里译语	འཁོར།	科戾
栗苏译语	འཁོར་ལོ།	登果猓
打箭炉译语	འཁོར་ལོ།	课罗
木坪译语	འཁོར་ལོ།	可鲁

梯　　现代藏语　སྐས་འཛེག

地　区	译　语	汉文标音
嘉绒译语	ཟའི།	赛
松潘译语	སྐས།	革
象鼻高山译语	ཁང་ཐེ་རེད།	可地里
白马译语	རྐོད་སྐྱ་རེད།	根各勒
多续译语	ཛོད་ལེ།	结列
木里译语	ས།	格
栗苏译语	སྐས།	杂鸡
打箭炉译语	སྐལ།	格
木坪译语	སྐེས།	革

座　现代藏语 བཞུགས་སྟེགས།

地　区	译　语	汉文标音
嘉绒译语	ས་ནི།	撒赁
松潘译语	གདན་ཁྲི།	丹车
象鼻高山译语	གསོ་བཙ་རེ།	甲哈里
白马译语	འདུག་པ་རེད།	如思勒
多续译语	ཉི་རྐོག	宜果
木里译语	ཁྲི།	掣
栗苏译语	གདན་ཁྲི།	勒祭
打箭炉译语	གདེན་ཁྲི།	丁赤
木坪译语	བཞུགས་ཁྲི།	持

铙　现代藏语 སྦུབ་ཆལ།

地　区	译　语	汉文标音
嘉绒译语	ས་ཆལ།	撒刹
松潘译语	བདར་ཆལ།	达耳恰
象鼻高山译语	ལོ་ལོང་རེ།	麦鲁里
白马译语	ཆ་ གླང་རེད།	茶六勒
多续译语	གསེན་ཆ།	笙岔
木里译语	སྦུ་ཆོད།	补欠
栗苏译语	འཛོལ།	撞朗
打箭炉译语	ལྕགས་རྒྱུག	喳居
木坪译语	སྙིང་ཤག	丁沙

灯　现代藏语　སྒྲོན་མེ།

地　区	译　语	汉文标音
嘉绒译语	ཏེ་ཙར།	灯战
松潘译语	མར་མེ།	麻灭
象鼻高山译语	ཏུན་ཙར་རེ།	灯盏里
白马译语	མ་ལེ་རེད།	满你勒
多续译语	མར་མི།	妈密
木里译语	མར་མེ།	麻迷
栗苏译语	མར་མེ།	灯
打箭炉译语	མར་མེ།	嘛灭
木坪译语	མར་མེ།	麻耳米

螺　现代藏语　དུང་།

地　区	译　语	汉文标音
嘉绒译语	ཀི་ལོ་དུང་ཙན།	各罗东战
松潘译语	དུང་དཀར།	东噶
象鼻高山译语	ལུབ་རེ།	螺里
白马译语	དུང་རེད།	惰勒
多续译语	ལུག་དཔེལ།	留白
木里译语	དུང་།	冬呷
栗苏译语	དུང་།	罗
打箭炉译语	དུང་།	东
木坪译语	དུང་དཀར།	董各耳

饮食 现代藏语 བཟའ་བཏུང་།

地区	译语	汉文标音
嘉绒译语	ཀ་སྨོང་།	阿某
松潘译语	བཟའ་བཏུང་།	萨卜冻
象鼻高山译语	ཚ་བ་འཐུང་གོ་རེ།	择瓦通各里
白马译语	འཆར་ཡིས་མཐུང་རེད།	扎衣驼衣
多续译语	ཁག་ཙི་ཀོ།	卡唧沽
木里译语	ཟ་ཀྱུ།	撒觉
栗苏译语	བཟའ་བཏུང་།	呃自路
打箭炉译语	བཟའ་བཏུང་།	萨冻
木坪译语	བཟས་ཀྱུད།	萨居

吃 现代藏语 ཟ།

地区	译语	汉文标音
嘉绒译语	ག་བཟང་།	阿某
松潘译语	ཟས།	萨
象鼻高山译语	འཐུང་སྐོ་རེ།	通各里
白马译语	འཆར་ཡིས།	扎衣
多续译语	ཁག	卡
木里译语	ཟས།	撒
栗苏译语	ཟས།	硬自
打箭炉译语	བཟའ།	萨
木坪译语	བཟའ།	萨

酥油　现代藏语　མར།

地　区	译　语	汉文标音
嘉绒译语	ཏ་པེ།	达备
松潘译语	མར།	麦
象鼻高山译语	མར་ཆོ།	麻曲
白马译语	སྨ་རེག	麻勒
多续译语	ཏུ་མེད།	哺咩
木里译语	མར།	麻儿
栗苏译语	མར།	乜
打箭炉译语	མར།	脉儿
木坪译语	མར།	麻耳

酒　现代藏语　ཆང་།

地　区	译　语	汉文标音
嘉绒译语	ཁྱལ།	洽
松潘译语	ཆང་།	唱
象鼻高山译语	ཆང་རེ།	曲里
白马译语	ཆང་མཐོང་།	橦勒
多续译语	སྨོ།	雾
木里译语	ཆང་།	冲
栗苏译语	ཆང་།	雾
打箭炉译语	ཆང་།	昌
木坪译语	ཆང་།	中各耳

巴茶　现代藏语　ཇ་སྒམ་ཚུང་།

地　区	译　语	汉文标音
嘉绒译语	ཀི་ཙུབ།	各举
松潘译语	བག་ཇ།	拔扎
象鼻高山译语	ས་ཆ་རེ།	巴茶里
白马译语	ཇ་མཚོང་།	扎妥勒
多续译语	ཇ་ལི།	扎利
木里译语	ཤིང་ཇ།	盛夹
栗苏译语	བ་ཇ།	八扎
打箭炉译语	ཇ་བར་ཁགས།	扎巴耳噶
木坪译语	སྤུ་ཇ།	把扎

茶　现代藏语　ཇ།

地　区	译　语	汉文标音
嘉绒译语	ཆལ།	茶
松潘译语	ཇ།	甲
象鼻高山译语	ཅ་ངན།	甲哀
白马译语	ཇ་རིག	扎勒
多续译语	ཇ།	扎
木里译语	ཇ།	夹
栗苏译语	ཇ།	扎
打箭炉译语	ཇ།	扎
木坪译语	ཇ།	札

米　现代藏语　འབྲས།

地　区	译　语	汉文标音
嘉绒译语	ཁྲི།	克
松潘译语	འབྲས།	柘
象鼻高山译语	འབྲས་རེ།	勒里
白马译语	སྦྲ་མ་རིག	这勒
多续译语	ཆེད།	车
木里译语	བྲས།	遮
栗苏译语	འབྲས།	车
打箭炉译语	འབྲས།	折
木坪译语	འབྲས།	列

饭　现代藏语　བཟའ་མ།

地　区	译　语	汉文标音
嘉绒译语	ཁྲི་སྤ།	克萨巴
松潘译语	ཟ་མ།	萨麻
象鼻高山译语	ཚ་བ་རེ།	择瓦里
白马译语	ཟད་རེག	速勒
多续译语	བཞིན།	喏
木里译语	ཟ་མ།	撒马
栗苏译语	ཟ་མ།	萨麻
打箭炉译语	བཟ་མ།	萨麻
木坪译语	བཟའ་མ།	萨马

酪　　现代藏语　ཞུ་ར།

地　区	译　语	汉文标音
嘉绒译语	ཤོ་ལྷ།	朔挖
松潘译语	ཞོ།	肉
象鼻高山译语	ཞོ་རེ།	酪里
白马译语	འོགས་ཆོགས་རེག	乳撞
多续译语	འོག	俄
木里译语	བག་མར།	巴勒
栗苏译语	ཞོ།	骆
打箭炉译语	ཏ་རག	打拉
木坪译语	ཞོ།	乳

面　　现代藏语　གྲོ་ཞིབ།

地　区	译　语	汉文标音
嘉绒译语	ཏ་པད།	达霸
松潘译语	རྒྱན་ཕྱེ།	见细
象鼻高山译语	ཀྲོ་ཕྱེ་རེ།	角撒里
白马译语	སྒྲོ་སྒྲི་རེག	决西
多续译语	ཕྱད།	噎
木里译语	གྲོ་བཞིན།	巴杰
栗苏译语	བག་ཕྱེ།	嗄遗
打箭炉译语	གྲོ་བཞིན།	卓行
木坪译语	གྲོ་ཕྱེ།	竹七

油　现代藏语　སྣུམ།

地　区	译　语	汉文标音
嘉绒译语	ཡུའུ་ཁྲིས།	有草
松潘译语	མར་ནར།	麻纳
象鼻高山译语	མར་ཀུ་རེ།	麻狐里
白马译语	མ་སྐུར།	麻姑勒
多续译语	འཛུ་ཅི།	余汁
木里译语	མར།	麻
栗苏译语	མར་ནག	扎毒
打箭炉译语	སྣམ་ཁུ།	囊苦
木坪译语	མར་ནག	马耳纳

下程　现代藏语　འབྲུལ་ཆས།

地　区	译　语	汉文标音
嘉绒译语	ཁམ་བྲི་བཏེན།	康不耳旦
松潘译语	འབྲུལ་ཟས།	木惹
象鼻高山译语	སྐྱེར་ཏུ་ཁིར་ཁྲིར་རེ།	使至器徹里
白马译语	ཟེར་ཆར་རེག	撒渣勒
多续译语	ཁ་ཁག	夯卡
木里译语	གྲ་གོ	著客
栗苏译语	ཆས་ཁ།	下程
打箭炉译语	ཟའ་ཆེས།	勒切
木坪译语	ཕེ་པ་སྐྱེས།	坡吉

盐 现代藏语 ཚྭ།

地区	译语	汉文标音
嘉绒译语	ཚས།	擦
松潘译语	ཚྭ།	擦
象鼻高山译语	ཚ་ངམ་རེ།	咱哀里
白马译语	ཚ་རེག	择勒
多续译语	ཚིའ།	梽
木里译语	ཚྭ།	擦
栗苏译语	ཚ།	磁
打箭炉译语	ཚྭ།	擦
木坪译语	ཚྭ།	擦

粮 现代藏语 འབྲུ།

地区	译语	汉文标音
嘉绒译语	ཀ་ཤོ་ཇི།	阿什着
松潘译语	བང་མཛོད།	邦作
象鼻高山译语	ཡོ་ཀོ་རེ།	欲各里
白马译语	འབྲུ་རེག	嘴勒
多续译语	ཆེད་ལམ།	车粮
木里译语	འབྲུ།	住
栗苏译语	མཛོད།	粮
打箭炉译语	ཟས་ནོར།	热纳
木坪译语	ལོ་ཐོག	落拖

白酒　现代藏语　ཨ་རག་དཀར་པོ།

地　区	译　语	汉文标音
嘉绒译语	ཁྱབ་སྦྲོམ།	洽白
松潘译语	ཚང་དཀར།	唱噶
象鼻高山译语	སྐྱིད་ཞུ་ཁིར་ཁྱིད་རེ།	纳耕里
白马译语	ར་རྐེ་རེག	蜡勒
多续译语	སྦྲོ་ཕད་ཀྱུག	雾歪脚
木里译语	ཚང་དཀར་པོ།	冲呷播
栗苏译语	ཚང་དཀར།	雾得路
打箭炉译语	བདེ་ཚང་།	白昌
木坪译语	ཚང་དཀར།	冲加

蜜　现代藏语　སྦྲང་རྩི།

地　区	译　语	汉文标音
嘉绒译语	ཁྱེ་ཟལ།	加则
松潘译语	སྦྲང་ཙི།	郎兹
象鼻高山译语	སྦྲང་ཙི་རེ།	六子里
白马译语	ཛཏ་རྩེཏ།	劳兹勒
多续译语	ཕི་ཧིན།	必亨
木里译语	བྲམ་རྩི།	着即
栗苏译语	སྦྲང་རྩི།	必例
打箭炉译语	སྦྲམ་རྩི།	波即积
木坪译语	སྦྲང་རྩི།	洛济

黄酒　现代藏语　རྒྱ་ཆང་།

地　区	译　语	汉文标音
嘉绒译语	ཁྱུ་ངའི།	洽挨
松潘译语	ཆང་སེར།	唱色
象鼻高山译语	ཆང་ངན་རེ།	曲哀里
白马译语	ཆང་རེག	撞勒
多续译语	སྤྲོ་ཧིན་ཀྱུག	雾哼脚
木里译语	ཆང་སེར་པོ།	冲思白
栗苏译语	ཆང་སེར།	则雾
打箭炉译语	རྒྱ་ཆང་།	甲昌
木坪译语	ཆང་སེར།	中撒耳

肉　现代藏语　ཤ།

地　区	译　语	汉文标音
嘉绒译语	ཤ	沙
松潘译语	ཤ	杀
象鼻高山译语	ཤ་ངག	刹哀
白马译语	ཤ་གནད།	杀哈勒
多续译语	ཤེ།	施
木里译语	ཤ	沙
栗苏译语	ཤ	实
打箭炉译语	ཤ	沙
木坪译语	ཤ	要

甜　现代藏语　མངར་མོ།

地　区	译　语	汉文标音
嘉绒译语	འདི་མེང་།	各敏
松潘译语	མངར་མོ།	阿儿瓦
象鼻高山译语	ཞིལ་པོ་རེ།	若目里
白马译语	ཤུ་བུ་རེག	纯卡勒
多续译语	ཐེན།	甜
木里译语	མངར་བ།	傲瓦
栗苏译语	མངར་བ།	德彻
打箭炉译语	མངར།	爱
木坪译语	མངར།	厄耳

酱　现代藏语　ཚང་།

地　区	译　语	汉文标音
嘉绒译语	ཀྱང་།	酱
松潘译语	ཙང་།	藏
象鼻高山译语	ཙ་སྐ་རེ།	甲喝里
白马译语	ཀྱག་རེག	酱勒
多续译语	ཚམ།	酱
木里译语	ཚས།	捋
栗苏译语	ཚང་།	酱
打箭炉译语	སྲིན་ཏུ་ཚམ།	些立当
木坪译语	ཟན་ཏུས།	新乳

苦　现代藏语　ཁ་མོ།

地区	译语	汉文标音
嘉绒译语	ཀི་ཅབ།	各渣
松潘译语	ཕ་མོ།	卡磨
象鼻高山译语	ཁན་འདི་རེ།	康里
白马译语	ཁོ་འདིར་རེག	堪得勒
多续译语	ཁྣ།	卡
木里译语	ཁ་སྨོ།	欧
栗苏译语	ཁ་བ།	德斯
打箭炉译语	ཁ།	渴
木坪译语	ཁ།	渴

醋　现代藏语　སྐྱུར་མོ།

地区	译语	汉文标音
嘉绒译语	ཚུ།	醋
松潘译语	སྐྱུར།	菊
象鼻高山译语	ཚའོ།	醋
白马译语	ཤུ་བར་རེད།	徐卜勒
多续译语	སྐྱེ་ཝིད།	结威
木里译语	སྐྱུར་པོ།	菊播
栗苏译语	སྐྱུར།	酸醋
打箭炉译语	ཚུག	醋
木坪译语	སྐྱུར་ཁུ།	脚可

衣　　现代藏语　གོས།

地　区	译　语	汉文标音
嘉绒译语	ཏུ་ཕྱོ།	的挖
松潘译语	ནབ་བཟའ།	拏萨
象鼻高山译语	སྟོད་ལོ་རེ།	独六
白马译语	ཀུན་རེག	贵勒
多续译语	པེ་ཚེ།	白侧
木里译语	ན་བཟའ།	即杂
栗苏译语	ན་བཟའ།	敢闷
打箭炉译语	གོས།	国
木坪译语	གོས་སག	南萨

帽　　现代藏语　ཞྭ།

地　区	译　语	汉文标音
嘉绒译语	ཏར་ཏི།	达儿底
松潘译语	ཞྭ།	辖
象鼻高山译语	ཞ་སོ་རེ།	热卜
白马译语	ཞ་རེག	热勒
多续译语	དམུག	磨
木里译语	ཞྭ་མོ།	夏木
栗苏译语	ཕྱ།	布
打箭炉译语	ཞྭ།	热
木坪译语	ཞྭ་ལོག	热洛

褥　现代藏语　གདན།

地　区	译　语	汉文标音
嘉绒译语	ཏ་བྱོ།	达标
松潘译语	འདོལ་སྟན།	木耳旦
象鼻高山译语	སྟན།	典
白马译语	བསྟན་ཡི་རེད།	得衣勒
多续译语	འ་ཡོ།	哇遛
木里译语	འདུལ།	堆
栗苏译语	འདོལ།	入
打箭炉译语	འདོལ།	墨
木坪译语	བསྟན།	丹

袈裟　现代藏语　ཆོས་གོས། སྣམ་སྦྱར།

地　区	译　语	汉文标音
嘉绒译语	ཏ་ཧོ།	达卓
松潘译语	སྣམ་སྦྱར།	南牙
象鼻高山译语	ཀོས་འཐུབ་པོ་རེ།	格提不里
白马译语	གཟན་ཤང་རེད།	色稍勒
多续译语	ཆོས་གོས།	脚高
木里译语	སྣམ་སྦྱར།	浪怯
栗苏译语	སྣམ་སྦྱར།	袈裟
打箭炉译语	དར་ཟབ།	达耳搔
木坪译语	ཆོས་གོས།	咄革

鞋　现代藏语　ལྷམ།

地　区	译　语	汉文标音
嘉绒译语	གོ་ཆེན།	额什占
松潘译语	གོས།	固
象鼻高山译语	ཀོ་ཡོ་རེ།	各西里
白马译语	གོ་ཅེང་རེད།	各知勒
多续译语	གོས་ཅན།	果杰
木里译语	གོས་ཅན།	咽欠
栗苏译语	གོས།	果者
打箭炉译语	གོས་ཆེན།	葛轻
木坪译语	གོས་ཅེན།	葛耳井

被　现代藏语　ཉལ་ཆས།

地　区	译　语	汉文标音
嘉绒译语	ཚོ་ཚོར།	漂漂
松潘译语	ཐུལ་བ།	兔凹
象鼻高山译语	པའི་སྟན་རེ།	被丹里
白马译语	རྐྱེན་ཡི་རེད།	夹拉勒
多续译语	ཧུད་ལུག	怀遛
木里译语	ཐུལ།	秃
栗苏译语	ཐུལ།	被单
打箭炉译语	ཉེས་གསོ།	捏故
木坪译语	ངེས་གོས།	厄割

靴　现代藏语　ལྷམ་ཡུ་རིང་།

地　区	译　语	汉文标音
嘉绒译语	ཙང་ལྷམ།	乍朗
松潘译语	ལྷམ།	项
象鼻高山译语	བསྐུའི་ཙ་རེ།	靴子里
白马译语	གྲུག་རྫེད།	靴子勒
多续译语	ཙོ་འག	节呷
木里译语	ལྷམ།	浪
栗苏译语	ལྷམ།	靴
打箭炉译语	ལྷམ།	康
木坪译语	ལྷམ།	敢

冠帽　现代藏语　ཏོག་ཞྭ།

地　区	译　语	汉文标音
嘉绒译语	ཤ་ཧི།	杀儿令
松潘译语	དབུ་ཞྭ།	物辖
象鼻高山译语	ཆི་ཞ་རེ།	七热
白马译语	ཁེ་ཞ་རེག	客热勒
多续译语	ཁག་དམུལ།	卡磨
木里译语	དབུ་ཞ།	窝惹
栗苏译语	དབུ་ཤ།	则布
打箭炉译语	དབུས་ཞྭ།	勿热
木坪译语	དབུས་ཞྭ།	威扰

袜　　现代藏语　རྐང་སྲུག

地　区	译　语	汉文标音
嘉绒译语	ལྷ་རྫེས།	袜子
松潘译语	འབོབ།	播
象鼻高山译语	ལྷ་ཞ་རེ།	袜子里
白马译语	དབག་ཙེད།	袜子勒
多续译语	ཀོ་ཙི།	棵止
木里译语	མི་ཨུ་པོ།	袜母拍
栗苏译语	འབོབ།	袜
打箭炉译语	ལྷ་རྫེས།	袜
木坪译语	ལྷ་རྫི།	袜子

圆领　现代藏语　གོང་སྒོར།

地　区	译　语	汉文标音
嘉绒译语	ཀི་མཇུ་ལྷ།	更具挖
松潘译语	བསྟོད་གཡོགས།	夺欲
象鼻高山译语	ཀོང་བ་ཚོར་པོ་རིང་ཐུ།	俗瓦七卜林多
白马译语	ཀོན་སྐྱོགས་རེག	郭月勒
多续译语	ཀོ་ཨག	古凹
木里译语	གང་པོ།	贯瓦
栗苏译语	གོང་བསྐོར་མ།	元林
打箭炉译语	ཉ་ཟ།	拏萨
木坪译语	གས་གོང་པོ།	葛拱瓦

麻　现代藏语　སོ་མ་ར་ཙ།

地　区	译　语	汉文标音
嘉绒译语	ཏ་ཤ	达撒
松潘译语	གསོའ་བ།	索骂
象鼻高山译语	མ་རེ།	蔴里
白马译语	ཟའོ་རེད།	蒜勒
多续译语	ཙི།	兹
木里译语	བསོ་མ་ར་ཛོ།	素麻惹咱
栗苏译语	བཙོ།	则
打箭炉译语	ས་མ་ཪ་ཏྲ།	萨马儿哑
木坪译语	བཟེར་རེས།	色列

锦　现代藏语　གོས་ཆེན།

地　区	译　语	汉文标音
嘉绒译语	ཏ་ནི།	达儿另
松潘译语	གོས་སེར་པོ་ཆུ་མ།	固色曲骂
象鼻高山译语	ཀོས་ཆེན་ཆ་ལི་རེ།	各西洽那里
白马译语	ཀོ་ཅིང་ལུར་ནག	扎纳
多续译语	གསིར་ཆུ་མ།	思杵妈
木里译语	ཙོས་མ།	之妈
栗苏译语	ཐོན་རི།	锦
打箭炉译语	གསེར་ཆུ་གོས་ཅན	色耳去谷金
木坪译语	གོས་ཅེན་སེར་ཆུ་མ།	葛耳且

氆氇　现代藏语　སྣམ་བུ།

地　区	译　语	汉文标音
嘉绒译语	འཕྲུགས།	卜
松潘译语	འ་ཕྲུག	丑
象鼻高山译语	འཕྲུག་རེ།	出里
白马译语	ཐར་མ་རེད།	踏姑勒
多续译语	པོ་ཡག	堡呷
木里译语	ཕྲུ་ཏུ།	卜若
栗苏译语	ཕྲུག	普鲁
打箭炉译语	འཕྲུག	普
木坪译语	འཕྲུག	出

丝　现代藏语　དར་སྐུད།

地　区	译　语	汉文标音
嘉绒译语	ཀོ་བའི་ཙན།	各什战惹
松潘译语	སིང་།	系
象鼻高山译语	སི་རི།	丝里
白马译语	ཟིལ་རེད།	丝勒
多续译语	སུག་ཁེ	绣刻
木里译语	སྟོ་གེས།	冬规
栗苏译语	སིང་།	丝
打箭炉译语	དར་ཀུད།	得勒故
木坪译语	དར་སྐུ།	得耳姑

罗　现代藏语　གོས་དར།

地　区	译　语	汉文标音
嘉绒译语	ཛ་ཀུ།	张固
松潘译语	ལ་དར།	纳达
象鼻高山译语	ཚོས་རེ།	邱里
白马译语	ཀློག་ཟིལ།	勒思
多续译语	སུག་གཏད།	绣德
木里译语	ལྭ།	罗
栗苏译语	ལའ།	罗
打箭炉译语	དར་ཀུ་ཡོགས།	得耳故洛
木坪译语	གོས་ཡིང་།	葛岭

绢　现代藏语　དར།

地　区	译　语	汉文标音
嘉绒译语	གོ་ཆེན།	恶什战
松潘译语	དར།	达儿
象鼻高山译语	ཞ་སོ་རེ།	肉不里
白马译语	ཚུག་རྩེ།	细子
多续译语	སུག	绣
木里译语	དར།	旦
栗苏译语	དར།	绢
打箭炉译语	ཤུག་ཙོང་།	熟宗
木坪译语	དར།	搭耳

布　现代藏语　རས།

地　区	译　语	汉文标音
嘉绒译语	ཀན་བུ།	官布
松潘译语	རས།	论
象鼻高山译语	རས་རེ།	勒哀
白马译语	ཁུ་བ་རེད།	哭挖勒
多续译语	སྔན་འཝམ།	湾禳
木里译语	རས།	助
栗苏译语	རས།	乌拉
打箭炉译语	རས།	额勒
木坪译语	རེས།	力

绫　现代藏语　དར་ལིང་།

地　区	译　语	汉文标音
嘉绒译语	ལིང་རྩེང་།	绫子
松潘译语	དར་ལིང་།	达儿零
象鼻高山译语	དར་རེ།	答里
白马译语	མི་འཛོ་རེད།	绫子
多续译语	སུག་ལིན།	绣零
木里译语	དར་ལིང་།	得令
栗苏译语	དར་ལིང་།	林
打箭炉译语	ལིང་།	绫
木坪译语	དར་ལིང་།	搭岭

领长　现代藏语　གོང་བ་རིང་མོ།

地　区	译　语	汉文标音
嘉绒译语	ཀི་སྒྲོག་ཀི་ཙན།	各色甲各正
松潘译语	གོང་རིང་།	供零
象鼻高山译语	ཀང་ངོ་མཐོན་པོ།	俗瓦同卜
白马译语	སྦེ་ཞི་རེད།	的是
多续译语	རྐོ་ལྷག་ཧེ།	古凹黑
木里译语	གོང་རིང་།	广令
栗苏译语	གོང་རིང་།	果哇特折
打箭炉译语	གོང་བ་རིང་།	共瓦零
木坪译语	གོང་བ་རིང་པོ།	葛湾岭木

领短　现代藏语　གོང་བ་ཐུང་བ།

地　区	译　语	汉文标音
嘉绒译语	ཡིག་སྒྲོག	各色甲
松潘译语	གོང་ཐུང་།	供痛
象鼻高山译语	ཀོང་ང་ཐུང་།	俗瓦同同
白马译语	གོར་ཐུང་ཞི།	木的是
多续译语	རྐོ་ལྷག་ཙེ་ཙེ།	古凹结杰
木里译语	གོང་བ་ཐུང་།	广冻
栗苏译语	གོང་ཐུང་།	果哇特这
打箭炉译语	གོང་བ་ཐུང་།	共瓦通
木坪译语	གོང་བ་ཐུང་ཐུང་།	葛湾桶桶

冠带　现代藏语　ཞྭ་དང་སྐེ་རགས།

地　区	译　语	汉文标音
嘉绒译语	ཏ་ཏི་ཏི་ཤག	达儿底的什巴
松潘译语	ཞྭ་དང་སྐེ་རགས།	辖革纳
象鼻高山译语	ཀོས་པ་མ་རེད།	色格哇里
白马译语	སྐེ་རག་རེད།	格拉勒
多续译语	སུག་ཀྱོག་ཧག	绣脚哈
木里译语	གཟབ་སྒྲུབ།	所必
栗苏译语	ཕ་ད་ང་སྐེ་རགས།	布得萨
打箭炉译语	དཔོན་བླ་རྩེ།	顿落斜
木坪译语	སྣ་རིག	拿革

彩绢　现代藏语　དར་ཚོན།

地　区	译　语	汉文标音
嘉绒译语	ཏའི་ཀི་ཁྱུར།	达儿底更票
松潘译语	དར་བཤད།	达耳尚
象鼻高山译语	ན་པ་ཚོ་ལི་རེད།	若布合纳里
白马译语	ཚུག་རྫེ་རེད།	细子勒
多续译语	འགོག་ཉིད།	鹅呢
木里译语	གོས་ཅན་རིས།	古见戎木见
栗苏译语	དར་མདོག་ཅན།	彩绢
打箭炉译语	ཤུག་ཙོང་ཁྲ་པོ།	收宗插沃
木坪译语	ལིང་ཁྲ།	领乂

法衣 现代藏语 ཆོས་གོས།

地　区	译　语	汉文标音
嘉绒译语	བཀྲ་ཤི།	巴挖
松潘译语	ཆོས་གོས།	却郭
象鼻高山译语	ཆོས་གོས་རེ།	求备里
白马译语	དགེ་ཞིང་གེས།	格日贵
多续译语	ཆམ་གོས།	长过
木里译语	ཆོས་གོས།	区规
栗苏译语	ཆོས་གོས།	坑即呷门
打箭炉译语	ཆོས་གོས།	辍郭
木坪译语	ཆམ་གོས།	闯葛

线 现代藏语 སྐུད་པ།

地　区	译　语	汉文标音
嘉绒译语	ར་རེབ།	达惹
松潘译语	སྐུད་པ།	谷罢
象鼻高山译语	རྫོན་ལྷུག་རེ།	争六里
白马译语	ཀུ་བ་རེད།	甲姑勒
多续译语	འཇེ་ཁེ།	结刻
木里译语	ཀུར་པ།	故巴
栗苏译语	སྐུད།	择使
打箭炉译语	སྐུད་པ།	谷罢
木坪译语	སྐུད་པ།	葛罢

白　现代藏语　དཀར་པོ།

地　区	译　语	汉文标音
嘉绒译语	ཀི་བྲོམ།	各不
松潘译语	དཀར་པོ།	噶播
象鼻高山译语	ཀེ་ཏུ།	格立
白马译语	ཀར་པོ་རེད།	各入勒
多续译语	ཕྱད་ཀྱུག	歪觉
木里译语	དཀར་མོ།	呷儿卜
栗苏译语	དཀར་པོ།	得露
打箭炉译语	དཀར་པོ།	该布
木坪译语	དཀར་པོ།	革耳补

青　现代藏语　མཐིང་ག

地　区	译　语	汉文标音
嘉绒译语	ཀི་ནག	各蓝
松潘译语	སྔོན་པོ།	俄播
象鼻高山译语	སྔོ་ལི།	恶六
白马译语	ནག་པོ་རེད།	牛勒
多续译语	དམེའ་ནི།	墨泥
木里译语	སྔོན་པོ།	欧卜
栗苏译语	སྔོན་པོ།	聂撤
打箭炉译语	སྔོན་པོ།	烘布
木坪译语	ནག་པོ།	纳补

蓝　现代藏语　སྔོན་པོ།

地　区	译　语	汉文标音
嘉绒译语	ལ་ཀ་མོ་ག	蓝各儿多
松潘译语	སྔོན་པོ།	万播
象鼻高山译语	སྔོན་པོ།	恩卜
白马译语	སྔོན་པོ་རེད།	文卜勒
多续译语	ཉི་ཏུ།	逆汝
木里译语	སྔོ་སྐྱུ།	偶菊儿
栗苏译语	སྔོན་སྐྱུ།	南
打箭炉译语	འཇང་ནག	捏纳
木坪译语	སྔོན་པོ།	哄莫

五彩　现代藏语　འཇའ་ཚོན་སྣ་ལྔ།

地　区	译　语	汉文标音
嘉绒译语	ཁ་ལྡོག་སྣ་འདད།	克多色纳安
松潘译语	ཚོན་སྣ་ལྔ།	寸纳阿
象鼻高山译语	ཀར་དམར་སོ་གསུམ།	色马色数
白马译语	དན་རེད།	拆勒
多续译语	དོག་རི་ལྤ།	我尔巴
木里译语	ཚོན་སྣ་ལྔ།	错压阿
栗苏译语	ཚོན་སྣ་ལྔ།	厄而巴
打箭炉译语	ཁ་དོག	卡夺
木坪译语	ཁ་དོག་སྣ་ལྔ།	克多难我

皂　现代藏语　འདག་རྫས།

地　区	译　语	汉文标音
嘉绒译语	ཀི་ནག་ཀིན།	各蓝阿阿
松潘译语	ཏུད་ཁ།	得卡
象鼻高山译语	དས་ནག	烛那
白马译语	ཁུག་བར་ནག་ཡོ།	牛勒
多续译语	མེ་ཁག	墨卡
木里译语	ཏུ་ཁ།	斗科
栗苏译语	ཏུད་ཁ།	皂
打箭炉译语	ནག་པོ།	纳布
木坪译语	ནག་མདོག	纳各

颜料　现代藏语　ཚོན།

地　区	译　语	汉文标音
嘉绒译语	མཚོ་རྩིང་།	泽耳之
松潘译语	ཚོན་རྩི།	寸自
象鼻高山译语	མདོག་ཚ་རེ།	六七里
白马译语	ཡང་ལུང་།	折勒
多续译语	མཚོན་ཙེ།	错子
木里译语	ཚོན་ཙིང་།	促结
栗苏译语	ཚོན་རྩི།	颜料
打箭炉译语	མཚོན་སྣ།	村纳
木坪译语	མཚོན་རྩི་སྣ་ལྔ།	撑子难我

紫　　现代藏语　སྨུག་པོ།

地　区	译　语	汉文标音
嘉绒译语	ཙོང་ཕི།	宗色
松潘译语	སྨུག་པོ།	木播
象鼻高山译语	དམར་སྨུག	麻日
白马译语	ཁྲུང་དམར།	哭吗勒
多续译语	ཉོ་དཔག	糯拔
木里译语	སྨུག་པོ།	母耳卜
栗苏译语	སྨུག་པོ།	紫
打箭炉译语	འཛུ་པོ།	脉纳
木坪译语	དམར་ནག	吗拉葛

黄　　现代藏语　སེར་པོ།

地　区	译　语	汉文标音
嘉绒译语	ཀི་ནའི།	各挨
松潘译语	སེར་པོ།	色
象鼻高山译语	སེར་རི།	色日
白马译语	སེར་པོ་རེད།	色卜勒
多续译语	ཧེན་ཀྲུག	亨觉
木里译语	སེར་པོ།	色卜
栗苏译语	སེར་པོ།	得属
打箭炉译语	བསེར་པོ།	谢布
木坪译语	སེར་པོ།	巴耳补

鹅黄　现代藏语　ངང་སེར།

地　区	译　语	汉文标音
嘉绒译语	ཀྱུང་ཤང་།	金纳红
松潘译语	ངུར་སྨྱིག	俄播
象鼻高山译语	འགྱོ་ཤང་།	鹅黄
白马译语	སྲེར་པོ་རེད།	色卜勒
多续译语	ཧིན་ཤག	亨斜
木里译语	ཧུང་ཁ།	乳库
栗苏译语	ཧུར་ཁ།	鹅黄
打箭炉译语	བསེ་སྐྱུ།	色夹
木坪译语	སེར་ལྗང་།	色耳江

红　现代藏语　དམར་པོ།

地　区	译　语	汉文标音
嘉绒译语	ཀི་ཕྱུར་ནི།	各母儿令
松潘译语	དམར་པོ།	骂播
象鼻高山译语	དམའ་རི།	墨日
白马译语	མེ་རོ་རེད།	磨入勒
多续译语	ཧིང་ཧོ།	吽呼
木里译语	དམར་པོ།	马耳卜
栗苏译语	དམར་པོ།	得业
打箭炉译语	དམར་པོ།	脉布
木坪译语	དམར་པོ།	妈耳补

桃红　现代藏语　ཟིང་སྐྱ།

地　区	译　语	汉文标音
嘉绒译语	ཤ་མ་གོ	山落
松潘译语	ཐོ་ཁ།	洛卡
象鼻高山译语	དམའི་རི་བཟང་པོ།	墨若
白马译语	མོ་རེ་རེད།	磨入勒
多续译语	སོག་ཞག་ཡྣོ།	梭瓦月
木里译语	དམར་འབྲིང་།	马赤
栗苏译语	སྤྲོ་ཁ།	榭也得业
打箭炉译语	སྤྲོ་ཁ།	洛卡
木坪译语	ཤམ་མདོག	伤洛

柳青　现代藏语　སྔོ་ལྗང་།

地　区	译　语	汉文标音
嘉绒译语	ལྗང་ཡི་མགོ།།	卓引道
松潘译语	ལྗང་སྔོན།	羊稳
象鼻高山译语	ངུས་སོར།	独色
白马译语	ལྗང་ཟིལ།	牛
多续译语	ཉི་སོག	逆梭
木里译语	ལྗང་སྔོ།	江欧
栗苏译语	བྲ་ང་སྔོན།	插哇聂撤
打箭炉译语	ལྗང་ནག	娘衲
木坪译语	ལྗང་སྔོན།	转厄

粉红　现代藏语　ཟིང་དམར།

地　区	译　语	汉文标音
嘉绒译语	དམར་སྨུ་མདོག	马色孟道
松潘译语	དམར་སྐྱ།	麻加
象鼻高山译语	དམར་སྐྱ།	麻杀
白马译语	མེ་རི་རེད།	磨入勒
多续译语	ཡེ་མོད་གཡོ།	耶母月
木里译语	དམར་ངན།	扪爱
栗苏译语	སྨོ་སྐྱ།	粉红
打箭炉译语	དམར་སྐྱ།	墨耳夹
木坪译语	སྨོ་བ་མདོག	洛瓦诺

明绿　现代藏语　ལྗང་ནག

地　区	译　语	汉文标音
嘉绒译语	སྗང་ཀུ་གི་པ།	张固各白
松潘译语	གསལ་ལྗང་།	撒耳江
象鼻高山译语	དུ་ལོ་བཟང་པོ།	斗娄若卜
白马译语	ཞུར་ཁྲག་རེད།	无勒
多续译语	འཇི་དུག	吉度
木里译语	དལ་ལྗང་།	弄江
栗苏译语	གསལ་ལྗང་།	明绿
打箭炉译语	ལྗང་ཀུ།	娘古
木坪译语	གསལ་ལྗང་།	色耳转

燃灯　现代藏语　སྒྲོན་མེ།

地　区	译　语	汉文标音
嘉绒译语	ཚེ་འབར།	千霸
松潘译语	མར་མེ་མཛད།	麻儿灭杂
象鼻高山译语	ཅི་ཤེས་རེ།	吉舍里
白马译语	མ་ཚོ་རེད།	呢勒
多续译语	མར་མི་སྡོད།	妈咩路
木里译语	མར་མེ་མཛད།	嘛灭节
栗苏译语	མར་མེ་མཛད།	登盏砼切
打箭炉译语	མར་མེ་མཛད།	马明借
木坪译语	མར་མེ་མཛད།	麻耳米卒

释迦　现代藏语　ཤཱཀྱ།

地　区	译　语	汉文标音
嘉绒译语	ཤཀྱ་ཐུབ་པ།	沙甲拖巴
松潘译语	ཐུ་པ།	兔罢
象鼻高山译语	ཤཱཀྱ་ཐུབ་པ།	刹加铎巴
白马译语	གཏིང་གསུམ་རེད།	的梭勒
多续译语	ཤཱཀྱ་ཐུབ་པ།	沙咱独罢
木里译语	ཤཀྱ་ཐུབ་པ།	沙加兔巴
栗苏译语	ཤཀྱ་ཐུབ་པ།	沙加兔罢
打箭炉译语	ཤཱཀྱ་ཐུབ་པ།	舍加吐巴
木坪译语	ཤཱཀྱ་ཐུབ་པ།	沙迦梯罢

佛像　现代藏语　ལྷ་སྐུ།

地　区	译　语	汉文标音
嘉绒译语	ལྷོ་པ།	那备
松潘译语	ལྷ་སྐུ།	喇各
象鼻高山译语	དཔའ་ཤུ་རེད།	八迷列
白马译语	སྒོ་བཟང་རེད།	恶速
多续译语	སྐུ་འདྲ།	公装
木里译语	ལྷ་སྐུ།	喇谷
栗苏译语	ལྷ་སྐུ།	呐
打箭炉译语	ལྷ་སྐུ།	那浓
木坪译语	ལྷ་སྐུ།	啉葛

卷　现代藏语　བམ་པོ།

地　区	译　语	汉文标音
嘉绒译语	པད་ཏེ་རེས།	巴底惹
松潘译语	བལ་པོ།	班播
象鼻高山译语	རྩེ་རྫེ།	独今
白马译语	འཁོར་ལོ་རེད།	业行外知
多续译语	བམ་པོ།	榜薄
木里译语	བ་པོ།	汪播
栗苏译语	བམ་པོ།	德布
打箭炉译语	བམ་པོ།	巴叟
木坪译语	སྤོས་སྤིང་།	白底

画像　现代藏语　བྲིས་སྐུ།

地　区	译　语	汉文标音
嘉绒译语	ལྷ་བཟོ།	可估
松潘译语	བྲིས་སྐུ།	直谷
象鼻高山译语	ཐང་སྐུ་རེ།	铎俗
白马译语	བྲི་སྐོ་བཟང་རེད།	画恶速
多续译语	ཐམ་ཨག	汤呷
木里译语	ལྷ་བྲིས།	刹不列
栗苏译语	བྲིས་སྐུ།	别麻二
打箭炉译语	བྲི་མ་སྐུ།	朱溜
木坪译语	བྲི་སྐུ།	纸葛

品　现代藏语　རིམ་པ།

地　区	译　语	汉文标音
嘉绒译语	ཞུ་ཟུ་སྣ།	窝估色难
松潘译语	ལེའུ་ཁ་ཧྲང་།	勒吾卡掌
象鼻高山译语	འཕོན་རེ།	品里
白马译语	ཀུག་པ་རེད།	九品
多续译语	ལེའུ།	列乌
木里译语	ཇེའུ།	列吾
栗苏译语	ལེའུ།	品
打箭炉译语	ལེའུ།	列物
木坪译语	ལེའུ།	立乌

藏经　现代藏语　བཀའ་བསྟན་འགྱུར།

地　区	译　语	汉文标音
嘉绒译语	ཏི་ཐྲ།	的他
松潘译语	བཀའ་འགྱུར།	甘菊
象鼻高山译语	དབུ་ཚང་གི་ཡི་གི་རེ།	屋豆日哀里
白马译语	ཡི་གི་རེད།	亦呢勒
多续译语	བསང་ར།	唆那
木里译语	བཀའ་འགྱུར།	甘菊
栗苏译语	བཀའ་འགྱུར།	呵坐正今
打箭炉译语	བཀའ་འགྱུར།	干菊儿
木坪译语	བཀའ་འགྱུར།	千已耳

神　　现代藏语　ལྷ།

地　区	译　语	汉文标音
嘉绒译语	ལྷ།	那
松潘译语	ལྷ།	纳
象鼻高山译语	ལྷ་རེད།	纳里
白马译语	བཞི་ཏག་རེད།	日打勒
多续译语	ཆོས་སྐྱོངས།	濯雪
木里译语	ལྷ།	呐
栗苏译语	ལྷ་འདྲེ།	日火
打箭炉译语	ལྷ་འདྲེ།	南芝
木坪译语	ལྷ།	吓

目录　现代藏语　དཀར་ཆག

地　区	译　语	汉文标音
嘉绒译语	ཚན་རྡ་ར།	千巴惹
松潘译语	ཀར་ཆག	噶儿岔
象鼻高山译语	དྲིལ་བུ་རིད།	直卜里
白马译语	འཁོར་ལ་རིད།	恶略止
多续译语	ཆེ་ལུག	扯六
木里译语	དུལ་པ།	当罢
栗苏译语	ཀར་ཆག	尼蔑克二
打箭炉译语	བཀའ་ཆར།	观洽
木坪译语	ཤ་ཁོག	申可

鬼　　现代藏语　འདྲེ།

地　区	译　语	汉文标音
嘉绒译语	ཏ་ཡོ།	的有
松潘译语	འདྲེ།	者
象鼻高山译语	འདྲེ་རིད།	勅里
白马译语	ཐིལ་རང་རིག	提罗勒
多续译语	ཆག	岔
木里译语	ད་ཏྲེ།	峙
栗苏译语	འདྲེ།	查
打箭炉译语	འདྲེ།	支
木坪译语	འདྲེ།	止

妙法　现代藏语　དམ་ཆོས།

地　区	译　语	汉文标音
嘉绒译语	སྨྱོ་ལ།	康又马
松潘译语	དམ་ཆོས།	丹趣
象鼻高山译语	བཟོང་བཟོང་།	若不若不
白马译语	ཡིག་མཁན་རིག	亦厄
多续译语	གཡོན་གཏད་ངེས།	哟代俄
木里译语	དམ་ཆོས།	丹辄
栗苏译语	དམ་ཆོས།	妙法
打箭炉译语	དམ་ཆོས།	党区
木坪译语	དམ་ཆོས།	胆出

罗汉　现代藏语　དགྲ་བཅོམ་པ།

地　区	译　语	汉文标音
嘉绒译语	རྒྱ་གར་ཤ།	吉阿儿挖
松潘译语	གནས་བརྟན།	立丹
象鼻高山译语	སྐྱེ་རོ་ཙན་རེད།	罡六杂纳
白马译语	འ་ཏག་རིག	日达
多续译语	མནའ་བརྟན།	耐得
木里译语	གནས་བརྟན།	勒顶
栗苏译语	གནས་བརྟན།	藏巴纳
打箭炉译语	གནས་བརྟན།	列滇
木坪译语	གནས་བརྟན།	纳登

赞美　现代藏语　བསྟོད་པ།

地　区	译　语	汉文标音
嘉绒译语	གི་འཁྲུར།	更票
松潘译语	བསྟོད་པ།	夺罢
象鼻高山译语	ཙ་ལེ།	赞美
白马译语	པོན་རྐོན་རེག	白额
多续译语	ཁྲི་ཁྲིད།	奇岂
木里译语	ལྷའི་གདོང་རོག་མཛོད།	海独洛入
栗苏译语	བསྟོད་པ།	赞美
打箭炉译语	སྟོན་པ།	甸巴
木坪译语	བསྟོད་པ།	啜罢

声闻　现代藏语　ཉན་ཐོས།

地　区	译　语	汉文标音
嘉绒译语	ཀ་མི་སི།	阿敏思
松潘译语	ཉན་ཐོས།	连托
象鼻高山译语	ཉོ་ཙི།	肉子
白马译语	གེར་རེག	革勒
多续译语	མཉན་ཐོས།	仰托
木里译语	སྐད་ཚོར།	革促
栗苏译语	ཉན་ཐོས།	浊智
打箭炉译语	ཉན་ཐོས།	列掬
木坪译语	ཉན་ཐོས།	言夺

经数 现代藏语 པོད་གྲངས།

地 区	译 语	汉文标音
嘉绒译语	པད་ཀྲོལ།	不干
松潘译语	ཆོས་གྲང་།	曲章
象鼻高山译语	ཅིན་བསྟོ།	经数
白马译语	ཡི་མཁན་རིག	亦厄勒
多续译语	ཅིན་གྱི་འཁྲིན།	整几虔
木里译语	ཆོས་གི་གྲང་།	缺客账
栗苏译语	ཆོས་གྲངས།	甲勒朗
打箭炉译语	ཆོས་བཏང་།	区党
木坪译语	ཆོས་གྲང་།	擦转

雕像 现代藏语 བརྐོས་བརྙན།

地 区	译 语	汉文标音
嘉绒译语	སྐོས་པ།	而各思巴
松潘译语	གོས་སྐུ།	古谷
象鼻高山译语	ཤིང་སྐུ་རིས།	兴古列
白马译语	བཞི་ཏག་བཟང་།	雕恶速
多续译语	བྲི་སྐུ།	谢杰公
木里译语	ཤིང་མཁན་ལྷ་ཟ།	兴肯拉入
栗苏译语	རྐོས་སྐུ།	郭儒
打箭炉译语	སྐུ་ཏུམ།	各溜
木坪译语	ཤིང་སྐུ།	心谷

三宝　现代藏语　དཀོན་མཆོག་གསུམ།

地　区	译　语	汉文标音
嘉绒译语	དག་ཞ།	而阿凹
松潘译语	དཀོན་མཆོག་གསུམ།	观曲送
象鼻高山译语	ཧུང་ཕབ་རེ།	独速东巴
白马译语	ཡིག་མཁན་རེག	亦厄
多续译语	དཀོན་མཆོག་གསུམ།	灌濯数
木里译语	དཀོན་མཆོག་གསུམ།	工却桑
栗苏译语	དཀོན་མཆོག་གསུམ།	三宝
打箭炉译语	དཀོན་མཆོག་གསུམ།	工丘送
木坪译语	རིག་གསུམ་མགོན་པོ།	里松尼母

铸像　现代藏语　ལུགས་སྐུ།

地　区	译　语	汉文标音
嘉绒译语	ཨེ་པའི་ལང་པོ།	厄十必郎搜
松潘译语	གསེར་སྐུ།	色谷
象鼻高山译语	ཚ་ཤིང་རིད།	铸像
白马译语	ཐུག་སྐུ་བཟང་རེད།	铸恶速
多续译语	བླུག་སྐུ།	塞公
木里译语	ཇ་དང་བཟང་བླུག་མ་སྐུ།	夹让鲁麻古
栗苏译语	གསེར་སྐུ།	勒儒
打箭炉译语	གསེར་སྐུ།	格溜
木坪译语	སེར་སྐུ།	色耳葛

旨　现代藏语　བཀའ།

地　区	译　语	汉文标音
嘉绒译语	ཧི་བཟུར།	得估
松潘译语	བཀའ་ལོ།	噶龙
象鼻高山译语	ཅིར་རེད།	旨里
白马译语	ཀྱལ་བུ་ཡིག་མཁན་རེག	少稍
多续译语	ཆིག་ལུང་།	差龙
木里译语	བཀའ་རིན་པོ་ཆེ།	噶轮木吃
栗苏译语	ལུང་།	旨
打箭炉译语	ལུང་།	龙
木坪译语	བཀའ་ལུང་།	革宠

法　现代藏语　ཆོས།

地　区	译　语	汉文标音
嘉绒译语	བཀྱལ།	阿
松潘译语	ཆོས།	曲
象鼻高山译语	སྤྱི་རེད།	法里
白马译语	ལྷ་བཟ་ང་རེག	法巧
多续译语	མཐུའ་ཁ།	图卡
木里译语	ཚད་པ།	切八
栗苏译语	ཆོས།	硁拉
打箭炉译语	ཆེ་ས།	区
木坪译语	ཁྲིམ།	勅

书　现代藏语 དཔེ་ཆ།

地　区	译　语	汉文标音
嘉绒译语	ཀི་པ་ཐྲ།	各霸搭
松潘译语	དཔེའ་ཆ།	别岔
象鼻高山译语	ཡི་གེ།	日哀
白马译语	ཡི་གེ་རིག	一尾
多续译语	དཔེའ་ཆ།	别奓
木里译语	དཔེ་ཆ།	别岔
栗苏译语	དཔེ་ཆ།	折今
打箭炉译语	དཔེ་ཆ།	耳洽
木坪译语	དཔེའ་ཆ།	白恰

经　现代藏语 གསུང་རབ།

地　区	译　语	汉文标音
嘉绒译语	དགེ་བ་ཐྲ།	搭挖他
松潘译语	མདོའ།	读
象鼻高山译语	ཡི་གེ་འདོན།	日哀六
白马译语	ཡི་གེ་རིག	一尾勒
多续译语	འདོན་རྒྱུད།	整儿
木里译语	མདོ།	哆
栗苏译语	མདོ།	折今
打箭炉译语	མཆོད།	鈌
木坪译语	སང་ར།	萨拉

真字 现代藏语 གསང་ཡིག

地　区	译　语	汉文标音
嘉绒译语	ཞུ་གི	如有
松潘译语	ཟབ་ཡིག	萨夷
象鼻高山译语	ཡི་གེ་དག་ཡོ་རེ།	勅书里
白马译语	རྒྱའི་ཡི་ག	竹乌勒
多续译语	གཟབ་ཡིག	撒依
木里译语	བཟའ་ཡིག	萨夷
栗苏译语	གཟའ་ཡིག་གེ།	真字
打箭炉译语	ཟ་ཡིག	撒夷
木坪译语	ཡིག་བཟང་པོ།	你格若母

图书 现代藏语 དཔེ་ཆ།

地　区	译　语	汉文标音
嘉绒译语	ཐི་ཙར་རི།	胎记
松潘译语	ཐའི་ཙེ།	帖借
象鼻高山译语	ཐེས་ཙེ།	题则
白马译语	ཡིན་རིག	印
多续译语	ཡིག་འཛིན།	音唧
木里译语	ཐེའུ།	体勿
栗苏译语	ཐེལ་ཙེ།	图书
打箭炉译语	ཐེག	迪
木坪译语	ཐེས།	贴

番字　现代藏语　བོད་ཡིག

地　区	译　语	汉文标音
嘉绒译语	ཀུ་ཏུ་སྐྱོ།	勾又九
松潘译语	བོད་ཡིག	播夷
象鼻高山译语	བོད་ཡིག་རེ།	卜依
白马译语	བོད་ཡི་གེ་རིག	白亦勒
多续译语	གཏོག་སོ་ཅིན་གྱི།	多续整几
木里译语	བོད་ཡིག	播夷
栗苏译语	བོད་ཡིག་གེ།	番字
打箭炉译语	བོད་ཡིག	北夷
木坪译语	བོད་ཡིག	拨夷

奏文　现代藏语　ཞུ་ཡིག

地　区	译　语	汉文标音
嘉绒译语	སྙིང་ཞུ།	色年如
松潘译语	ཞུ་ཡིག	熟夷
象鼻高山译语	ཡོག་གེ་བསྐུར་ཚ།	日屋俗咱
白马译语	ཡི་གེ་རིག	义厦
多续译语	སྐྱེ་བ།	给瓦
木里译语	ཞུས་ཡིག	如意
栗苏译语	ཞུ་ཡིག་གེ།	□□
打箭炉译语	ཞུ་ཡིག	竖夷
木坪译语	ཞུ་ཡིག	八语

笔　现代藏语　སྨྱུག་གུ།

地　区	译　语	汉文标音
嘉绒译语	སྐྲུ་ཕྲུ།	色里五
松潘译语	སྣུ་གུ།	列谷
象鼻高山译语	སྣུག་གུ་རེད།	说吾里
白马译语	ཙུང་སྐྲུ་རེག	纽
多续译语	སྦེཨུ།	备舞
木里译语	ཧྲུ་བུ།	奴吞
栗苏译语	སྣུག་གུ།	笔
打箭炉译语	སྣུ་གུ།	迷谷
木坪译语	སྣུག་གུ།	业葛

纸　现代藏语　ཤོག་བུ།

地　区	译　语	汉文标音
嘉绒译语	ཤོག	少少
松潘译语	ཤོག་གུ།	孰谷
象鼻高山译语	ཤོག་གོ	说说
白马译语	ཤོར་ཤོབ་རེག	少稍
多续译语	ཤོཨུ།	烧物
木里译语	ཤོ་གུ།	勺谷
栗苏译语	ཤོག་གུ།	说务
打箭炉译语	ཤོག་གུ།	舍谷
木坪译语	ཤོཨུ།	饮五

砚 现代藏语 སྣག་བུམ།

地　区	译　语	汉文标音
嘉绒译语	སྣག་རྫ་པ་འདུལ།	色南则三登
松潘译语	བདར་རྫོ།	达夺
象鼻高山译语	སྣག་རྫ་གཏས།	纳萨答萨
白马译语	ན་བུ་རེག	纳卜
多续译语	སག་པོ།	撒补
木里译语	སྣམ་བུ།	阿蓬
栗苏译语	དར་རྫོ།	砚
打箭炉译语	སྣག་བུམ།	那播
木坪译语	སྣག་འཕང་།	纳普

墨 现代藏语 སྣག་ཚོ།

地　区	译　语	汉文标音
嘉绒译语	སྣག་རྫ།	色南则
松潘译语	སྣག་ཙ།	纳咱
象鼻高山译语	སྣག་རྫ་རེད།	纳杂里
白马译语	ན་རྫི་རེག	纳杂
多续译语	སྣག་ཚོ།	撒青
木里译语	སྣ་ཚོ།	纳咱
栗苏译语	སྣག་ཙོ།	墨
打箭炉译语	སྣག་ཚོ།	那擦
木坪译语	སྣག་ཚོ།	纳咱

医书 现代藏语 སྨན་ཡིག

地 区	译 语	汉文标音
嘉绒译语	སྨན་ཡིག	色麻以
松潘译语	སྨན་ཡིག	慢夷
象鼻高山译语	སྨན་པའི་ཡིག་གེ་རེད།	忙巴日哀
白马译语	སྨན་ཧྲར་ཡི་ག	麦八亦阿勒
多续译语	སེམས་དཔྲ་ཅིང་གྱི།	仙巴整几
木里译语	སྨན་ཡིག	慢夷
栗苏译语	སྨན་ཡིག་གེ།	蔑坝正今
打箭炉译语	སྨན་ཡིག	面夷格
木坪译语	སྨན་ཡིག	脉以

敇书 现代藏语 གོང་མའི་བཀའ་ཡིག

地 区	译 语	汉文标音
嘉绒译语	ཚུ་ཤོག	勅书
松潘译语	གོས་བཀའ་ཤོག	固扎树
象鼻高山译语	ཚུ་ཤོས་རེ།	勅书
白马译语	ཡི་གེ་རེག	亦阿勒
多续译语	བཀའ་ཤོག	呷说
木里译语	བཀའ་ཡིག	喀噫
栗苏译语	འཇའ་པ།	敇书
打箭炉译语	ལྗང་དཔོན།	宗班
木坪译语	བཀའ་ཤོག	革熟

语录 现代藏语 གསུང་བཏུས།

地 区	译 语	汉文标音
嘉绒译语	སྤྲ་ཚོས།	色胎出思
松潘译语	བསྟན་འགྱུར།	旦菊
象鼻高山译语	ཡོ་ལོ།	语录
白马译语	སེམས་ནང་སྣད།	撒纳勒
多续译语	མག་དཔེའ་ཁེ།	吗别刻
木里译语	བསྟན་འགྱུར།	旦菊
栗苏译语	བརྟན་འགྱུར།	卡脱坑擦
打箭炉译语	བསྟན་འགྱུར།	颠菊儿
木坪译语	བཀའ་གང་གནང་བྲིས།	敏革朗不里

敕谕 现代藏语 བཀའ་ལུང་།

地 区	译 语	汉文标音
嘉绒译语	སྒྲོན་པ།	拔必
松潘译语	གསུང་བྱུང་།	诵雄
象鼻高山译语	ཚུ་ཡོས།	勅谕
白马译语	བཟང་བ་རེག	速乌勒
多续译语	བཀའ་རིན་པོ་ཆེ།	呷说谢达
木里译语	ལུང་བཀའ་ཞོག	哝喀勺
栗苏译语	ལུང་བསྒྲགས།	勅论
打箭炉译语	ལུང་སྒྲང་།	龙扎
木坪译语	བཀའ་ལུང་།	革龙

东　现代藏语　ཤར།

地　区	译　语	汉文标音
嘉绒译语	ཤང་།	杀
松潘译语	ཤར།	厦
象鼻高山译语	ཤར་ཕྱོག།	刹曲
白马译语	ཤར་སྔོར་དགེ།	杀雪
多续译语	ཤད་ཕྱོགས།	杉鹊
木里译语	ཤར།	沙儿
栗苏译语	ཤར།	沙却
打箭炉译语	ཤར།	善
木坪译语	ཤར།	沙耳

西　现代藏语　ནུབ།

地　区	译　语	汉文标音
嘉绒译语	ནུབ།	奴
松潘译语	ནུབ།	奴
象鼻高山译语	ནུབ་ཕྱོག	女安
白马译语	བྱང་སྔོར་དགེ།	爻雪
多续译语	ནུབ་ཕྱོགས།	怒鹊
木里译语	ནུབ།	奴
栗苏译语	ནུབ།	诺却
打箭炉译语	ནུབ།	弄
木坪译语	ནུབ།	纳

前 现代藏语 མདུན།

地 区	译 语	汉文标音
嘉绒译语	ཏི་ཧྲི།	得止
松潘译语	མདུན།	敦
象鼻高山译语	སྔོན་རྒྱབ།	息却
白马译语	སྔོན་ཕྱོག	郭
多续译语	འདུན་ཕྱོགས།	恒破
木里译语	མདུན།	顿
栗苏译语	མདུན།	厦倍
打箭炉译语	མདུན།	断
木坪译语	མདུན།	暖

左 现代藏语 གཡོན།

地 区	译 语	汉文标音
嘉绒译语	ཀ་ཨུ།	阿五
松潘译语	གཡོན།	怨
象鼻高山译语	གཡོན་ཕྱོག	若皆
白马译语	གཡོན་བུ་རེད།	一阿雪
多续译语	གཡས་ཕྱོགས།	哑桑破
木里译语	གཡོན།	怨
栗苏译语	གཡོན།	勒疸
打箭炉译语	གཡོན།	苑
木坪译语	གཡོན།	怨

后　现代藏语　རྒྱབ།

地　区	译　语	汉文标音
嘉绒译语	ཏི་འཁྱུ།	登库
松潘译语	རྒྱབ།	甲
象鼻高山译语	རྒྱབ་རྩ།	脚杂
白马译语	རྒྱས་ཕྱོག་རེད	血
多续译语	རྒྱབ་ཕྱོགས།	怒破
木里译语	རྒྱབ།	交
栗苏译语	རྒྱབ།	折昂
打箭炉译语	རྒྱབ།	驾
木坪译语	རྒྱབ།	交

右　现代藏语　གཡས།

地　区	译　语	汉文标音
嘉绒译语	ཀ་ཁྱུ།	阿契
松潘译语	གཡས།	耶
象鼻高山译语	གཡས་ཕྱོག	卓哀
白马译语	གཡས་པ་རེད།	鸭巴
多续译语	གཡོན་ཕྱོགས།	压破
木里译语	གཡས།	叶
栗苏译语	གཡས།	勒欲
打箭炉译语	གཡས།	郁
木坪译语	གཡས།	业

上　现代藏语　སྟེང་།

地区	译语	汉文标音
嘉绒译语	སྡེ།	思定
松潘译语	སྟེང་།	定
象鼻高山译语	སྟེང་ཕྱེག	丁六
白马译语	ནུབ་སྣོ་རེག	难格
多续译语	ཐོག་ཕྱོགས།	拖破
木里译语	སྟེང་།	顶
栗苏译语	སྟེང་།	樵五
打箭炉译语	སྟེང་།	堆
木坪译语	སྟེང་།	丁

南　现代藏语　ལྷོ།

地区	译语	汉文标音
嘉绒译语	ལྷོ།	洛
松潘译语	ལྷོ།	洛
象鼻高山译语	ལྷོ་ཕྱོག	六出
白马译语	ལྷོ་སྣོར་རེག	六雪
多续译语	ལྷོ་ཕྱོགས།	鲁鹊
木里译语	ལྷོ།	洛
栗苏译语	ལྷོ།	井却
打箭炉译语	ལྷོ།	都
木坪译语	ལྷོ།	落

下　现代藏语　འོག

地　区	译　语	汉文标音
嘉绒译语	འགོ	俄
松潘译语	འོག	俄
象鼻高山译语	འོག་ཕྱོག	屋六
白马译语	ས་ཁན་རིག	色格
多续译语	ཞག་ཕྱོགས།	哇破
木里译语	འོག	队
栗苏译语	འོག	智衣
打箭炉译语	འོག	俄
木坪译语	འོག	饿

北　现代藏语　བྱང་།

地　区	译　语	汉文标音
嘉绒译语	བྱང་།	便
松潘译语	བྱང་།	祥
象鼻高山译语	བྱང་ཕྱོག	卓长
白马译语	ཡོ་སྐོར་རིག	炉雪
多续译语	བྱང་ཕྱོགས།	咱鹊
木里译语	བྱང་།	降
栗苏译语	བྱང་།	陆却
打箭炉译语	བྱང་།	降
木坪译语	བྱང་།	纂

中间　现代藏语　བར།

地　区	译　语	汉文标音
嘉绒译语	ཨུ་ལ།	嘤纳
松潘译语	བར་དུ།	拔独
象鼻高山译语	དཀྱིལ་ན།	巳六
白马译语	དཀྱིལ་འབུད་རེད།	及物
多续译语	སྐུ་ཀྱོག	孤觉
木里译语	བར།	拔耳
栗苏译语	བར་དུ།	骨纳
打箭炉译语	བར་དུ།	巴耳斗
木坪译语	བར།	扒耳

内　现代藏语　ནང་།

地　区	译　语	汉文标音
嘉绒译语	གོ་ཨུ།	革五
松潘译语	ནང་།	囊
象鼻高山译语	ནང་ན།	六六
白马译语	ཁྲིམས་སྣང་རེད།	七诺
多续译语	ཀོ་ཙོགས།	各破
木里译语	ནང་།	囊
栗苏译语	ནང་།	咳倍
打箭炉译语	ནང་།	即
木坪译语	ནང་།	浪

内外　现代藏语　ཕྱི་ནང་།

地　区	译　语	汉文标音
嘉绒译语	ཀེ་ལྷུ་ལྷུ་ཕོ།	五韦温波
松潘译语	ཕྱི་ནང་།	细囊
象鼻高山译语	སྨོ་གང་ཁྲིམ་ན།	恶呼持六
白马译语	ཁྲིམས་སྣང་སྨ་རྩོལ་རེད།	七诺恶哉
多续译语	ཀོ་ནོབ།	各怒
木里译语	ཕྱི་ནང་།	且囊
栗苏译语	ནང་ཕྱི།	咳倍牙倍
打箭炉译语	ཕྱི་ནང་།	期即
木坪译语	ཕྱི་ནང་།	起浪

外　　现代藏语　ཕྱི།

地　区	译　语	汉文标音
嘉绒译语	ཀེ་ཕོ།	温波
松潘译语	ཕྱི།	细
象鼻高山译语	ཕྱི་རྒྱབ།	持者
白马译语	སྨ་རྩོལ་རེད།	俄哉
多续译语	ནོ་ཕོག	怒破
木里译语	ཕྱི།	且
栗苏译语	ཕྱི།	牙倍
打箭炉译语	ཕྱི།	栖
木坪译语	ཕྱི།	起

花 现代藏语 མེ་ཏོག

地区	译语	汉文标音
嘉绒译语	མི་ཏོག	木朵
松潘译语	མེ་ཏོག	灭夺
象鼻高山译语	མོ་དོག	墨多
白马译语	མི་མི།	弥弥
多续译语	མེ་ཏོག	咩朵
木里译语	མེ་ཏོག	密朵
栗苏译语	མེ་ཏོག	乜朵
打箭炉译语	མེ་ཏོག	明都
木坪译语	མེ་ཏོག	灭多

木 现代藏语 ཤིང་།

地区	译语	汉文标音
嘉绒译语	ཤིང་།	射
松潘译语	ཤིང་།	盛
象鼻高山译语	སྡོང་པོ།	独卜
白马译语	ཤིས་རྗེ་རེད།	射夺
多续译语	བསྙི།	谢
木里译语	ཤིང་།	申
栗苏译语	ཤིང་།	邪陆
打箭炉译语	ཤིང་།	盛
木坪译语	བརྟུང་པོ།	龙莫

枝　现代藏语　ཡལ་ག

地　区	译　语	汉文标音
嘉绒译语	ཤོ་ཀ་བ།	射阿
松潘译语	ཡལ་ཀ།	牙噶
象鼻高山译语	ལོ་ཀྱི།	欲却
白马译语	ཡི་ཞུང་རེག།	叶窝
多续译语	ཨ་ལོ།	呷落
木里译语	ཡལ་ག།	叶噶
栗苏译语	ཡལ་ག།	呷勒
打箭炉译语	ཡལ་ཀ།	叶耳呷
木坪译语	ཡོན་ལག།	野纳

莲花　现代藏语　པད་མ་མེ་ཏོག

地　区	译　语	汉文标音
嘉绒译语	ལེན་ཧྭ།	莲花
松潘译语	པད་མ།	百麻
象鼻高山译语	ཉན་དཔེལ།	连发
白马译语	མི་མི་རེག།	弥弥勒
多续译语	ཏེ་ཐེད།	得特
木里译语	པད་མ།	百麻
栗苏译语	པར་མ།	莲花
打箭炉译语	སྨང་།	别麻
木坪译语	མེ་ཏོག་པད་མ།	墨多白耳麻

叶 现代藏语 ལོ་མ།

地 区	译 语	汉文标音
嘉绒译语	ཏིར་མད།	待毛
松潘译语	ལོ་མ།	罗麻
象鼻高山译语	ན་ཡོ།	纳欲
白马译语	ཤོར་སྔོ་རེག	属恶
多续译语	བསག་ཙག	邪咱
木里译语	ལོ་མ།	罗麻
栗苏译语	ལོ་མ།	邪夹
打箭炉译语	ལོ་མ།	娄麻
木坪译语	ལོ་མ།	罗麻

根 现代藏语 རྩ་བ།

地 区	译 语	汉文标音
嘉绒译语	ཀི་ཁྱར།	窝皆
松潘译语	རྩ་བ།	咱瓦
象鼻高山译语	རྩ་བ་རེད།	杂
白马译语	ཡིར་རྩ་རེག	夷勒
多续译语	དམྲི་ཙོ།	墨助
木里译语	རྩྭ་བ།	咱瓦
栗苏译语	ཙ་བ།	自
打箭炉译语	ཙ་བ།	咱瓦
木坪译语	རྩ་བ།	咱瓦

草　现代藏语　རྩྭ།

地　区	译　语	汉文标音
嘉绒译语	ཀ་ཙ།	阿则
松潘译语	ཙ།	咱
象鼻高山译语	ཙ་རི།	杂你
白马译语	ཙ་རིག	杂
多续译语	ཙོག	懦
木里译语	རྩྭ།	咱
栗苏译语	རྩྭ་བ།	如
打箭炉译语	རྩྭ།	咱
木坪译语	རྩྭ།	咱

树　现代藏语　ཤིང་སྡོང་།

地　区	译　语	汉文标音
嘉绒译语	ཏུར་ཁུར།	的儿堡
松潘译语	སྡོང་པོ།	东卧
象鼻高山译语	བཙུག་ཤི	走舍
白马译语	ཤིས་ལྡོང་རེད།	夺窝
多续译语	བསྙེ་པོ།	谢补
木里译语	ཤིང་ཕུང་།	申卜
栗苏译语	སྟོང་པ།	邪布
打箭炉译语	སྟོང་བུ།	冬卜
木坪译语	ཤིང་ཕུང་།	身普

竹　现代藏语　སྨྱུག་མ།

地　区	译　语	汉文标音
嘉绒译语	ཀྲོ།	足
松潘译语	སྙུག་མ།	流麻
象鼻高山译语	སྙིག་མ།	徐哇
白马译语	སྨྱོུག་རེད།	卷勒
多续译语	མིད།	密
木里译语	སྙུང་མ།	奴麻
栗苏译语	སྨུག་མ།	篾
打箭炉译语	སྙུང་མ།	弄马
木坪译语	སྙུག་མག	业马

林　现代藏语　ནགས།

地　区	译　语	汉文标音
嘉绒译语	ནག་ཙན།	纳各战
松潘译语	ནག་ཚལ།	朗擦
象鼻高山译语	ནག་ན།	拿六
白马译语	ཤེས་སྒྲུན་ཙུ་རེད།	日勒
多续译语	བསྙེ་ཕན།	谢湾
木里译语	ནག	纳
栗苏译语	ནགས།	撒勒
打箭炉译语	ནག་པོ།	那瓦
木坪译语	ནག་འཚམ།	拏仓

菜　　现代藏语　ཚལ།

地　区	译　语	汉文标音
嘉绒译语	ད་སྐོ།	达色固
松潘译语	ཚོད་མ།	错麻
象鼻高山译语	ཡ་བ།	押哇
白马译语	ཤུར་ཕྱུ་རེག	徐卜
多续译语	ཡི་ནག	衣纳
木里译语	ཚར།	菜
栗苏译语	ཚོད་མ།	业别
打箭炉译语	ཚོད་མ།	区麻
木坪译语	རྟུམ།	董

桃　　现代藏语　ཁམ་བུ།

地　区	译　语	汉文标音
嘉绒译语	སུར་པ།	色惹撒
松潘译语	ཐོའུ།	塔吾
象鼻高山译语	ཐའོ་སྒི་རི།	桃子里
白马译语	མཁའ་འབུ་རེག	哈目勒
多续译语	སོག་ལྷག	梭哇
木里译语	ཁ་བུ།	看布
栗苏译语	ཐའུ།	榭也
打箭炉译语	ཐའུ།	托物
木坪译语	ཁམ་སྐྱུ།	康甲

芝麻 现代藏语 ཏིལ་འབྲུ།

地　区	译　语	汉文标音
嘉绒译语	ཙུ་མ།	芝麻
松潘译语	ཏིལ།	德
象鼻高山译语	ཙི་མ།	芝麻
白马译语	ཟེར་སྔོ།	缩恶
多续译语	ཁུ་བདག	枯达
木里译语	ཁྲི།	齿
栗苏译语	ཏིལ།	之麻
打箭炉译语	ཏི་པ།	堆儿
木坪译语	ཏིལ།	的耳

麦 现代藏语 གྲོ།

地　区	译　语	汉文标音
嘉绒译语	དྲེའི།	皆
松潘译语	གྲོ།	卓
象鼻高山译语	ཀྱུ་རོན་རེ།	脚哀里
白马译语	ཀྱོར་རེག	角
多续译语	ཤག	沙
木里译语	གྲོ།	卓
栗苏译语	གྲོ།	沙
打箭炉译语	གྲོ།	朱
木坪译语	གྲོ།	主

李　现代藏语 ལི།

地　区	译　语	汉文标音
嘉绒译语	ཀི་པ་ཤི།	各巴使
松潘译语	ཅུ་ལ།	竹勒
象鼻高山译语	ལིས་ཙེ་རེ།	李子里
白马译语	ལི་ཙི།	直立
多续译语	སི་དབྲི།	丝白
木里译语	ལི།	李
栗苏译语	ཅུ་ལི།	李
打箭炉译语	ཅུ་ལི།	菊立
木坪译语	ལི་སྲུ།	力踈

果品　现代藏语 ཤིང་ཏོག

地　区	译　语	汉文标音
嘉绒译语	ཏེ་ཤི།	得时
松潘译语	ཤིང་ཐོག	盛夺
象鼻高山译语	འབྲུ་ཐོག་ཙིག	六脱
白马译语	ཤེས་རྫོ་རེག	蛇恶勒
多续译语	བསྙེ་སི།	谢思
木里译语	ཤིང་ཏོག	盛夺
栗苏译语	ཤིང་ཏོག	果品
打箭炉译语	ཤིང་ཏོག	盛朵
木坪译语	ཤིང་ཏོག	身多

杏　现代藏语　ཁམ་བུ།

地　区	译　语	汉文标音
嘉绒译语	ས་ཡབ།	撒要
松潘译语	ཁ་འབུ།	看卜
象鼻高山译语	ཞིན་འཛུ་རི།	杏子里
白马译语	ཤོས་རོག་སྣ་རིག	蛇勒恶
多续译语	སི་ཡག	昔吖
木里译语	མངའ་རི་ཁ་བུ།	阿立看布
栗苏译语	ཁམ་བུ།	杏
打箭炉译语	ཁ་བུ།	亢卜
木坪译语	ཁམ་འབུ།	坎卜

茜　现代藏语　བཙོད།

地　区	译　语	汉文标音
嘉绒译语	འབུ་ཟ།	不儿安思
松潘译语	བཙོད།	作
象鼻高山译语	ཤི།	茜
白马译语	རྩོན་ཋོ་རིག	嘴
多续译语	ཉེ་མེད།	严墨
木里译语	ཚོན།	萃
栗苏译语	བཙོད།	千
打箭炉译语	རྩེད།	蕨
木坪译语	མཚོད་རྩ།	错则

畜生　现代藏语　དུད་འགྲོ།

地　区	译　语	汉文标音
嘉绒译语	ཀི་ཤྲིད།	各什布
松潘译语	དུད་འགྲོ།	顿柱
象鼻高山译语	ཟའ་ཟྲོག	热入
白马译语	ཟྲོག་རིག	诺客灭勒
多续译语	སྒུག་དམུག	续牧
木里译语	དུད་འགྲོ།	顿桌
栗苏译语	དུད་འགྲོ།	茹骨
打箭炉译语	དུད་འགྲོ།	定朱
木坪译语	དུས་འགྲོ།	端米

猛兽　现代藏语　གཙན་གཟན།

地　区	译　语	汉文标音
嘉绒译语	བཙན་བཟིན།	战赞
松潘译语	གཙན་ཟན།	战散
象鼻高山译语	མིང་ཤྲོས།	猛兽
白马译语	ཁྲུང་རིག	兽勒
多续译语	སི་ཉུག	西牛
木里译语	ཅིན་ཟིན།	惊心
栗苏译语	གཙན་གཟན།	猛兽
打箭炉译语	གཙན་གཟན།	监即
木坪译语	གཙན་ཟན།	景热

鹿 现代藏语 ཤྭ་བ།

地 区	译 语	汉文标音
嘉绒译语	ཀར་ཚོས།	阿耳簇思
松潘译语	ཤ་བ།	厦瓦
象鼻高山译语	དྲིད་སོ།	独
白马译语	ཤའ་རེག	厦勒
多续译语	གཡུག	游
木里译语	ཤ་བ།	沙瓦
栗苏译语	ཤ་བ།	臂
打箭炉译语	ཤྭ་བ།	下瓦
木坪译语	ཤ་བ།	耍瓦

狐 现代藏语 ཝ།

地 区	译 语	汉文标音
嘉绒译语	ཀུ་ཐུ་ཝ།	各腿
松潘译语	ཝ།	瓦
象鼻高山译语	ཝེ།	哈
白马译语	ཝར་རེག	哈勒
多续译语	འཇུ་མག	鞠妈
木里译语	ཝ།	瓦
栗苏译语	ཝ།	狐
打箭炉译语	ཝ།	完
木坪译语	ཝ།	瓦

狼　现代藏语　སྤྱང་ཀི།

地　区	译　语	汉文标音
嘉绒译语	སྤྱ་ཀུ།	色卡固
松潘译语	སྤྱང་ཀུ།	邦谷
象鼻高山译语	སྤང་ཀུ།	山谷
白马译语	སྤྱང་འགུ་རེག	爻恶
多续译语	བཏེད།	得
木里译语	སྤྱང་གི།	章谷
栗苏译语	སྤྱང་གུ།	狼
打箭炉译语	སྤྱང་ཀུ།	江工
木坪译语	སྤྱང་ཀུ།	钻葛

豹　现代藏语　གཟིག

地　区	译　语	汉文标音
嘉绒译语	ཀི་ཤུག་གི	革什之
松潘译语	གཟིག	惹
象鼻高山译语	ཟིག	惹
白马译语	གཟིག་རེག	思勒
多续译语	སེག	邪
木里译语	གཟིགས།	席
栗苏译语	གཟིག	自
打箭炉译语	གཟི།	祭
木坪译语	གཟིག	热

麒麟　现代藏语　གྱི་ལིང་།

地　区	译　语	汉文标音
嘉绒译语	ཤོམ་ཀི་ཟང་།	伤自则
松潘译语	ཡུལ་སེང་།	玉生
象鼻高山译语	ཚུ་ངེ་རེ།	麒麟
白马译语	སེར་ནག་རེག	色峨
多续译语	སི་མོད།	西模
木里译语	ཚུ་སྲིན།	出心
栗苏译语	གི་ཞིག	生格
打箭炉译语	བྱི་མིངལ།	吉立
木坪译语	གི་ལིང་།	革力

彪　现代藏语　གུང་མོ།

地　区	译　语	汉文标音
嘉绒译语	པྲི།	白
松潘译语	གུང་།	供
象鼻高山译语	འགྲོ་རེ།	恶里
白马译语	ཅན་རེག	这勒
多续译语	ཧ་ནེ་ཤེ་ཙེ།	咳宜石兹
木里译语	བུགས།	步
栗苏译语	གུང་།	彪
打箭炉译语	གུང་།	固
木坪译语	གུང་།	供

熊　现代藏语　དོམ།

地　区	译　语	汉文标音
嘉绒译语	དུ་ཕྱོམ།	斗王
松潘译语	དོམ།	端
象鼻高山译语	དམོ་ནག	毒拿
白马译语	དོམ་ནག་རིག	独纳
多续译语	ཧག	哈
木里译语	དོམ།	夺
栗苏译语	དོམ།	该
打箭炉译语	དོལ།	董
木坪译语	དོམ།	董

狮子　现代藏语　སེང་གེ།

地　区	译　语	汉文标音
嘉绒译语	སྒྲིང་།	生弟
松潘译语	སེང་གེ།	生革
象鼻高山译语	སེང་ཀྲེ་རེ་།	狮子
白马译语	ཞི་ཇེ།	狮子
多续译语	སེང་འགིང་།	生庚
木里译语	སེང་གེ།	心革
栗苏译语	སེང་གེ།	生肌
打箭炉译语	སེང་གེ།	星革
木坪译语	སེང་འགིང་།	笄革

虎　现代藏语　སྟག

地区	译语	汉文标音
嘉绒译语	ཁུང་།	空
松潘译语	སྟག	打
象鼻高山译语	སྟག་ངན།	大哀
白马译语	ཛན་རིག	这勒
多续译语	ནག་འཕག	拏怕
木里译语	སྟག	答
栗苏译语	སྟག	那叭
打箭炉译语	སྟག	打
木坪译语	སྟག	达

驼　现代藏语　རྔ་མོང་།

地区	译语	汉文标音
嘉绒译语	རྔ་མོ།	而安某
松潘译语	རྔ་མོང་།	阿蒙
象鼻高山译语	རྔ་མོ།	额乌
白马译语	རྔ་མོང་རིག	挨木
多续译语	ཨ་མོ།	阿磨
木里译语	རྔ་མོ།	安亩
栗苏译语	རྔ་མོང་།	砐巴
打箭炉译语	རྔ་མུ།	厄木
木坪译语	རྟ་མོ།	安母

兔　现代藏语　རི་བོང་།

地　区	译　语	汉文标音
嘉绒译语	ཀ་ལ	阿纳
松潘译语	ཡོས་བུ།	约吾
象鼻高山译语	རི་བོང་།	若务
白马译语	ཡིའུ་རེག	要勒
多续译语	ཐོག་ལ།	脱拉
木里译语	རི་བུང་།	耳工
栗苏译语	ཡོས།	兔
打箭炉译语	ཡོ།	郁卜
木坪译语	རི་བོང་།	耳奔

牛　现代藏语　གླང་།

地　区	译　语	汉文标音
嘉绒译语	ཀུ་སྒྲ།	各耳歌
松潘译语	བ་གླང་།	拔浪
象鼻高山译语	ནོར་ན།	六哀
白马译语	ནོར་རེག	诺勒
多续译语	རྒྱུག	纽
木里译语	མཛོ།	作
栗苏译语	བ་གླང་།	爱积
打箭炉译语	བ་གླང་།	巴浪
木坪译语	བ་གླང་།	巴朗

海青　现代藏语　ཁྲ་ཆེན།

地　区	译　语	汉文标音
嘉绒译语	ཏུར་བ་དཀར་པོ།	的儿巴阿儿浪
松潘译语	ཏོར་བ་དཀར་པོ།	货瓦噶播
象鼻高山译语	ཞེཙུ་ཆིང་།	海青
白马译语	ཏེ་ཁྲུད་རེག	海青
多续译语	ཙག་ཚི་ཀོ།།	咱且锅
木里译语	ལྷག	哈
栗苏译语	རྗོར་པོ་དཀར་པོ།	海青
打箭炉译语	ཏ་དཀར་པོ།	岔甲哺
木坪译语	ཁྱུ་སྒོད།	恰葛

鼠　现代藏语　བྱི་བ།

地　区	译　语	汉文标音
嘉绒译语	ཏུ་ཡུ།	不有
松潘译语	བྱི་བ།	席瓦
象鼻高山译语	བྱི་བ།	卓厄
白马译语	བྱི་བ་རེག	雪勒
多续译语	ཡུ།	务
木里译语	བྱི་བ།	蛙蛙
栗苏译语	བྱི་བ།	谷叭
打箭炉译语	བྱི་བ།	巴瓦
木坪译语	བྱི་བ།	豆瓦

鹰　现代藏语　བྱ་སྤྱག

地　区	译　语	汉文标音
嘉绒译语	སྐྱག	色甲
松潘译语	ཁྲ།	插
象鼻高山译语	བྱ་ནག	扎纳
白马译语	བྱ་སྤྱག་རེག	洽勒
多续译语	ཁོ།	渴
木里译语	ཀོ།	郭
栗苏译语	ཁྲ།	各
打箭炉译语	ཁྲ།	盆
木坪译语	ཁྲ།	车

貂鼠　现代藏语　ཡོག་དཀར་བྱི་བ།

地　区	译　语	汉文标音
嘉绒译语	བྱི་དུར།	别豆惹
松潘译语	བྱི་བ་ནག་པོ།	席瓦约播
象鼻高山译语	ཕ་ནག་རི།	哈纳你
白马译语	བྱི་བ་རེག	雪勒
多续译语	ཞཟུ།	厦务
木里译语	སྦུ་ལ་ཁ།	木纳卡
栗苏译语	བྱི་བ་ནག་པོ།	吃查
打箭炉译语	བྱི་བ་ནག་པོ།	巴瓦拿立
木坪译语	དཀར་སིང་།	革耳醒

狗　现代藏语 ཁྱི།

地　区	译　语	汉文标音
嘉绒译语	ཁི།	妻
松潘译语	ཁྱི།	气
象鼻高山译语	ཁྱི།	七
白马译语	ཁྱད་རེད།	七勒
多续译语	ཁིན།	肯
木里译语	ཁྱི།	气
栗苏译语	ཁྱི།	扯
打箭炉译语	ཁྱི།	七
木坪译语	ཁྱི།	吃

猴　现代藏语 སྤྲེའུ།

地　区	译　语	汉文标音
嘉绒译语	ཀུ་རྩུ།	各俱
松潘译语	སྤྲེས།	赊
象鼻高山译语	སྤྲེའུ།	舍
白马译语	སྤྲེ་དམར།	土哈
多续译语	དམེལ།	密
木里译语	སྤྲེས།	折
栗苏译语	སྤྲེའུ།	迷自
打箭炉译语	སྤྲེའུ།	朱窝
木坪译语	སྤྲེའུ།	拨柳午

猪　现代藏语　ཕག

地　区	译　语	汉文标音
嘉绒译语	ཕག	把
松潘译语	ཕག	拔
象鼻高山译语	ཕག	八
白马译语	ཕག་རིད།	披勒
多续译语	འཕོག	鹅
木里译语	ཕག	怕
栗苏译语	ཕག	歪
打箭炉译语	ཕག	扒
木坪译语	ཕག	拔

鸡　现代藏语　བྱ།

地　区	译　语	汉文标音
嘉绒译语	པའ།	巴
松潘译语	བྱ།	邪
象鼻高山译语	བྱ།	狭
白马译语	བྱ་རིན།	辖勒
多续译语	འོད།	饿
木里译语	བྱ།	甲
栗苏译语	བྱ།	呐
打箭炉译语	བྱ།	撒
木坪译语	བྱ།	别

马　现代藏语　རྟ།

地　区	译　语	汉文标音
嘉绒译语	སྨུ་རོག	木扰
松潘译语	རྟ།	答
象鼻高山译语	རྟ།	达
白马译语	ཏ་སྒ་རེག	达勒
多续译语	མོག	摸
木里译语	ཧྟ།	达
栗苏译语	རྟ།	卜
打箭炉译语	ཏ།	丹
木坪译语	རྟ།	打

龙　现代藏语　འབྲུག

地　区	译　语	汉文标音
嘉绒译语	དར་སྨོ།	达儿某
松潘译语	འབྲུག	柱
象鼻高山译语	འབྲུག	汝
白马译语	འབྲུང་རེག	汝勒
多续译语	རི་འབྱམ།	耳咱
木里译语	འབྲུག	律
栗苏译语	འབྲུག	二节
打箭炉译语	འབྲུག	注
木坪译语	འབྲུག	溜

羊　　现代藏语　ལུག

地　区	译　语	汉文标音
嘉绒译语	ཀུ་སྦོ།	各搜
松潘译语	ལུག	路
象鼻高山译语	ལུག	有
白马译语	ལུང་རེད།	有勒
多续译语	ཡོག	哟
木里译语	ལུག	路
栗苏译语	ལུག	药
打箭炉译语	ལུང་།	娄
木坪译语	ལུག	漏

蛇　　现代藏语　སྦྲུལ།

地　区	译　语	汉文标音
嘉绒译语	ཁའུ་རེ།	可惹
松潘译语	སྦྲུལ།	茹
象鼻高山译语	སྦྲུལ།	立
白马译语	སྦྲུལ་རེད།	日勒
多续译语	འོ་འཕག	卧扒
木里译语	སྦྲུལ།	木虑
栗苏译语	སྦྲུལ།	白二
打箭炉译语	སྦྲུལ།	志
木坪译语	སྦྲུལ།	木耳

鱼　现代藏语 ཉ།

地　区	译　语	汉文标音
嘉绒译语	རྒྱུའུ་ཡུ་གོ།	卓有
松潘译语	ཉ།	良
象鼻高山译语	ཉ།	仰
白马译语	ཉ་རེད།	业勒
多续译语	གཡུའུ།	淤
木里译语	ཉྭ།	念
栗苏译语	ཧྭ།	鱼
打箭炉译语	ཉྭ།	连
木坪译语	ཉ།	仰

仙鹤　现代藏语 བྱ་ཚེ་རིང་།

地　区	译　语	汉文标音
嘉绒译语	ཚེས་རིང་།	切灵
松潘译语	བྱེ་ཚ་རིངས།	辖拆论
象鼻高山译语	ཐང་དཀར།	同哈
白马译语	ཁྲོང་ཁྲོང་རེད།	群诮
多续译语	འགོག་ལྷན།	俄湾
木里译语	ངང་པ།	昂巴
栗苏译语	ཚེ་རིང་།	仙鹤
打箭炉译语	ཚུ་སྲིག	去锐
木坪译语	ཚེ་རིང་བྱ།	七岭甲

飞　现代藏语　འཕུར།

地　区	译　语	汉文标音
嘉绒译语	ཀི་ཡོམ།	养
松潘译语	འཕུར།	仆
象鼻高山译语	འཕུར།	钹
白马译语	ཕུར་ཁྱིན་ཞིས།	木籍是
多续译语	བྱ་ལིན།	咱依
木里译语	འཕུར།	卜耳
栗苏译语	ཕུར།	接达
打箭炉译语	ཕུར།	蒲
木坪译语	ཕུར།	普耳

鹅　现代藏语　ངང་པ།

地　区	译　语	汉文标音
嘉绒译语	འགའ་ལྷོ།	鹅
松潘译语	ངང་པ།	昂凹
象鼻高山译语	ཡོས་རེ།	五
白马译语	རྒྱ་བ་རེད།	鹅哇
多续译语	འགོག་ལྷ།	俄哇
木里译语	འགག	阿
栗苏译语	དད་པ།	鹅
打箭炉译语	ངོ་བ།	瓦八
木坪译语	འགབ།	嗄

凤凰　现代藏语　རྒྱ་བྱ།

地　区	译　语	汉文标音
嘉绒译语	ཁྲུང་ཁྲུང་།	空空
松潘译语	ཁྲུང་ཁྲུང་།	穷穷
象鼻高山译语	སྤྲིན་ཕ་རེ།	凤凤里
白马译语	ཁུང་རེད།	屈勒
多续译语	གནམ་བྱ།	厢咱
木里译语	འཕྲུང་འཕྲུང་།	穷穷
栗苏译语	ཁྱུང་ཁྱུང་།	麻嗟
打箭炉译语	ཁྲུང་ཁྲུང་།	穷穷
木坪译语	རྣམ་བྱ།	难杂

犏牛　现代藏语　མཛོ།

地　区	译　语	汉文标音
嘉绒译语	མོ་ཤག	莫杀
松潘译语	མཛོལ།	作
象鼻高山译语	མཛོལ།	足
白马译语	འཛུལ་རེད།	足勒
多续译语	མཛོལ།	作
木里译语	མཛོ།	作
栗苏译语	མཛོ།	列碍
打箭炉译语	མཛོ།	足
木坪译语	མཛོ།	日若

孔雀　现代藏语　རྨ་བྱ།

地　区	译　语	汉文标音
嘉绒译语	སྨ་བྱ།	儿马巴
松潘译语	རྨ་བྱ།	骂夏
象鼻高山译语	རྨ་བྱ།	麻刹
白马译语	རྨྱ་རིད།	麻虾
多续译语	རྨ་བྱ།	妈咱
木里译语	རྨ་བྱ།	卯甲
栗苏译语	རྨ་བྱ།	孔雀
打箭炉译语	རྨ་བྱ།	麻甲
木坪译语	རྨ་བྱ།	莫杂

水牛　现代藏语　མ་ཧེ།

地　区	译　语	汉文标音
嘉绒译语	རྔོ་ཧལ།	入海
松潘译语	ཆུ་གླང་།	初浪
象鼻高山译语	མ་ཧེ།	麻易
白马译语	ཆུ་ཡ་རིད།	出夭
多续译语	ཕོ་གྱུག	乌纽
木里译语	མ་ཧྱེས།	麻亥
栗苏译语	ཆུ་གླང་།	扯碍
打箭炉译语	ཆུ་གླང་།	区浪
木坪译语	མ་ཧེ།	妈黑

马熊　现代藏语　དྲེད་མོང་།

地　区	译　语	汉文标音
嘉绒译语	རྟ་ཏུ་ཕྱོམ།	木扰斗王
松潘译语	རྟ་མོ།	折磨
象鼻高山译语	ད་དྲོད་མོ།	达干木
白马译语	ཏྲེ་དམོ་རེད།	独纳
多续译语	མོ་ཧག	摸哈
木里译语	ངོམ།	东
栗苏译语	དྲེད།	马熊
打箭炉译语	རྟ་རམ།	丹董
木坪译语	ངོམ་འགར།	东革

骟马　现代藏语　རྟ་ཕོ།

地　区	译　语	汉文标音
嘉绒译语	སྨོར་བཙོ་མ།	木扰各色满
松潘译语	རྟ་ཕོ།	破答
象鼻高山译语	རྟ་མགྱོག་པ་རེད།	达着不里
白马译语	ཞན་ཛ་རེད།	蛇达
多续译语	མོ་རྟག	摸大
木里译语	རྟ་ཕོ།	坡达
栗苏译语	ཕོ་ཆེན།	骟马
打箭炉译语	རྟ་ཕོ།	丹卜
木坪译语	ཕོ་རྟ།	朴达

土豹　现代藏语　གཟིག

地　区	译　语	汉文标音
嘉绒译语	མ་སྐྱེ་ཁྱུང་།	马什之空
松潘译语	དབྱི་དཀར།	西噶
象鼻高山译语	བྱ་ཞི།	甲日
白马译语	ཟླིས་རེད།	色里
多续译语	ཛོ་བསྙེ།	逐邪
木里译语	སྤང་བཟིང་།	傍日
栗苏译语	དབྱི་དཀར།	咄自
打箭炉译语	ཏུ་གཟིག	土豹
木坪译语	ཁམ་གཟིག	康热

马行　现代藏语　རྟ་འགྲོ།

地　区	译　语	汉文标音
嘉绒译语	སྟོ་ར་ཀཙ་གྲིས།	木扰各勿者
松潘译语	རྟ་འགྲོ།	嗒着
象鼻高山译语	རྟ་མགྱོག་སྒོ།	达角独
白马译语	ཛ་ཁྱན་སྲི།	达藉事
多续译语	མོ་ཡིད།	摸依
木里译语	རྟ་འགྲོ།	达乐
栗苏译语	རྟ་འགྲོ།	卜搭
打箭炉译语	རྟ་བརྒྱུག	丹欧耳觉
木坪译语	རྟ་ཐེས།	达贴

食　现代藏语　ཟས།

地　区	译　语	汉文标音
嘉绒译语	ཀ་ཟ།	阿则
松潘译语	ཟ།	撒
象鼻高山译语	འཚོ།	曲
白马译语	འཆར་ཡིས།	扎衣
多续译语	ཀྱི་ལུག	唧留
木里译语	ཟས།	热
栗苏译语	ཟིག	硬自
打箭炉译语	ཟའ་ཡིག	撒义
木坪译语	བཟའ།	啰

鸣　现代藏语　གྲགས།

地　区	译　语	汉文标音
嘉绒译语	ཀེ་མེ་རེས།	各莫惹
松潘译语	གྲག	咻
象鼻高山译语	ཀྱུག་ཧོ།	甲独
白马译语	ཕ་རང་ཁྱི།	八利血
多续译语	ཧུ།	呼
木里译语	གྲག	咂
栗苏译语	གྲག	德俄
打箭炉译语	གྲག	乍
木坪译语	གྲག་ཚ།	鲊恰

好马　现代藏语　རྟ་བཟང་།

地　区	译　语	汉文标音
嘉绒译语	སྟོར་རྔ།	木扰色乳
松潘译语	རྟ་བཟང་པོ།	答藏播
象鼻高山译语	རྟ་བཟང་པོ།	达若不
白马译语	རྟ་བཟང་བ་རེད།	达速五勒
多续译语	མི་བདེལ།	摸得
木里译语	རྟ་བཟང་།	达任
栗苏译语	རྟ་བཟང་པོ།	卜牙登
打箭炉译语	རྟ་བཟང་པོ།	丹宗卜
木坪译语	རྟ་བཟང་པོ།	答耳喙补

宿　现代藏语　གནས་ཚང་།

地　区	译　语	汉文标音
嘉绒译语	ཀི་ནི་ཁོ།	各勒可
松潘译语	ཞག	厦
象鼻高山译语	ཉིས།	立
白马译语	སྙན་ཡི་རེད།	业矣
多续译语	གཡའ་རྟག	压达
木里译语	ཞག	厦
栗苏译语	ཞག	客亦
打箭炉译语	ཤག	惹
木坪译语	འདུག	喙

宝　现代藏语 ནོར་བུ།

地区	译语	汉文标音
嘉绒译语	རིན་པོ་ཆེས།	任布赤
松潘译语	རིན་པོ་ཆེ།	林播辙
象鼻高山译语	པོ་རི།	宝里
白马译语	འཛོམས་པར།	宝贝
多续译语	རིན་པོ་ཆེ།	灵钵车
木里译语	ནོར།	诺尔布
栗苏译语	རིན་པོ་ཆེ།	宝
打箭炉译语	རིན་པོ་ཆེ།	戎卜欠
木坪译语	ནོར་བུ།	冷补

宝石　现代藏语 ནོར་རྡོ།

地区	译语	汉文标音
嘉绒译语	ཁྲུ་རིན་འེ།	九任布赤
松潘译语	རྡོ་རིན་པོ་ཆེ།	夺林播辙
象鼻高山译语	པོ་ཤེན་རེ།	宝石里
白马译语	རྡོ་འཛོད།	宝贝独勒
多续译语	རྡོ་རིན་པོ་ཆེ།	灵钵车路
木里译语	བཙ་ནད་བུ།	多那布
栗苏译语	རྡོ་རིན་པོ་ཆེ།	宝石
打箭炉译语	རྡོ་རིན་པོ་ཆེ།	得戎卜欠
木坪译语	རྡོའི་ནོར་བུ།	多洛耳补

赤马　现代藏语　རྟ་རག་པ།

地　区	译　语	汉文标音
嘉绒译语	རྨོ་རོ་ཀའི་སྨི།	木扰各母耳令
松潘译语	རྟ་ཁམ་པ།	答看播
象鼻高山译语	རྟ་དམར་པོ།	达麻卜
白马译语	རྟ་དམར་པོ་རེད།	达木女勒
多续译语	མོ་ནུ་ཧུ།	摸纽呼
木里译语	ཚོད་ཡུ།	钟厄
栗苏译语	རྟ་ཁམ་པོ།	赤马
打箭炉译语	རྟ་སྨུལ་པོ།	丹母不
木坪译语	རྟ་ཁམ་པ།	得康把

紫马　现代藏语　རྟ་མཐིང་དཀར།

地　区	译　语	汉文标音
嘉绒译语	རྨོ་རོ་ངང་སེར།	木扰奄搜
松潘译语	རྟ་སྨུག་པོ།	答木播
象鼻高山译语	རྟ་གག་སྨུག	达色六
白马译语	རྟ་དམར་པོ་རེད།	达木六勒
多续译语	མོ་ཕོ་ཁྱོག	摸铺脚
木里译语	མོ་རོ།	木洛
栗苏译语	རྟ་སྨུག་པོ།	紫马
打箭炉译语	རྟ་སྨུག་པོ།	丹木波
木坪译语	རྟ་སྨུག་པོ།	多木补

青沙　现代藏语　རྟ་སྔོ་ཁྲ།

地　区	译　语	汉文标音
嘉绒译语	རྨ་རོ་ཀི་བུ་བུ།	木扰各不不
松潘译语	གྲོ་སྔོན།	答着播
象鼻高山译语	རྟ་བྲེ་ལི།	达折六
白马译语	རྟ་ཞེ་ལེ་བུ།	达十二恶卜勒
多续译语	མོ་ཕོ་བསམ།	摸铺湘
木里译语	ལྕང་མོ།	夹木
栗苏译语	རྟ་གྲོ་སྔོན།	青沙
打箭炉译语	རྟ་ཁྲོལ་སྤྲོན།	丹赤翁
木坪译语	རྟ་གྲོ་སྔོན།	得中晕

花马　现代藏语　རྟ་ཁྲ།

地　区	译　语	汉文标音
嘉绒译语	རྨ་རོ་ཀི་ལོར།	木扰草多罗
松潘译语	རྟ་ཁྲ་བོ།	答插播
象鼻高山译语	རྟ་ཁྲུ་ལི།	洽六达
白马译语	རྟ་ཧྲུ་ལ་རེད།	哈达勒
多续译语	མོ་ཕན་ཧུ།	摸呷哺
木里译语	རྟ་ཁྲ།	达刹
栗苏译语	རྟ་ཁྲ་བོ།	卜耳乜朵下
打箭炉译语	རྟ་ཁྲ་ཁྲ།	丹岔岔
木坪译语	རྟ་ཁྲ།	达乂

黄马　现代藏语　རྟ་ངང་པ།

地　区	译　语	汉文标音
嘉绒译语	ཧྨོ་རོ་དང་པ།	木扰奄巴
松潘译语	རྟ་སེར་པོ།	答色播
象鼻高山译语	རྟ་སེར་རི།	达色日
白马译语	རྟ་སེར་པོ་རེད།	达色卜勒
多续译语	མོ་ཧེན་ཀྱོག	摸恒脚
木里译语	རྟ་སེར།	达色耳
栗苏译语	རྟ་སེར་པོ།	卜德属
打箭炉译语	རྟ་སེར་པོ།	丹细波
木坪译语	རྟ་སེར་པོ།	多撒耳补

青马　现代藏语　རྟ་སྔོན་པོ།

地　区	译　语	汉文标音
嘉绒译语	ཧྨོ་རོ་ཀི་ཕོ།	木扰各不
松潘译语	རྟ་སྔོན་པོ།	答万播
象鼻高山译语	རྟ་སྔོན་པོ།	达思保
白马译语	རྟ་སྔུན་པོ་རེད།	达额布勒
多续译语	མོ་ཀེ་ཀྱེ།	摸隔节
木里译语	རྟ་ནག	达那
栗苏译语	རྟ་སྔོན་པོ།	青马
打箭炉译语	རྟ་སྔོན་པོ།	丹格波
木坪译语	རྟ་སྔོན་པོ།	多安补

黑马 现代藏语 རྟ་ནག་པོ། རྟ་འོ་ལ།

地 区	译 语	汉文标音
嘉绒译语	སྙོ་རོ་གིནརའི།	木扰各南利
松潘译语	རྟ་ནག་པོ།	答纳播
象鼻高山译语	རྟ་ནག	达勒屋
白马译语	རྟ་ནག་པོ་རེད།	达油勒
多续译语	མོ་ནོ་ཀྱུག	摸糯脚
木里译语	སྔོན་པོ།	达昏波
栗苏译语	རྟ་ནག་པོ།	卜德期
打箭炉译语	རྟ་ནག་པོ།	丹那波
木坪译语	རྟ་ནག་པོ།	多纳耳补

白马 现代藏语 རྟ་དཀར་པོ།

地 区	译 语	汉文标音
嘉绒译语	སྙོ་རོ་ཀ་སྦྲམ།	木扰各白
松潘译语	རྟ་དཀར་པོ།	答噶播
象鼻高山译语	རྟ་དཀར་རི།	达格日
白马译语	རྟ་ཀོ་ཏུ་རེད།	达哈波勒
多续译语	སྨོ་ཕན་ཀྱུག	摸湾脚
木里译语	རྟ་དཀར།	达噶耳
栗苏译语	རྟ་དཀར་པོ།	卜德六
打箭炉译语	རྟ་དཀར་པོ།	丹欧波
木坪译语	རྟ་དཀར་པོ།	多葛补

金　现代藏语　གསེར།

地　区	译　语	汉文标音
嘉绒译语	དར་ནེ།	达儿领
松潘译语	གསེར།	色
象鼻高山译语	གསེར་ནག	色那
白马译语	གསེད་རེད།	色
多续译语	ཉེན།	你
木里译语	གསེར།	谢儿
栗苏译语	གསེར།	拟
打箭炉译语	གསེར།	谢儿
木坪译语	གསེར།	色耳

玉　现代藏语　གཡང་ཏི།

地　区	译　语	汉文标音
嘉绒译语	ཀི་ལོ་སྦྲོམ།	各老邦
松潘译语	ཤེལ།	舍耳
象鼻高山译语	གཡུལ།	玉
白马译语	མཛེར་ཞེ།	惹石
多续译语	ནོར་བུ།	那补
木里译语	ཤེས།	舍耳
栗苏译语	ཤེལ།	玉
打箭炉译语	གཡུ།	玉
木坪译语	གཡུལ།	浴

银　现代藏语　དངུལ།

地　区	译　语	汉文标音
嘉绒译语	པ་ཇེ་ང་།	邦埃
松潘译语	དངུལ།	欧
象鼻高山译语	དངུལ།	宜额
白马译语	ཉུལ་རེད།	你
多续译语	ཝོ།	物
木里译语	དངུལ།	硬
栗苏译语	དངུལ།	厄
打箭炉译语	དངུལ།	温
木坪译语	དངུལ།	厄耳

碧玉　现代藏语　གཡང་ཏི་ལྗང་གུ།

地　区	译　语	汉文标音
嘉绒译语	ཙུ་ཨུ་རེ་ཕེ།	走五惹佩
松潘译语	ཞེལ་སྔོན་པོ།	舍万播
象鼻高山译语	པེ་གཡུར།	碧玉
白马译语	ཟེར་ཤི་རེད།	惹石勒
多续译语	སོད་ཞེས།	梭沙
木里译语	ཞེད་པོ།	舍左
栗苏译语	ཞེལ་སྔོན་པོ།	碧玉
打箭炉译语	ཞེལ་སྔོན་པོ།	希区卜
木坪译语	གཡུར་སྔོན།	浴安补

珊瑚　现代藏语　བྱུ་རུ།

地　区	译　语	汉文标音
嘉绒译语	བྱི་རུ།	别佑
松潘译语	བྱི་རི།	席卢
象鼻高山译语	ཤང་རུ།	珊瑚
白马译语	ཞག་བུར།	珊瑚
多续译语	བྱི་རུ།	爵耳
木里译语	བྱི་རུ།	菊六
栗苏译语	བྱི་རུ།	爵落
打箭炉译语	བྱི་རུ།	车儿
木坪译语	བྱི་རུས།	子吕

珍珠　现代藏语　མུ་ཏིག

地　区	译　语	汉文标音
嘉绒译语	བཙུ་ཙུ།	珠珠
松潘译语	མུ་ཏིགས།	木的
象鼻高山译语	བྱི་ཝུ།	习六
白马译语	ཟེར་རེད།	四里
多续译语	མུ་ཏིག	木的
木里译语	མུ་ཏིག	木的
栗苏译语	མུ་ཏི།	末巳
打箭炉译语	མུ་ཏིག	母的
木坪译语	མུ་ཏིག	莫的

琥珀　现代藏语　སྤོས་ཤེལ།

地　区	译　语	汉文标音
嘉绒译语	མི་ཏི།	莫底
松潘译语	སྤོས་མར།	补麦
象鼻高山译语	སྤོས་ཤལ་རིད།	布舍里
白马译语	མཚོང་རིད།	出里
多续译语	ཞུབ།	如
木里译语	སྤོས་ཤེལ།	不奢
栗苏译语	སྤུར་ལེན།	卜石
打箭炉译语	སྤོས་ཤེལ།	必闭
木坪译语	སྤོ་ཤེལ།	白揖

玛瑙　现代藏语　མ་ན་ཧོ།

地　区	译　语	汉文标音
嘉绒译语	སྤོ་ཤེལ།	色波射
松潘译语	གཟིབ།	席
象鼻高山译语	རྫང་ངེན།	害哀
白马译语	ཧེ་རིད།	写里
多续译语	སྨུ་མིན།	摸灭
木里译语	གཟི།	席
栗苏译语	གཟི།	玛瑙
打箭炉译语	གཟི།	祭
木坪译语	ཨེ(རྒྱ)་ནི་ལ།	恩沓里纳

钱　现代藏语　དངུལ།

地　区	译　语	汉文标音
嘉绒译语	ཇེན།	见
松潘译语	ངུང་རྩེ།	东则
象鼻高山译语	ངུང་ཙོ།	独则
白马译语	ངུང་རྩེ་རེད།	独子
多续译语	སྤྲ་བྲེད།	巴炙
木里译语	ཏེ་ག	章噶
栗苏译语	གསེར།	钱
打箭炉译语	དོམ་རྩེ།	冬初
木坪译语	རག་རྩག	拏杂

火晶　现代藏语　མེ་ཤེལ།

地　区	译　语	汉文标音
嘉绒译语	མི་ཤེལ།	灭写
松潘译语	མེ་ཤེལ།	密舍耳
象鼻高山译语	ཚོ་ཅིང་རེ།	火晶里
白马译语	ཐར་ཅུང་པེ་རེད།	桃午业碧
多续译语	མེ་ཤེལ།	迷砂
木里译语	མི་ཤེས།	密舍
栗苏译语	ཤེལ།	火晶
打箭炉译语	མེ་ཤེལ།	迷歇
木坪译语	མེ་ཤེལ།	灭舍

象牙　现代藏语　བ་སོ།

地　区	译　语	汉文标音
嘉绒译语	གླང་པོ་ཆེ་སོ།	郎称松
松潘译语	བ་སོའ།	拔梭
象鼻高山译语	ཀྱང་པོ་ཆེ།	六不及
白马译语	གླང་ཆེན་སྱོ།	象速勒
多续译语	གླང་པོ་ཆེ་སེ་མ།	鲁波尺谢马
木里译语	བ་སོ།	拔索
栗苏译语	དངུལ།	弄不车胡麻
打箭炉译语	གླང་ཆེན་བ་བེ།	浪欠启瓦
木坪译语	གླང་ཆེན་བསོ།	浪扯梭

水银　现代藏语　དངུལ་ཆུ།

地　区	译　语	汉文标音
嘉绒译语	དངུལ་ཆུ།	恩耻
松潘译语	དངུལ་ཆུ།	欧曲
象鼻高山译语	ཤ་ཡིན་རི།	水银里
白马译语	ཏུལ་ཆུ་རེད།	杂呢
多续译语	ཕྱོ་ཆུ།	物杵
木里译语	དངུལ་ཆུ།	硬出
栗苏译语	ཤེལ་སྟོན་པོ།	水银
打箭炉译语	ཀྱ་ཡ་དངུལ་ཆུ།	驾卡欧区
木坪译语	དངུལ་ཆུ།	硬屈

铁　现代藏语　ལྕགས།

地　区	译　语	汉文标音
嘉绒译语	ཤོམ།	赏
松潘译语	ལྕགས།	乍
象鼻高山译语	ལྕགས།	押
白马译语	ལྕག་རེད།	扎
多续译语	ཤག	沙
木里译语	ལྕང་།	喳
栗苏译语	ལྕགས།	舌
打箭炉译语	ལྕགས།	加
木坪译语	ལྕགས།	扎

铜　现代藏语　ཟངས།

地　区	译　语	汉文标音
嘉绒译语	ར་ཀོ།།	铙告
松潘译语	མཁར་བ།	渴儿瓦
象鼻高山译语	ཟང་མ།	色
白马译语	དཔེར་ཕྱུང་རེད།	白铜
多续译语	ཉོག	虐
木里译语	རག	纳
栗苏译语	ཁར་བ།	铜
打箭炉译语	ཁར་བ།	克瓦
木坪译语	རག	拏

水晶　现代藏语　ཆུ་ཤེལ།

地　区	译　语	汉文标音
嘉绒译语	ཆུ་ཤེལ།	赤身
松潘译语	ཆུ་ཤེལ།	初舍耳
象鼻高山译语	ཤེ་རྫོ་རི།	舍独里
白马译语	བཞིན་ཏག་ཆུ་འཁྱུང་རེད།	日打虫洽
多续译语	ཆུ་ཤེལ།	杵赊
木里译语	ཆུ་ཤེས།	出奢
栗苏译语	ཆུ་ཤེལ།	水晶
打箭炉译语	ཆོུ་ཤེལ།	区歇
木坪译语	ཆུ་ཤེལ།	出舍

锡　现代藏语　གཤའ་དཀར།

地　区	译　语	汉文标音
嘉绒译语	ཞུ་ཀར།	如阿
松潘译语	ཞ་ཉེ།	押念
象鼻高山译语	ཞ་ཉེའ།	杀立
白马译语	ཞ་ཉེ་རེད།	杀呢
多续译语	སྙི།	锡
木里译语	ཞ་ཉེས།	然宜
栗苏译语	ཞ་ནེ།	锡纳
打箭炉译语	ཕ་ཉེ།	惹令
木坪译语	ཞ་ཉེས།	热逆

木香　现代藏语　རུ་རྟ།

地　区	译　语	汉文标音
嘉绒译语	ཁབ།	克
松潘译语	རུ་རྟ།	路答
象鼻高山译语	གུ་ཤན་རི།	木香里
白马译语	སུ་བྱུ་རིད།	木香
多续译语	དུལ་ཏ།	汝达
木里译语	སུ་ཤམ།	木香
栗苏译语	དུས་རྟ།	木香
打箭炉译语	ཙན་དཀར་པོ།	尖甸呷卜
木坪译语	སྨོ་ཤང་།	母山

官桂　现代藏语　ཤིང་ཚ།

地　区	译　语	汉文标音
嘉绒译语	ཤི་ཙ།	身则
松潘译语	ཤི་ཚ།	盛擦
象鼻高山译语	བཀོན་ཀེ་རི།	官桂里
白马译语	གོག་གོས།	官桂
多续译语	ཤིད་ཀུན།	圣古
木里译语	བཀན་ཀུ།	官桂
栗苏译语	ཤིང་ཆ།	官桂
打箭炉译语	ཤིང་ཚྭ།	盛藏
木坪译语	ཤིང་ཆ།	盛恰

片脑 现代藏语 ག་བུར།

地　区	译　语	汉文标音
嘉绒译语	ཤེ་ཀ་བུ།	身什阿不
松潘译语	ཤེལ་འབུར།	盛播
象鼻高山译语	ཕྱིན་ལོ་རེ།	片脑里
白马译语	ཕན་ལོ་རེད།	片脑
多续译语	དཀན་ཕོ།	肝普
木里译语	ག་བུར།	葛卜
栗苏译语	ཤེལ་ག་བུར།	片脑
打箭炉译语	ཤོལ་ཀར་ཕོ།	盛呷
木坪译语	ཤེལ་ག་བུར།	揖耳补

丁香 现代藏语 ལི་ཤི།

地　区	译　语	汉文标音
嘉绒译语	མི་ཤིང་།	立使
松潘译语	ལི་ཤི།	梨世
象鼻高山译语	དུན་ཤིན་རེ།	丁香里
白马译语	ཏིང་ཞྱུ་རེད།	丁香
多续译语	ལི་ཤིས།	林世
木里译语	ལི་ཤི།	立舍
栗苏译语	ལི་ཤི།	丁香
打箭炉译语	ལི་ཤིང་།	利希
木坪译语	ལི་ཤིང་།	里赦

人参　现代藏语　དཀར་པོ་ཆིག་ཐུབ།

地　区	译　语	汉文标音
嘉绒译语	བཞིང་སིན།	人参
松潘译语	ཤིང་སྲུག	神述
象鼻高山译语	ཞུན་རྩེ་རི།	人参里
白马译语	ཞིས་ཟེལ།	人参
多续译语	སེན་ཁག	仙卡
木里译语	ཞིང་སིང་།	人参
栗苏译语	སྤྲོ་ལོ།	人参
打箭炉译语	སྤྱོ་ལོ།	布喽
木坪译语	སྤོ་ལོ།	咄鲁

沉香　现代藏语　ཨ་གར།

地　区	译　语	汉文标音
嘉绒译语	མཙན་ཀེ་པར་པོར།	赞旦色耳布
松潘译语	ཨ་ཀ་རུ་ནག་པོ།	阿噶卢纳播
象鼻高山译语	ཆིན་ཤིང་རེ།	沉香里
白马译语	སྤོས་རེད།	白利业哇勒
多续译语	བཙན་འདན་སེར་པོ།	赞丹新波
木里译语	ཨ་ཀ་རུ།	呵葛奴
栗苏译语	ཨ་ཀ་ཏུ་ནག་པོ།	沉香
打箭炉译语	ཨ་ཀྱ་རུ།	阿呷若
木坪译语	ཨ་ཀ་ཏུས་ནག་པོ།	阿葛里纳补

甘草　现代藏语　ཤིང་མངར།

地　区	译　语	汉文标音
嘉绒译语	ཤིང་ངར།	石庵
松潘译语	ཤིང་ལ་ར།	盛阿
象鼻高山译语	ཤིང་མངན་རེ།	舍哈里
白马译语	གག་ཚབ།	甘草
多续译语	ཀན་ཚོག	甘草
木里译语	ཤིང་མངར།	盛艾
栗苏译语	ཤིང་མངར།	甘草
打箭炉译语	ཤིང་དངར།	盛阿
木坪译语	ཤིང་མངར།	审厄耳

速香　现代藏语　ཏུ་རུ་ཀ།

地　区	译　语	汉文标音
嘉绒译语	ལ་སྒྲུ།	葛色甲思
松潘译语	ཨར་སྐྲུ།	阿加
象鼻高山译语	སྤོས་དམར།	不骂
白马译语	ཟེར་བྱ་རེད།	速香
多续译语	སྤོས་དཀར།	跛甘
木里译语	བསུ་ཤམ།	速香
栗苏译语	ཨ་སྐྲུ།	速香
打箭炉译语	ཨ་སྐྲུ།	阿兼
木坪译语	སྤང་སྤོས།	邦白

白芨　现代藏语　སྨན་རམ།

地　区	译　语	汉文标音
嘉绒译语	ཟུན་པ།	又罢
松潘译语	ཟུག་པ།	素罢
象鼻高山译语	སེད་ཚེ་རེད།	白里
白马译语	སྤྱིར་ཀྱིས།	白芨
多续译语	སོ་ལྨ།	素罢
木里译语	ཐུག་པ།	素罢
栗苏译语	ཟུག་པ།	白芨
打箭炉译语	ཟུག་པ།	祖巴
木坪译语	ཤུག་པ།	率巴

菖蒲　现代藏语　ཤུ་དག

地　区	译　语	汉文标音
嘉绒译语	ཚུ་ཧྲ།	初旦
松潘译语	ཚུ་དག	初答
象鼻高山译语	ཚང་འཛོམས།	菖蒲里
白马译语	ཆར་ཕུར།	菖蒲
多续译语	ཚུ་དག	杵达
木里译语	ཚང་ཕུག	菖蒲
栗苏译语	ཚུ་དག	菖蒲
打箭炉译语	ཚུ་དག	区塔
木坪译语	ཚུ་དག	出答

草果　现代藏语　ཀ་ཀོ་ལ།

地　区	译　语	汉文标音
嘉绒译语	ཚའུ་ཀོ།	草果
松潘译语	ཀ་ཀོ་ལ།	噶郭纳
象鼻高山译语	ཚོ་བཀོས་རེད།	草果里
白马译语	ཚབ་ཀོང་།	草果
多续译语	ཚོག་ཀོ།	草果
木里译语	ཚབ་རྐོ།	草果
栗苏译语	ཀ་ཀ་ལ།	草甘
打箭炉译语	ཀ་ཀོ་ལ།	呷谷那
木坪译语	ཀ་ཀོ་ལ།	加谷拏

当归　现代藏语　ཏང་ཀུན།

地　区	译　语	汉文标音
嘉绒译语	དང་ཁྲེའི།	当归
松潘译语	དང་གུས།	当谷
象鼻高山译语	དང་གེས་རེད།	当归里
白马译语	སྨ་མགོན་རེག	当归
多续译语	ཏང་ཀུ།	丹公
木里译语	ཏེ་ཀུལ།	当归
栗苏译语	དང་གུ།	当归
打箭炉译语	ར་བ།	当归
木坪译语	དང་ཀུང་།	当工

豆蔻 现代藏语 སུག་སྨེལ།

地 区	译 语	汉文标音
嘉绒译语	འཛེ་ཏི།	则自
松潘译语	འཛེའ་ཏི།	杂的
象鼻高山译语	ཏུ་ཁུ་རེ།	豆蔻里
白马译语	ཏུར་ཁུག་རེད།	豆蔻
多续译语	འཛེ་ཏི།	杂的
木里译语	ཛེ་ཏི།	杂的
栗苏译语	འཛའ་ཏི།	杂儿
打箭炉译语	ཛེ་ཏྲི།	咱的
木坪译语	ཛེ་ཏི།	扎底

樟脑 现代藏语 ག་བུར།

地 区	译 语	汉文标音
嘉绒译语	ཀ་ཕུང་།	儿阿布
松潘译语	ག་བུར།	噶播
象鼻高山译语	ཅག་ཡོ་རི།	樟脑里
白马译语	ཙོར་ལི།	樟脑
多续译语	ཀན་ཏུགས།	肝都
木里译语	ཀྩི་ལབ།	樟脑
栗苏译语	ག་བུར།	樟脑
打箭炉译语	ག་ཕུར།	呷卜
木坪译语	ག་བུར།	假补耳

杏仁 现代藏语 ཁམ་ཚིག་གི་ནང་སྙིང་།

地 区	译 语	汉文标音
嘉绒译语	པ་ཡབ་ཤི།	撒牙什领
松潘译语	ཁམས་ཡག	看压
象鼻高山译语	ཞོན་མོ།	杏米
白马译语	བྱིན་བཞིན།	杏仁
多续译语	ཟེ་ཡག་རུ།	邪呷汝
木里译语	ཁ་གཡལ།	看压
栗苏译语	ཁམ་གཡག	杏仁
打箭炉译语	ཁོ་ཚྭ་པ།	卡擦
木坪译语	ཁམ་ཚིག	坎押

蓿砂 现代藏语 སྨྱ་ཚེར།

地 区	译 语	汉文标音
嘉绒译语	སུ་ཟི་སྨྱེར།	不思莫立
松潘译语	སུག་སྨིན།	素密
象鼻高山译语	ས་ཤོ་རེ།	蓿砂里
白马译语	ཟོ་ཞུག་རེག	蓿砂
多续译语	ཕ་མི་མོ་ཅི།	朱门母雪
木里译语	བསུ་ཤག	蓿砂
栗苏译语	སུག་སྨིལ།	蓿砂
打箭炉译语	སུ་སྨན།	西面
木坪译语	སུག་སྨིལ།	索灭

硃砂　现代藏语　མཚལ།

地　区	译　语	汉文标音
嘉绒译语	ལི་ཁྲི།	勒克
松潘译语	མཚལ་རྐོད།	擦郭
象鼻高山译语	མཚོན་རྐོད་རེད།	格错
白马译语	བཙུ་ཞག	药砂
多续译语	ད་ཙུ།	打竹
木里译语	མཚལ་རྐོ།	擦郭
栗苏译语	མཚལ་རྐོད།	硃砂
打箭炉译语	ཏ་ཚུ།	得区
木坪译语	ང་བཙུ།	得佳

巴豆　现代藏语　དན་རོག

地　区	译　语	汉文标音
嘉绒译语	པའ་ཏུ།	巴豆
松潘译语	ཏན་ཏ།	丹谷
象鼻高山译语	པ་ཏུ་པ་རེད།	巴豆里
白马译语	པག་ཏུང་།	巴豆
多续译语	ཤག་ཙི།	沙资
木里译语	སྤག་ཏུག	巴豆
栗苏译语	དན་ཏ།	巴豆
打箭炉译语	ཏན་ཏ།	得当
木坪译语	སྤ་གཏའོ།	巴豆

药材 现代藏语 སྨན་རྒྱུ།

地区	译语	汉文标音
嘉绒译语	སྨན་བརྡུས།	色奔日头
松潘译语	སྨན།	慢
象鼻高山译语	སྨན་རིག་རེ།	墨立里
白马译语	ཡོ་ཚོས།	药材
多续译语	སེན་དུས།	仙毒
木里译语	སྨན་སྨ།	免拿
栗苏译语	སྨན།	药材
打箭炉译语	སྨན།	面
木坪译语	སྨན་རིས།	灭里

姜黄 现代藏语 ལྒ་སེར།

地区	译语	汉文标音
嘉绒译语	སྒ་པོར།	日葛撒
松潘译语	ཡུང་བ།	容瓦
象鼻高山译语	ཙང་ཐལ་པ།	姜黄里
白马译语	ཀྱུག་འར།	姜黄
多续译语	ཚུ་ཁག	曲卡
木里译语	སྒ་བསེར།	厄色耳
栗苏译语	ཡུང་བ།	姜黄
打箭炉译语	ཡུག་བ།	右瓦
木坪译语	སྒ་སེར།	尼谢

陈皮　现代藏语　སེ་ཡོབ།

地　区	译　语	汉文标音
嘉绒译语	པ་ཡབ་ཇི།	撒腰之
松潘译语	སེ་གཡོབ།	谢经
象鼻高山译语	ཆུ་འཕོས་རེ།	陈皮里
白马译语	ཆད་ཕུད།	陈皮
多续译语	སེ་ཀྱུག	斜交
木里译语	ཆིང་ཕི།	陈皮
栗苏译语	སེ་གཡོབ།	杆子折必
打箭炉译语	སེས་ཡོབ།	七郁
木坪译语	བསེ་གཡོག	谢约

槟榔　现代藏语　གོ་ཡུ།

地　区	译　语	汉文标音
嘉绒译语	སྤིང་ལ།	槟榔
松潘译语	ཁམ་ཀོ་ལ།	渴郭纳
象鼻高山译语	པིང་ལ་རེད།	槟榔里
白马译语	པི་ལག	槟榔
多续译语	སྤིན་ལམ།	兵榔
木里译语	སྤིང་ལམ།	槟榔
栗苏译语	ཁམ་གོ་ལ།	槟榔
打箭炉译语	ཉོ་གོ་བ།	亢谷那
木坪译语	སྤིན་ལི།	别良

阿魏　现代藏语　ཤིང་ཀུན།

地　区	译　语	汉文标音
嘉绒译语	ཤིང་ཀུན།	身股
松潘译语	ཤིང་ཀུན།	盛棍
象鼻高山译语	འཐོ་བེ་རེད།	阿魏里
白马译语	འོ་འོད་རེག	阿魏
多续译语	ཀྲི་ཏན།	支达
木里译语	ཤིང་ཀུན།	盛棍
栗苏译语	ཤིང་ཀུན།	升桂
打箭炉译语	ཤིང་ཀུན།	舍贵
木坪译语	ཤིང་ཀུན།	升官

川芎　现代藏语　སྤོ་སྤྲིན་དམན་པ།

地　区	译　语	汉文标音
嘉绒译语	ཚུན་ཤུང་།	川芎
松潘译语	ཏྲ་བ།	扎瓦
象鼻高山译语	ཁྲུན་སྲུང་རེ།	川芎里
白马译语	ཚག་སྲུད།	川芎
多续译语	ཚོན་ཤུད།	川芎
木里译语	ཚུན་ཤོམ།	川芎
栗苏译语	ར་བ།	川芎
打箭炉译语	ཧྲ་བ།	川瓦
木坪译语	ཚོན་ཤུང་།	川芎

甘松 现代藏语 སྤང་སྤོས།

地　区	译　语	汉文标音
嘉绒译语	སྤང་སྤོད།	色邦色波思
松潘译语	སྤང་སྤོས།	邦播
象鼻高山译语	སྤོ་ཚོས།	不布
白马译语	གག་ཟེར་རེད།	甘松
多续译语	ས་ཀྱི་བུམ་པ།	撒济哺巴
木里译语	ཤུག་པ་ཀི	书巴冈波
栗苏译语	སྤང་སྤོས།	甘松
打箭炉译语	སྤང་སྤོ།	补卜
木坪译语	ཀན་གསུང་།	甘松

牛黄 现代藏语 གྷི་ཝང་།

地　区	译　语	汉文标音
嘉绒译语	དབང་པོ་ཏུ་ལུ།	望波又娄
松潘译语	གྷི་ཝང་།	额望
象鼻高山译语	ལུས་ཞན་རེད།	牛黄
白马译语	ཅུར་བུག	牛黄
多续译语	འགྲིང་དབང་།	只项
木里译语	གྷི་ཧང་།	吉望
栗苏译语	གྷི་དབང་།	牛黄
打箭炉译语	གྷི་དབང་།	格力
木坪译语	འགི་ཝང་།	厄往

桂皮　现代藏语　ཤིང་ཚ།

地　区	译　语	汉文标音
嘉绒译语	ཤེས་ཏྲི།	射弟
松潘译语	ག་ཚ།	郭擦
象鼻高山译语	བཀོས་འཕོ་རེད།	桂皮里
白马译语	གོན་ཕུད	桂皮
多续译语	སེཀྐོཔླ།	谢谷巴
木里译语	ཀུ་ཕི།	桂皮
栗苏译语	གོ	桂皮
打箭炉译语	གོ་ཚྭ།	桂仓
木坪译语	ཀོ་ཚ།	果擦

白檀　现代藏语　ཙན་དན་དཀར་པོ།

地　区	译　语	汉文标音
嘉绒译语	ཙ་ཧྲ་དཀོར།	三旦阿耳布
松潘译语	ཙན་དན་དཀར་པོ།	赞丹噶儿播
象鼻高山译语	པི་ཐང་རི།	白檀
白马译语	པོན་ཐར།	白檀
多续译语	བཙན་འདན་དཀར་པོ།	赞丹呷补
木里译语	རྩན་དཀར་པོ།	赞丹葛儿补
栗苏译语	ཙན་དན་དཀར་པོ།	赞达得陆
打箭炉译语	རྩན་དཀར་པོ།	尖甸呷卜
木坪译语	ང་ཀ་ཏུས་དཀར་པོ།	阿葛耳葛补

黄丹　现代藏语　ལི་ཁྲི།

地　区	译　语	汉文标音
嘉绒译语	དམར་སྐྱུ།	马色甲
松潘译语	ལི་ཁྲི།	勒耻
象鼻高山译语	ཞ་འཇོང་རེད།	黄丹
白马译语	ཞུག་དག	黄丹
多续译语	ལིཁྲི།	粒痴
木里译语	ལི་ཁྲི།	立勅
栗苏译语	ལི་ཁྲི།	黄丹
打箭炉译语	ལི་ཁྲི།	利赤
木坪译语	ལི་ཁྲི།	劣尺

紫檀　现代藏语　ཙན་དན་དམར་པོ།

地　区	译　语	汉文标音
嘉绒译语	ཙ་ཧྲ་དམོར།	赞旦马耳布
松潘译语	ཙན་དན་དམར་པོ།	赞丹骂儿播
象鼻高山译语	ཙི་ཐང་རི །	紫檀
白马译语	ཙཱི་ཐར།	紫檀
多续译语	བཙན་འདན་དམར་པོ།	赞丹妈补
木里译语	ཙཱན་དམར་པོ།	赞丹墨儿补
栗苏译语	ཙན་དན་དམར་པོ།	紫檀
打箭炉译语	ཙཱན་དམར་པོ།	尖甸马儿
木坪译语	ཙན་ལྷན་མར་པོ།	赞丹妈补

一 现代藏语 གཅིག

地 区	译 语	汉文标音
嘉绒译语	ཀེ་ཏེ།	各皆
松潘译语	གཅིག	一
象鼻高山译语	གཅིག	子
白马译语	གཅིག	止
多续译语	无	无
木里译语	གཅིག	吉
栗苏译语	གཅིག	得
打箭炉译语	གཅིག	已
木坪译语	གཅིག	己

二 现代藏语 གཉིས།

地 区	译 语	汉文标音
嘉绒译语	ཀེ་ནེ།	各泠思
松潘译语	གཉིས།	刺
象鼻高山译语	གཉིས།	力
白马译语	གཉིས་རེད།	呢
多续译语	无	无
木里译语	གཉིས།	逆
栗苏译语	གཉིས།	勒
打箭炉译语	གཉིས།	立
木坪译语	གཉིས།	你

九　现代藏语　དགུ།

地　区	译　语	汉文标音
嘉绒译语	ཀི་མཀུ།	股固
松潘译语	དགུ།	谷
象鼻高山译语	དགུ།	谷
白马译语	དགུ་རེད།	谷
多续译语	ཧད།	咳
木里译语	དགུ།	固
栗苏译语	དགུ།	俄
打箭炉译语	དགུ།	谷
木坪译语	དགུ།	谷

七　现代藏语　བདུན།

地　区	译　语	汉文标音
嘉绒译语	ཀི་སྡི།	各付令思
松潘译语	བདུན།	顿
象鼻高山译语	བདུན།	的
白马译语	བདུན་རེད།	的
多续译语	ཉེན།	念
木里译语	བདུན།	顿
栗苏译语	བདུན།	星
打箭炉译语	བདུན།	甸
木坪译语	བདུན།	屯

十 现代藏语 བཅུ།

地 区	译 语	汉文标音
嘉绒译语	ཤེ།	十旨
松潘译语	བཅུ།	足
象鼻高山译语	བཅུ་ཐམས་པ།	脚堂巴
白马译语	ཐྲ་རེད།	掌八
多续译语	ཚི།	齐
木里译语	བཅུ།	菊
栗苏译语	བཅུ།	择且
打箭炉译语	བཅུ།	居
木坪译语	བཅུ།	诸

八 现代藏语 བརྒྱད།

地 区	译 语	汉文标音
嘉绒译语	ཝུ་ཡ།	窝耳牙
松潘译语	བརྒྱད།	吉
象鼻高山译语	བརྒྱད།	及
白马译语	བརྒྱད།	节
多续译语	ཤེད།	歇
木里译语	བརྒྱད།	结
栗苏译语	བརྒྱད།	积
打箭炉译语	བརྒྱད།	揭
木坪译语	བརྒྱད།	业

五　现代藏语　ལྔ།

地　区	译　语	汉文标音
嘉绒译语	ཀེ་ངོ།	勾某
松潘译语	ལྔ།	阿
象鼻高山译语	ལྔ།	狎
白马译语	ལྔ།	哈
多续译语	འཕོག	我
木里译语	ལྔ།	呵
栗苏译语	ལྔ།	厄
打箭炉译语	ལྔ།	阿
木坪译语	ལྔ།	俄

三　现代藏语　གསུམ།

地　区	译　语	汉文标音
嘉绒译语	ཀེ་བསམ།	各桑
松潘译语	གསུམ།	送
象鼻高山译语	གསུམ།	宿
白马译语	གསུམ།	所
多续译语	གསུམ།	梭
木里译语	གསུམ།	桑
栗苏译语	གསུམ།	梦
打箭炉译语	གསུམ།	唆
木坪译语	གསུམ།	生

六　现代藏语　དྲུག

地区	译语	汉文标音
嘉绒译语	ཀི་གྲོ།	各竹
松潘译语	དྲུག	住
象鼻高山译语	དྲུག	竹
白马译语	དྲུག	州
多续译语	ཁུང་།	空
木里译语	དྲུག	竹
栗苏译语	དྲུག	出
打箭炉译语	དྲུག	朱
木坪译语	དྲུག	竹

四　现代藏语　བཞི།

地区	译语	汉文标音
嘉绒译语	ཀི་ཞི་ལི།	勾弟
松潘译语	བཞི།	日
象鼻高山译语	བཞི།	日
白马译语	བཞི།	日
多续译语	ཞོ།	吾
木里译语	བཞི།	日
栗苏译语	བཞི།	惹
打箭炉译语	བཞི།	入
木坪译语	བཞི།	日

一两　现代藏语　སྲང་གང་།

地　区	译　语	汉文标音
嘉绒译语	ད་སྲང་།	打色让
松潘译语	སྲང་གང་།	双扛
象鼻高山译语	ཙ་ཕ།	足物
白马译语	ཞང་ཅིག	韶日勒
多续译语	ཅིག་ཡོག	计诺
木里译语	སྲང་གང་།	松扛
栗苏译语	སྲང་གང་།	多那
打箭炉译语	སྲང་གང་།	尚扛
木坪译语	སྲང་གང་།	双广

少　现代藏语　ཉུང་།

地　区	译　语	汉文标音
嘉绒译语	ཀི་མུ་རོ།	各莫立
松潘译语	ཉུང་།	农
象鼻高山译语	ཉུང་།	流流
白马译语	ཉེས་འ་རེད།	压十
多续译语	ཧུང་།	吽
木里译语	ཉུང་།	浓
栗苏译语	ཉུང་།	嘛接
打箭炉译语	ཉུང་།	浓
木坪译语	ཉུང་།	涌

一件　现代藏语　གཅིག

地　区	译　语	汉文标音
嘉绒译语	ཏ་ཐུང་།	打通
松潘译语	སྣ་གཅིག	纳治
象鼻高山译语	སྣ་གཅིག	纳
白马译语	འ་རེད།	止勒
多续译语	ཅིག་འཚམ།	计藏
木里译语	སྣ་ར་གཅིག	阿拉吉
栗苏译语	སྣ་ཅིག	得夹
打箭炉译语	སྣ་གཅིག	贯已
木坪译语	སྣ་གཅིག	纳儿

一斤　现代藏语　རྒྱ་མ་གང་།

地　区	译　语	汉文标音
嘉绒译语	ཏ་ཏེ་སྨི།	打得耳
松潘译语	རྒྱ་མ་གང་།	甲扛
象鼻高山译语	མང་པོ།	刹物
白马译语	རྒྱལ་འང་རེད།	甲朋勒
多续译语	ཅིག་ཀེ།	计革
木里译语	རྒྱ་གང་།	甲扛
栗苏译语	རྒྱ་མ་གང་།	得者
打箭炉译语	རྒྱ་ང་གང་།	甲马扛
木坪译语	རྒྱ་མ་གང་།	家马工

万　现代藏语　ཁྲི།

地　区	译　语	汉文标音
嘉绒译语	ཁྲི་རྩོ།	克从
松潘译语	ཁྲི་ཕྲག	尺岔
象鼻高山译语	འབུམ་གཉེར།	模得
白马译语	ཁྲི་རྩེས་རེད།	耻
多续译语	ཁྱི་མེད།	计墨
木里译语	ཁྲིམ།	赤
栗苏译语	ཁྲི་ཕྲག	万
打箭炉译语	ཁྲི་བདུན།	尺错
木坪译语	ཁྲི་རྩོ།	尺措

百　现代藏语　བརྒྱ།

地　区	译　语	汉文标音
嘉绒译语	ཕེ་ཧྲ།	百耳牙
松潘译语	བརྒྱ།	甲
象鼻高山译语	བརྒྱ་ཐམས་པ།	甲堂巴
白马译语	རྒྱ་ཞུད་རེད།	甲
多续译语	ཀྱི་ཡག	计压
木里译语	བརྒྱ།	甲
栗苏译语	བརྒྱ་ཐམ་པ།	得家
打箭炉译语	མང་བརྒྱ་ཐེམས།	揭汤巴
木坪译语	བརྒྱ་ཐམ་པ།	假汤罢

多 现代藏语 མང་།

地区	译语	汉文标音
嘉绒译语	ཕ་རེས།	拔惹
松潘译语	མང་པོ།	忙播
象鼻高山译语	ཕྱེ་བ	莫不
白马译语	མང་པོ་རེད།	毛乌勒
多续译语	མི་དག	咩达
木里译语	མང་།	忙
栗苏译语	མང་པོ།	麻
打箭炉译语	མང་པོ་ན།	忙卜
木坪译语	མང་པོ།	孟补

千 现代藏语 སྟོང་།

地区	译语	汉文标音
嘉绒译语	སྟོང་ཚོ།	色束从
松潘译语	སྟོང་ཚོད།	冻错
象鼻高山译语	སྟོང་ཙོ་ང་།	东坐子
白马译语	སྟོང་ཙོ་རེད།	隋
多续译语	ཀྱི་གཏོལ།	计读
木里译语	སྟོང་།	冻
栗苏译语	སྟོང་ཚོ།	得毒
打箭炉译语	ཏོང་ཚོ།	东错
木坪译语	སྟོང་ཚོ་གཅིག	东足

一包　现代藏语　ཐུམ་གཅིག

地　区	译　语	汉文标音
嘉绒译语	ཏ་པོ།	打包
松潘译语	ཐུམ་བུ་གཅིག	吞播治
象鼻高山译语	ཀྲོ་རེ།	角里
白马译语	ཡི་འབོ།	一包
多续译语	ཅིག་ཀོ།	计雇
木里译语	བབ་གཅིག	包吉
栗苏译语	ཐུམ་བུ་ཅིག	得歪
打箭炉译语	ཐུད་པ་ཀི་ག	布巴耳
木坪译语	ཐུལ་གཅིག	吞木折

一匹　现代藏语　ཡུག་གཅིག

地　区	译　语	汉文标音
嘉绒译语	ཏ་ཐུང་།	打通
松潘译语	ཡུག་གཅིག	欲治
象鼻高山译语	ཀྱུད་།	及
白马译语	བྲ་བཞི་རེག	著日勒
多续译语	ཅིག་ཕི།	计匹
木里译语	ཡུག་གཅིག	由吉
栗苏译语	ཡུག་ཅག	得狭
打箭炉译语	ཡུག་ཅིག	郁己
木坪译语	ཡུག་གཅིག	又几

一同　现代藏语　མཉམ་པོ།

地　区	译　语	汉文标音
嘉绒译语	ད་ཁྱུས།	打洽思
松潘译语	ལྷན་གཅིག་ཏུ།	滥治独
象鼻高山译语	ཡེ་ཐུ།	一同
白马译语	འཁྲོག་བྱོ་རེད།	软觉勒
多续译语	ཅིག་དོག	计多
木里译语	མཉམ་དུ།	仰虑
栗苏译语	ལྷན་གཅིག་ཏུ།	得歪
打箭炉译语	བསྡུབ་ཅིག	端己
木坪译语	ཉམ་དུ་གཅིག	仰渌几

一副　现代藏语　ཆ་ཚང་།

地　区	译　语	汉文标音
嘉绒译语	ད་དངམ།	打旦
松潘译语	དུབས་གཅིག	不治
象鼻高山译语	འཁུ་རེད།	姐里
白马译语	བྲ་ཐང་པོ།	掌八
多续译语	ཅིག་ཤག	计常
木里译语	ཆ་གཅིག	擦吉
栗苏译语	དུབས་ཅིག	得冲
打箭炉译语	གོས་གཅིག	国己
木坪译语	འཕྲུག་གཅིག	出几

我　　现代藏语　ང་།

地　区	译　语	汉文标音
嘉绒译语	ངོ་ཡོ།	我要
松潘译语	ངེད།	额
象鼻高山译语	ང་།	哈
白马译语	ངྲ་རེག	哈勒
多续译语	ངག	阿
木里译语	ངོ་།	额
栗苏译语	ངེད།	阿
打箭炉译语	ང་།	阿
木坪译语	ངེས།	尼

你　　现代藏语　ཁྱོད།

地　区	译　语	汉文标音
嘉绒译语	ཉུ་ཡོ།	你要
松潘译语	ཁྱོད།	却
象鼻高山译语	ཁྱོ།	出
白马译语	ཁྱད་རེག	曲勒
多续译语	ནའོ།	那
木里译语	ཁྱོད།	却
栗苏译语	ཁྱོད།	勒
打箭炉译语	ཁྱོད།	区
木坪译语	ཁྱོད།	濯

喜　　现代藏语　དགའ།

地　区	译　语	汉文标音
嘉绒译语	ཀི་ཤའིང་།	各领实约安
松潘译语	དགའ་བ།	噶瓦
象鼻高山译语	ད་དགའ་སྟོ།	呀哈多
白马译语	སེམས་ཀ་ཏོར།	色哈独
多续译语	འཛག	贾
木里译语	དགའ།	噶
栗苏译语	དགའ་བ།	特格
打箭炉译语	དགའ་བ།	呷瓦
木坪译语	དགའ།	我

舞　　现代藏语　བྲོ།

地　区	译　语	汉文标音
嘉绒译语	ཏེ་འབྲེལ།	登不
松潘译语	གར།	噶儿
象鼻高山译语	རྫེ་མོ་རྫི།	枣无则
白马译语	འཚུད་སྟོ།	出独
多续译语	ཁྲུ་ཁྲུ།	曲曲
木里译语	གར།	葛耳
栗苏译语	གར།	舞
打箭炉译语	གར།	呷惹
木坪译语	གར་ཆམ།	葛耳长

敬拜　现代藏语　ཕྱག་འཚལ།

地　区	译　语	汉文标音
嘉绒译语	ཕྱག	辖
松潘译语	ཕྱག་འཚལ།	想擦
象鼻高山译语	ཕྱག་འཚལ།	香咱
白马译语	ཕྱ་གྲ་འཚལ་རེད།	下则是
多续译语	སེ་མད།	斜麦
木里译语	ད་ཡོང་།	达容
栗苏译语	ཕྱག་འཚལ།	敬拜
打箭炉译语	ཕྱག་འཚལ།	桑浅
木坪译语	ཕྱག་འཚལ།	擦齐

唱　　现代藏语　གླུ་བཏང་།

地　区	译　语	汉文标音
嘉绒译语	ཏ་ཅི།	达智
松潘译语	གླུ་གླངས།	路朗
象鼻高山译语	གླུ་གྱེར།	冷此
白马译语	ཐུང་ཀྲང་རེད།	秃格血
多续译语	གྱག	架
木里译语	གླུ་གླང་།	六朗
栗苏译语	གླུ་གླངས།	咔
打箭炉译语	གླུ་ལོན།	喽连
木坪译语	གླུད་ལེན།	劣脸

自　现代藏语 རང་།

地区	译语	汉文标音
嘉绒译语	ང་ཡོ།	阿么
松潘译语	རང་།	郎
象鼻高山译语	འདི་རེད།	罗里
白马译语	རང་རེ་རེད།	咳怪勒
多续译语	ངག་ཡོད།	阿哟
木里译语	དང་།	当
栗苏译语	རང་།	约觉
打箭炉译语	ལང་།	即
木坪译语	རང་།	洛

他　现代藏语 ཁོ།

地区	译语	汉文标音
嘉绒译语	ལྷུ་ཡོ།	窝么
松潘译语	ཁོ།	空
象鼻高山译语	ས་རྡུ།	麻得
白马译语	འཕུར་ལ་རེད།	他革
多续译语	ཐེད།	特
木里译语	ཁོང་།	空
栗苏译语	ཁོང་།	□
打箭炉译语	ཁོ་དྲང་།	可即
木坪译语	ཁོར།	可

别　现代藏语　གཞན།

地　区	译　语	汉文标音
嘉绒译语	ཀ་ཀ།	噶噶
松潘译语	གཞན།	然
象鼻高山译语	ཚེ་པ་ར་མ།	才八打麻
白马译语	ཡ་ནོང་རེག	元喇勒
多续译语	སུ།	畜
木里译语	བཞིན།	认
栗苏译语	གཞན།	卡卡
打箭炉译语	ག་ནས།	贯那
木坪译语	གཞན།	然

谁　现代藏语　སུ།

地　区	译　语	汉文标音
嘉绒译语	སི་ཀོ།	色各
松潘译语	གང་།	槙
象鼻高山译语	སུ།	丝
白马译语	སུར་རེག	速勒
多续译语	སྣི།	色
木里译语	གང་།	扛
栗苏译语	གང་།	塞
打箭炉译语	ནང།	扛
木坪译语	སུ་ཡིན།	须呢

走　现代藏语　འགྲོ།

地　区	译　语	汉文标音
嘉绒译语	རྒྱིན་ཅན།	离乍
松潘译语	རྒྱུག	溜
象鼻高山译语	འགྲོ་སྒྲོ།	列列
白马译语	འགྲོར་རེད།	脚
多续译语	ག་འོ།	割过
木里译语	འགྲོ།	洛
栗苏译语	རྒྱུག	特回
打箭炉译语	རྒྱུག	拘儿
木坪译语	འགྲོ།	蜀

来　现代藏语　ཤོག

地　区	译　语	汉文标音
嘉绒译语	ཀི་སོན།	各补
松潘译语	འོང་།	甕
象鼻高山译语	ཤོག་ཤོག	说
白马译语	བྱུང་།	秀
多续译语	ལག	拉
木里译语	འོང་།	翁
栗苏译语	འོང་།	纳木
打箭炉译语	སླེབས།	列
木坪译语	ཤོག	说

到　现代藏语　སླེབས།

地　区	译　语	汉文标音
嘉绒译语	སུ་དུལ།	莫头
松潘译语	སྐོབས།	劳
象鼻高山译语	བསྐོང་ཚར།	的咱
白马译语	ཁ་ཙན་ཙད་སྲི།	克则宰士
多续译语	པད་དག	摆大
木里译语	སླེབས།	列
栗苏译语	སླེབས།	八
打箭炉译语	སླེབ་ཕུང་།	列富
木坪译语	སླེབས།	立

请　现代藏语　ཕེབས།

地　区	译　语	汉文标音
嘉绒译语	ཏ་ཕེ།	达辟
松潘译语	ཐྲོན།	旋
象鼻高山译语	སྲི་འབོད་སྐ་རེ།	恩出莫各
白马译语	འབོད་སྲུང་།	卖学
多续译语	ཁེན་ཡིད་	肯依
木里译语	གྲོན།	准
栗苏译语	ཐྲོན།	特格衣
打箭炉译语	ཐྲོཇ།	拘
木坪译语	འབོད།	墨

行　　现代藏语　འགྲོ།

地　区	译　语	汉文标音
嘉绒译语	ཀུཨུ་ཛེ།	各母者
松潘译语	འགྲོ།	诺
象鼻高山译语	འགྲོ་སྟོ།	角独
白马译语	འགྲོར་རེག	脚勒
多续译语	ཡིད།	依
木里译语	འགྲོ།	洛
栗苏译语	འགྲོ།	特会
打箭炉译语	འཧྲོ།	朱
木坪译语	ཡང་།	咄

笑　　现代藏语　དགོད།

地　区	译　语	汉文标音
嘉绒译语	ཀི་ན་རོམས།	各纳惹
松潘译语	ཧ་བགེད།	哈更
象鼻高山译语	སྒོ་འཚེར་སྟོ།	恩曲独
白马译语	ལྷད་སྟོ།	鬼多
多续译语	ཧ་ཧ།	哈哈
木里译语	འཛུམ།	棕
栗苏译语	འཕྲུ།	笑
打箭炉译语	འཁྲུ།	洽
木坪译语	ཕྲུར།	擦耳

去　现代藏语 སོང་།

地　区	译　语	汉文标音
嘉绒译语	ཀི་ཆེལ་ལེ།	各赤
松潘译语	སོང་།	送
象鼻高山译语	ཐ་ཚོར།	贴咱
白马译语	ཁྲིན་ཞི།	欠食
多续译语	པད།	摆
木里译语	སོང་།	送
栗苏译语	སོང་།	噫
打箭炉译语	སོང་།	送
木坪译语	སོང་།	松

乐　现代藏语 སྤྲོ།

地　区	译　语	汉文标音
嘉绒译语	ཀི་བསམ་ཕེད།	也数母弟
松潘译语	བདེ།	楪
象鼻高山译语	སེམས་དགའ་སྤྲོ།	色哈独
白马译语	ལྷ་སེམས་རེག	哈思勒
多续译语	བསམ་པ་ཁྲོག	三巴鹊
木里译语	བདེ་བ།	得瓦
栗苏译语	བདེ་བ།	特格
打箭炉译语	བདེ་བ།	都瓦
木坪译语	སེསམ་དཔའ་དགའ།	三罢葛

寻　现代藏语 བཙལ།

地　区	译　语	汉文标音
嘉绒译语	ཀ་སར།	阿撒
松潘译语	འཚོལ།	错
象鼻高山译语	ཕ་དུ་ཁྲི་ཁྱོད་འགྲོ།	筏得及角牛筛
白马译语	ཞི་སྤྱི་ཞ་རེད།	十卜卡勒
多续译语	ལན་ཁོག	量壳
木里译语	བརྩལ།	栽
栗苏译语	ཚོལ།	特沙
打箭炉译语	ཚོལ།	措
木坪译语	ཙོ།	□

职事　现代藏语 ལས་འགན།

地　区	译　语	汉文标音
嘉绒译语	ལང་ཆ།	纳革刹
松潘译语	དེར་རེད།	得勒
象鼻高山译语	བཀན་ཐ་ཅི་རི།	管他及里
白马译语	ཞི་ཁྲིབ་ནང་།	十七六
多续译语	ལན་ཀན།	联干
木里译语	བ་ག་ན།	迫登
栗苏译语	ལས་ཀ	职事
打箭炉译语	བཟོ་པ།	宗巴
木坪译语	བདེན་པ།	登巴

起　现代藏语　ལངས་པ།

地　区	译　语	汉文标音
嘉绒译语	དུས་ཕར་སི།	的耳挖思
松潘译语	སོང་།	龙
象鼻高山译语	ཡང་འོང་སྟོ།	忧独无
白马译语	སྒྲུར་ཡོང་།	押勿
多续译语	ཕན།	万
木里译语	ལངས།	浪
栗苏译语	ལངས།	德格
打箭炉译语	ལ།	即送
木坪译语	ལངས།	暖

袭职　现代藏语　དཔོན་རྒྱུད།

地　区	译　语	汉文标音
嘉绒译语	བསུན་གི་ནི་ཏེ།	色胆曾各令豸
松潘译语	དཔོན་རྒྱུད།	本足
象鼻高山译语	ཁྲི་ཀམ་ཆ་ཆོས། ཁྲིམ་བར་རྗེ།	曲各书六曲及
白马译语	བུ་ཐོག་རེད།	宁土宁立克席
多续译语	ཙུད་པིན་ལན་ཀན།	宗本联干
木里译语	པ་ཚབ།	拔挫
栗苏译语	ལས་ཀ་རྒྱུད།	袭职
打箭炉译语	དཔན་རྒྱུག	卞
木坪译语	བཀའ་ལུད་བཞིན་རྒྱུད།	革龙人诸

若是　现代藏语　གལ་སྲིད།

地　区	译　语	汉文标音
嘉绒译语	ཆོས།	我思
松潘译语	གལ་སྲིད།	噶耳楪
象鼻高山译语	དུ་ར་ཅི་སྒོ་རེ།	沓及谷里
白马译语	ཞོང་ཞེ།	若是
多续译语	ཐེ་མི།	特墨
木里译语	དེས་ནས།	得里
栗苏译语	གལ་ཏེ།	呵嗟
打箭炉译语	ནམ་ཅུ།	喀若
木坪译语	ཀ་པ་སྲིང་།	革洗

得　现代藏语　ཐོབ།

地　区	译　语	汉文标音
嘉绒译语	ནཙུ་ར།	那母扰
松潘译语	ཐོབ།	托
象鼻高山译语	ངའི་ལག་སླུང་ཚར།	恩呀主咱
白马译语	ཐབ་སྲི།	料十
多续译语	འ་དག	凹打
木里译语	ལོན།	勒
栗苏译语	ཐོབ།	呐
打箭炉译语	རྡུབ་པ།	托巴
木坪译语	ཐོབ།	托

生活　现代藏语　འཚོ་བ།

地　区	译　语	汉文标音
嘉绒译语	འི་མ་ཤི།	必马使
松潘译语	སོ་ཧ་ཧྲ།	梭难罢
象鼻高山译语	ཡོད་ཡི་གསོན་པོ།	日夜得主卜
白马译语	སྲིའུ་ཐོས་པོ།	十五立寻卜勒
多续译语	ཆ་ཤུགས།	畜旭
木里译语	ལས་ལུང་མེན་པ།	列陇灭巴
栗苏译语	སོ་ནམ།	登初
打箭炉译语	གསོན་ངན།	甦那
木坪译语	སོ་ལམ།	率蓝

引领　现代藏语　སྣེ་ཁྲིད།

地　区	译　语	汉文标音
嘉绒译语	ཀི་ཞོག་ག་ཅུ།	各什召阿具
松潘译语	ལམ་བཀྲིས།	郎罢吉
象鼻高山译语	ནག་ནང་འགྲོང་རྐོད་རེད།	那笼柳各里
白马译语	ཁྲུ་ཁྲུན་སྲི།	昔欠十
多续译语	རུ་ཡིད།	扶依
木里译语	ཁྲི་འགྲོ།	只洛
栗苏译语	སྣབ་ཀྲིས།	得属
打箭炉译语	ཐང་བ་སྐྲིད།	即瓦已
木坪译语	ཁྲིད་ཞོག	赤松

肯　现代藏语 ཉེན།

地　区	译　语	汉文标音
嘉绒译语	ཁྱུང་།	库
松潘译语	ཉེན།	年
象鼻高山译语	ཉན་ཞི་མི་ཉན་རེ།	念八你念日
白马译语	ཁེ་ཡན་སྲི།	恺夜十
多续译语	ནོག	惰
木里译语	ཉིན།	念
栗苏译语	ཁ་ཉན།	阿格
打箭炉译语	ཨ་ནོགས།	阿古
木坪译语	ཉན།	年

知　现代藏语 ཤེས།

地　区	译　语	汉文标音
嘉绒译语	ན་མི་སི།	纳蜜思
松潘译语	ཤེས།	舍
象鼻高山译语	ཆ་ཡོད་ཆ་ཡོད།	洽日
白马译语	ཆར་སྣང་།	差诺
多续译语	ཨ་སི།	阿色
木里译语	ཤེས།	舍
栗苏译语	ཤེས།	罕事
打箭炉译语	ཤེས།	希
木坪译语	ཤེས།	摄

告　现代藏语　ཞུ་བ།

地　区	译　语	汉文标音
嘉绒译语	ཀི་ནི་ཐུབ་པ།	各耳拖巴
松潘译语	ཞུ་བ།	熟瓦
象鼻高山译语	ཞི་རེ་ཅི་སྔོ་རེ།	日立已各里
白马译语	དར་ཕྱོད་ཐུ་ལི།	哈取若以勒
多续译语	ཕོ་ཤག	博厦
木里译语	ཞུ་ཚོད།	热咄
栗苏译语	ཞུ་བ།	毒舌
打箭炉译语	ཞུ་བ།	于瓦
木坪译语	ཞུ་བ།	八瓦

在　现代藏语　ཡོད།

地　区	译　语	汉文标音
嘉绒译语	བཛོ།	豆
松潘译语	ཡོད།	欲
象鼻高山译语	ནང་སྡོ།	诺独
白马译语	སྣང་།	诺
多续译语	འཇོག	觉
木里译语	ཡོད།	悦
栗苏译语	འདུག	捉
打箭炉译语	བདུག	夺
木坪译语	ཡོད།	聿

便宜　现代藏语　ཁེ་པོ།

地　区	译　语	汉文标音
嘉绒译语	ཕྱོ་བུ་ངས་འ།	窝卜格瓦
松潘译语	ཁ་ཤུ།	客旬
象鼻高山译语	ཁྲོ་ཕེག་ཡ།	角便益
白马译语	སྣང་།	六
多续译语	འ་ཚེ་ཛག	阿鹊甲
木里译语	ཡོད་ཡོད།	越越
栗苏译语	ཁེ་བྱུང་།	便益
打箭炉译语	ལོགས་གྱུ།	列觉
木坪译语	འཛོམ།	绒

入　　现代藏语　འཛུལ།

地　区	译　语	汉文标音
嘉绒译语	ཞུ་བུ།	登这
松潘译语	ནང་ལ་ཡོང་།	浪纳容
象鼻高山译语	ཕྱིར་འོང་སྟོ།	出无独
白马译语	ཕྱི་སྣང་འབྱོར།	七拉秀
多续译语	གོ་ལག	葛拉
木里译语	ཞོག	入
栗苏译语	འཛུག	格亦
打箭炉译语	བདུག	坐都
木坪译语	འཛུ།	疽

受用　现代藏语　ཕན་ཐོགས།

地区	译语	汉文标音
嘉绒译语	ཡིས་སྣ།	纳色难
松潘译语	བདེའ་སྐྱིད།	得吉
象鼻高山译语	ད་ཁམ་ཅིག	打及子
白马译语	སྣུག་ངན་མ་འོན་ཞམ།	奴勒麻勿十
多续译语	ཕོ་སྨད།	播买
木里译语	སྐྱེ་ཕོ།	拮波
栗苏译语	སྤྱོང་བ།	受用
打箭炉译语	སྐྱིད་བུ།	已卜
木坪译语	སྐྱིད་ཕོ།	几波

借　现代藏语　གཡར།

地区	译语	汉文标音
嘉绒译语	ཀར་ཇ།	阿儿安
松潘译语	གཡར།	牙
象鼻高山译语	སྐྱིར་ཀོ་རེ།	师各里
白马译语	སྤྱུར་ཞན།	押舍
多续译语	ཡུད།	余
木里译语	ག་ཕར།	押耳
栗苏译语	གཡར།	可削
打箭炉译语	གཡར།	郁儿
木坪译语	གཡར།	押耳

若干　现代藏语　ཅི་ཙམ།

地　区	译　语	汉文标音
嘉绒译语	ཐེ་སྲེ།	特色底
松潘译语	ཅི་ཙམ།	治藏
象鼻高山译语	ཆི་ཚོའི་རེ།	曲足里
白马译语	ཆི་བཟང་ནད།	尺所六
多续译语	ཨ་ཤེས།	阿石
木里译语	མང་པོ།	忙木
栗苏译语	ཅི་ཙམ།	你乜
打箭炉译语	ཅི་ཙམ།	已藏
木坪译语	ཅི་རྩེ།	之赞

执　现代藏语　བཟུང་།

地　区	译　语	汉文标音
嘉绒译语	ཀི་འདྲེས།	各泠豸
松潘译语	ཟུང་།	戎
象鼻高山译语	བཟང་ཅི་འཛིན་རེ།	若不柘力牛舌
白马译语	ཏན་བཞིན་རེག	执
多续译语	ཞུ་ཙག	吾咱
木里译语	ཁྱུར་ཡོང་།	枯绒
栗苏译语	བཟུང་།	执
打箭炉译语	བཟུག	佐
木坪译语	བཟུང་།	涌

禁约　现代藏语　སྡོམས་བྱེད།

地　区	译　语	汉文标音
嘉绒译语	ཏི་ཀ་ཕི་པ།	达阿思罢
松潘译语	སྡོམ་པ་བྱེད།	端罢些
象鼻高山译语	ཐད་རིང་མ་འོད་ཀ	他尼麻屋格
白马译语	དུ་ཏུ་ཆ་ཕྱི།	独六麻昔
多续译语	ཏོག་ཆེ།	躲求
木里译语	བཀའ་ལ་རྫད་མེད་ཚོང་ཡི་གེ།	噶纳子密却一更
栗苏译语	སྡོམ་བྱེད།	扯母
打箭炉译语	བཀའ་ཤོག་འབྲུ།	革体巴
木坪译语	ཐམ་ཅད་གོ།	汤儿葛

持　　现代藏语　འཛིན།

地　区	译　语	汉文标音
嘉绒译语	ཀ་ཤབ།	阿色达
松潘译语	འཛིན།	争
象鼻高山译语	ཡང་གེ་ལོ།	黎羊皆卢
白马译语	བཟང་ཕྱིར་ཀ་གུད།	持
多续译语	ཨུཙོ།	吾接
木里译语	ཕྱིར།	扯
栗苏译语	འཛིན།	持
打箭炉译语	བདེན།	订
木坪译语	འཇུ།	遇

缘事 现代藏语 དེ་ཡིན།

地区	译语	汉文标音
嘉绒译语	ཀྱེ་ཇོ་ཛོ་ཡོ།	得安思
松潘译语	དེ་ཡིན།	得引
象鼻高山译语	ད་རེ་ད་རེ།	得力得力
白马译语	ཏུ་ཏུ་རེག	独六里
多续译语	ཨ་ཐོག་ཐོ་མེ།	阿妥妥墨
木里译语	མ་ཞིག	墨热
栗苏译语	ནག་ཐུག	缘事
打箭炉译语	ནག་ཐུབ།	即托
木坪译语	རྒྱུ་མཚན།	念且

真实 现代藏语 ཡང་དག་པ།

地区	译语	汉文标音
嘉绒译语	ཕ་སུ།	挖思
松潘译语	ཡང་དག་པ།	羊答罢
象鼻高山译语	བཟོང་པོ།	若卜里
白马译语	སྙིང་སྙིད་བདར་ཧྲར་རེག	淡八勒
多续译语	ཀྱི་ཀྱི་མི།	几巳墨
木里译语	བདེན་པ།	论把
栗苏译语	ཡང་ཏག་པ།	镇模
打箭炉译语	ཡང་དག་བ།	羊大巴
木坪译语	ཡང་དག	扬答

如何　现代藏语　ཅི་ལྟར།

地　区	译　语	汉文标音
嘉绒译语	ཐོ་པི་ལ།	偷叟乃
松潘译语	བཟང་གི	让格
象鼻高山译语	འདི་ཅི་འད་ཇི་སྟོ་རེ།	勤七那即各里
白马译语	ཚུ་ཏུ་ཕྱིར།	出六昔
多续译语	ཧོ་མེཏུང་།	贺墨烘
木里译语	ཨ་ཉན།	呵宜
栗苏译语	ཇི་ལྟར།	卡木结
打箭炉译语	ཏི་ལྟར།	迭答
木坪译语	མ་ངེས།	墨厄

必定　现代藏语　ངེས་པར་དུ།

地　区	译　语	汉文标音
嘉绒译语	ལྷ་ཙོ་ཚོ།	挖思闹
松潘译语	དཔེ་པར།	额罢
象鼻高山译语	དྲང་པོ།	卓卜
白马译语	བདར་ཏུ་རེད།	常背独六勒
多续译语	ངོར་དྲོང་།	捉着
木里译语	ཐག་ཆོད་པ།	塔确
栗苏译语	ངེས་པར།	必定
打箭炉译语	བདེན་པར།	甸巴
木坪译语	ངེས་པར།	勒巴耳

不见　现代藏语　ངོ་མ་ཐུག་པ།

地　区	译　语	汉文标音
嘉绒译语	མ་མྱུ་ཏོ།	马门东
松潘译语	མ་མཐོང་།	麻痛
象鼻高山译语	ཉྲི་ན།	宜六
白马译语	སྤོ་ཞེ།	卜失
多续译语	མན་རྟོག	瞒躲
木里译语	མ་ཐོག	麻通
栗苏译语	མ་མཐོང་།	麻躲
打箭炉译语	ཐ་ཐོགས།	马通
木坪译语	མ་ཚཐོང་།	妈桶

堪可　现代藏语　འཚམ་པོ།

地　区	译　语	汉文标音
嘉绒译语	པེ་སྣ།	彼色乱
松潘译语	འོག་པོ།	俄播
象鼻高山译语	ཉྲི་གཉིས་སྟོ།	业业独
白马译语	ཁ་འཕོར།	堪可
多续译语	མ་ཚོ་རྟག	骂此打
木里译语	དེས་ཨ་ཉན།	得宜
栗苏译语	འོས་པོ།	勘可
打箭炉译语	དོན་ཀྲི།	叚给
木坪译语	ཉན་ཟིལ།	呢日

不到　现代藏语　མི་སླེབས་པ།

地　区	译　语	汉文标音
嘉绒译语	མ་སྨུ་ཏུ།	马莫头
松潘译语	མ་སློབ།	麻老
象鼻高山译语	མ་ཏི་ཟིག	麻梯子
白马译语	རྨ་རྩེས་སྲི།	麻子失
多续译语	མ་པད།	马摆
木里译语	མ་སླེད།	麻列
栗苏译语	མ་སླེབས།	麻巴
打箭炉译语	མ་སླེབ།	马立
木坪译语	མ་སླེབས།	麻列

可惜　现代藏语　ཕངས་པོ།

地　区	译　语	汉文标音
嘉绒译语	ན་ན་ཡེས།	纳纳烟
松潘译语	འཕང་ཆེ།	膀切
象鼻高山译语	ཕོ་ཕྲོ་ཆེ།	不砂切
白马译语	ཕ་སྦྱོར་ཆེ་ཆེ།	不下只只
多续译语	ག་དོག	剐多
木里译语	ཕྲོག་ལང་།	胖
栗苏译语	འཕངས།	邦
打箭炉译语	ཆུ་ཟེས།	衢随
木坪译语	འཕྲོག་ཧྲག	濯拏

勘合　现代藏语　དག་བཅོས།

地　区	译　语	汉文标音
嘉绒译语	ཏ་ཕེར།	达卜惹
松潘译语	ཁན་པོ།	看合
象鼻高山译语	གྲི་ཁྲོ་ཅེབ།	你得出子
白马译语	ཁྲུང་འོད་རེད།	勘合
多续译语	མཐུན་པ།	通罢
木里译语	བཀའ་འཛིན་ལ་ལྟ།	噶从纳搭
栗苏译语	ཁན་ཧོ།	勘合
打箭炉译语	རི་བ།	只瓦
木坪译语	ཁན་ཏོག	勘多

迟　现代藏语　ཕྱི་དྲགས།

地　区	译　语	汉文标音
嘉绒译语	ཏ་པོ་ལོ།	达布罗
松潘译语	འོང་མཆིས།	甕其
象鼻高山译语	ཐེ་ཚར།	妻咱子
白马译语	མ་ཐོར་སྲི།	恶说时
多续译语	དག་ལྷག	打凹
木里译语	འཕྱི།	赤
栗苏译语	ཕྱིས་པ།	结哇
打箭炉译语	ཟང་བ་ཡིན།	咱瓦应
木坪译语	ཕྱི།	扯耳

商议 现代藏语 གྲོས་མོལ།

地 区	译 语	汉文标音
嘉绒译语	ཁྲོས་ཀ	拙敢
松潘译语	གྲོས་གྱེད།	著喜
象鼻高山译语	ཀྲོུ་ཙི་ཆོ་རེ།	六今各里
白马译语	དད་ཞིང་།	道杀
多续译语	ཏོག་ལག	读拉
木里译语	གྲོས་བསྡུན།	着菊
栗苏译语	གྲོབ།	客毒纳
打箭炉译语	ཁྲོས།	注
木坪译语	གྲོས་ཀ་བྱེས།	啜革接

急 现代藏语 བྲེལ་བ།

地 区	译 语	汉文标音
嘉绒译语	ཀི་ནེག	葛难
松潘译语	མགྱོག་པ།	略罢
象鼻高山译语	ལ་བལྟུ་ཟེག	打纳八
白马译语	སྤྱིན་མེ།	夷麦
多续译语	ཆོ་མེད།	各墨
木里译语	བྲལ་བ།	不纳儿瓦
栗苏译语	ཧྟག་པ།	惑车
打箭炉译语	དག་པ།	答巴
木坪译语	མགྱོག	虐

公干　现代藏语　གཞུང་ལས།

地　区	译　语	汉文标音
嘉绒译语	ཏ་བྲག	打各罢
松潘译语	དོན་དག་སྒྲུབ།	端达著
象鼻高山译语	ཁ་རྐྱ་འཐོ་འཚར།	哈及兔子
白马译语	ཐག་ཅོད་སྲི།	他这十
多续译语	པེ་སི་མེ།	百事墨
木里译语	དན་གཉེ།	端聂儿
栗苏译语	དོན་གཉེར།	公干
打箭炉译语	དོན་གཉེར།	端尼
木坪译语	ལས་དོན་སྒྲུབས།	列登诸

太平　现代藏语　ཞི་བདེ།

地　区	译　语	汉文标音
嘉绒译语	ཀི་བདེ་ནས།	各母自那罢
松潘译语	དུས་འཛོམ།	得将
象鼻高山译语	ནམ་པ་བཟང་པོ་རེད།	南咱了不里
白马译语	ཀོ་སོར་བདེཏ་སྲི།	各所得失
多续译语	ཚེ་སྙི།	磋斜
木里译语	དུ་བདེ་བ།	笃得
栗苏译语	བདེ་འཛགས།	太平
打箭炉译语	བདེ་ག་བ།	迭匍
木坪译语	དུས་འཛམ།	对云章

跟随　现代藏语　ཕྱག་ཕྱི།

地　区	译　语	汉文标音
嘉绒译语	ཟམ་དམར་པ།	桑麻儿罢
松潘译语	ཕྱག་ཕྱིས།	恰谢
象鼻高山译语	འགྲོ་རོག་རེ།	内六里
白马译语	མི་འཛོན་རེད།	门子
多续译语	ཡོན་ན་ཚིག	压诺洁
木里译语	ཕྱག་ཕྱི།	查赤
栗苏译语	ཕྱག་ཕྱི།	课浊
打箭炉译语	ཕྱག་གཡི།	插郁
木坪译语	ཞབས་ཕྱི་འགྲོ།	弱起诺

人夫　现代藏语　ཨུ་ལག

地　区	译　语	汉文标音
嘉绒译语	ཨུ་ལག་པ།	屋那罢
松潘译语	ཨུ་ལག	吾纳
象鼻高山译语	མྱི་ཀ་མི་ནང་།	你哈宜六
白马译语	སྙིང་པོ་སྲི།	呢卜失
多续译语	མག་མི།	妈墨
木里译语	མིཨུ།	明乌
栗苏译语	བུ་ལག	人夫
打箭炉译语	རུབ་ལང་།	乌拉
木坪译语	ཨུ་ལག	乌拉

考校　现代藏语　དཔྱད་ཞིབ།

地　区	译　语	汉文标音
嘉绒译语	ཕྱོ་ཀ།	窝阿
松潘译语	བཟང་ངན་བལྟ།	让安达
象鼻高山译语	ཁོ་ཀྱོ།	考校
白马译语	ཁོ་གྱོ།	考校
多续译语	རྟག་ཚོད།	达择
木里译语	གདན་རྫུན་མེ།	林汝灭
栗苏译语	སྤྱར།	考校
打箭炉译语	རྗུར།	斗儿
木坪译语	ཙ་ཚོད་ཙད།	杂去业

暂且　现代藏语　རེ་ཞིག

地　区	译　语	汉文标音
嘉绒译语	ཏ་ཁྱ།	达洽
松潘译语	རེ་ཤིག	列失
象鼻高山译语	དཔའོ་ཅེས།	白即
白马译语	ཁོ་རྒྱོར།	暂且
多续译语	ཕོ་ཚག	迫擦
木里译语	རིང་ཤིག	列希
栗苏译语	རེ་ཤིག	多要
打箭炉译语	ཐ་རྡེ།	踏里
木坪译语	མ་བྲིས།	马遮

应用 现代藏语 ལེད་སྤྱོད།

地 区	译 语	汉文标音
嘉绒译语	ཀ་བཙོ།	阿不卓
松潘译语	གཡར་པོ་ཀྱི།	拥播巳
象鼻高山译语	མངག་སྡོ	哈多
白马译语	ཆེས་དོན་རེད།	只对勒
多续译语	ཀྱི་ས་ཆེ།	计撒欠
木里译语	དགོས་མི་དགོ།	俄米俄
栗苏译语	ཆར་རྒྱན།	应用
打箭炉译语	ཚར་ཆེབ།	擦轻
木坪译语	གང་དགོས།	虹尼

显露 现代藏语 མངོན་པ།

地 区	译 语	汉文标音
嘉绒译语	ཏི་ཅེས།	的首思
松潘译语	འབུལ་བ།	模瓦
象鼻高山译语	མཆུ་ཏོ་ཐུང་ཚར།	出得土咱子
白马译语	ཚོས་ཏོན་རེད།	显露
多续译语	དོག་ཏག	夺打
木里译语	རང་ཟློགས་ཚུ་ར་བྱེད།	即索擦纳吉
栗苏译语	འབུར་བ།	显露
打箭炉译语	འབུར་བ།	卜儿瓦
木坪译语	མ་བསྟན།	马底

对读 现代藏语 ཞུ་དག

地区	译语	汉文标音
嘉绒译语	ཀ་ཅུ་ཤེབ་ཀ་ཁེ།	阿案什彼阿日
松潘译语	ཞུ་རག	熟答
象鼻高山译语	གཉ་ཀ་ག་ཚོད་ཟེག	里哈各出子
白马译语	ཡི་གེ་འདོད་སྲི།	略我止是
多续译语	ཞུ་དག	儒达
木里译语	ཞུས་དག	如打
栗苏译语	ཞུ་རག	对读
打箭炉译语	ཞུ་ངག	述答
木坪译语	ཞུ་དག	日答

修理 现代藏语 བཟོ་བཅོས།

地区	译语	汉文标音
嘉绒译语	ཀ་པའ།	阿不
松潘译语	ཞེན་གསོས།	邪梭
象鼻高山译语	སྐུ་སྐྱེས་རེད།	谷谢里
白马译语	ཁམས་འ་འཕུར་སྦྱོ།	峨阿普独
多续译语	སམ་སང་།	相想
木里译语	ལམ་བཟོ་པ།	浪弱把
栗苏译语	ཞིག་གསོས།	修理
打箭炉译语	བཞིག་ནོ་ལ།	系虚耳
木坪译语	བཅོས་ཀ་བྱས།	脚革揭

管待　现代藏语　སྣེ་ལེན།

地　区	译　语	汉文标音
嘉绒译语	སྣ་ན་ཡེ།	阿那佩
松潘译语	དང་ལེན།	当连
象鼻高山译语	ཁོ་ཏམ་བཟང་པོ་ཀུ་མོ།	六若不磨
白马译语	འབྲོན་རྗེ་ཙུད།	雷自卓是
多续译语	ཇཏོག	茶夺
木里译语	གསོལ་རས།	雪连
栗苏译语	དང་ལེན།	管待
打箭炉译语	སྤྲོད་པ།	卜儿巴
木坪译语	ཞབས་ཏོག་ཞུས།	若多接

誊写　现代藏语　འབྲི་བཤུ།

地　区	译　语	汉文标音
嘉绒译语	ཀི་ཀྲེལ།	阿皆
松潘译语	སྤྲིས་བཅད།	白洁
象鼻高山译语	ད་བ་ཅེད་སྐོ་རེ།	白九哥里
白马译语	ཟར་པ་བྲིས་སྲི།	撒入撒是
多续译语	དཔེའ་ཁེ།	备刻
木里译语	ལྷ་ཤུས།	札疏
栗苏译语	ཇོ་ཤུས།	撇马
打箭炉译语	དེས་བྲིད།	锐给
木坪译语	དཔའོ་འདྲ་འདྲ་བྲི།	列热热不里

皈依　现代藏语　སྐྱབས་སུ་འགྲོ།

地　区	译　语	汉文标音
嘉绒译语	སྐྱོན་སྐྱ་པ།	个色甲
松潘译语	མགོན་སྐྱབ།	恶交
象鼻高山译语	ཟིན་རི།	热里
白马译语	པོན་ཚབ་སྲི།	背足主是
多续译语	མནི།	□
木里译语	ཏ་ནི་བསམ་བདེ་སྐྱེད།	达列桑巴得桔
栗苏译语	མགོན་སྐྱོབས།	皈依
打箭炉译语	ནོ་ལང་།	姑浪
木坪译语	མགོན་སྐྱབས་ཚེ།	厄交接

打　现代藏语　རྡུང་།

地　区	译　语	汉文标音
嘉绒译语	ཀ་ཏོབ།	阿斗
松潘译语	བརྡུང་།	动
象鼻高山译语	ཊག་ཟིག	卓子
白马译语	གྲབ་སྲི།	斗失
多续译语	ཡག	□
木里译语	བསྡུང་།	董
栗苏译语	བརྡུང་།	得呷
打箭炉译语	བརྡུང་།	佟
木坪译语	བརྡུང་།	董

慈悲　现代藏语　སྙིང་རྗེ།

地　区	译　语	汉文标音
嘉绒译语	སྙི་དེ་ཙན།	色念如战
松潘译语	སྙིང་རྗེས།	令节
象鼻高山译语	ད་བ་ཅེས།	革哇急里
白马译语	སེམས་བཟང་སྲི།	色若是
多续译语	ཉམ་ཤོའ།	勺瓦
木里译语	གཞི་འདབ།	任道
栗苏译语	སྙིང་རྗེས།	慈悲
打箭炉译语	ཐུག་རྗེ།	吐耳己
木坪译语	སྙིང་རྗེ་སྐྱེས།	呢业揭

叩头　现代藏语　ཕྱག་འཚལ།

地　区	译　语	汉文标音
嘉绒译语	ཕྱག་འཚལ།	辟更族
松潘译语	མགོ་བརྡུང་།	恶动
象鼻高山译语	ཕྱག་ཙེ།	插只
白马译语	ཕྱག་བྱུན་སྲི།	匣希是
多续译语	ཀྱོ་མོ་དོག	□
木里译语	ཕྱག་འཚལ།	长情
栗苏译语	མགོ་བརྡུང་།	夹木
打箭炉译语	ཕྱག་འཚལ།	擦前
木坪译语	ཕྱག་འཚལ།	恰且

全　现代藏语 ཚང་།

地　区	译　语	汉文标音
嘉绒译语	ན་ཞུབ།	纳如
松潘译语	ཚང་།	藏
象鼻高山译语	རང་མི་རྒྱ།	六米六
白马译语	ཞི་བུ་ཞ་ཚང་སྐྱི།	是不是错失
多续译语	无	无
木里译语	ཚང་།	仓
栗苏译语	བཅས།	零巴播
打箭炉译语	འཚང་།	仓
木坪译语	འཛོམ་ཚར།	溶擦耳

相同　现代藏语 མཚུངས་པ།

地　区	译　语	汉文标音
嘉绒译语	ཀཙ་ཤེ་པ།	阿五什彼
松潘译语	འདྲ་འདྲ།	扎扎
象鼻高山译语	འགྲོས་ཚུང་ཅིག	六出子
白马译语	མེ་ཅིག་རེད།	白着得勒
多续译语	无	无
木里译语	ལྡ་ལྡ།	勒萨
栗苏译语	འདྲ།	等而巴
打箭炉译语	ལྗ།	乍
木坪译语	ཐམས་ཅད་སེམས་གཅིག	汤岂生巴吉

可怜　现代藏语　སྙིང་རྗེ།

地　区	译　语	汉文标音
嘉绒译语	མ་ཁྲེ་མ་ཁྲེ།	马克马克
松潘译语	སྙིང་རྗེ།	利吉
象鼻高山译语	ཕོ་ཤོ་ཆེ།	盆沙切
白马译语	ཤར་ཚ་སྲི།	舍泽是
多续译语	无	无
木里译语	མཉམ་ཚུང་།	囊冲
栗苏译语	ཐུགས།	伤昂
打箭炉译语	ཐུག་པ།	秃巴
木坪译语	སྙིང་རེ་རྗེ།	你

了　现代藏语　ཚར་ཟིན།

地　区	译　语	汉文标音
嘉绒译语	ན་ཡོག	那腰
松潘译语	ཚར།	擦
象鼻高山译语	ཚར་ཟིག	咱子
白马译语	མི་ཚང་།	木闹
多续译语	无	无
木里译语	འཛགས།	摄
栗苏译语	ཚར།	咀
打箭炉译语	ཚར།	擦儿
木坪译语	ཚར།	擦耳

愿　现代藏语　སྨོན་པ།

地　区	译　语	汉文标音
嘉绒译语	སྨན་པ།	色奔罢
松潘译语	སྨོན་པ།	慢罢
象鼻高山译语	དགའ་སྤོ།	安独
白马译语	ཁེ་ཡང་རེད།	客要现是
多续译语	无	无
木里译语	འདོད་མི་འདོད།	洛明洛
栗苏译语	སྨོན་པ།	阿格
打箭炉译语	དགའ་བ།	课那
木坪译语	བསོ་བ་ཡོད་ན།	洛罢越纳

丰足　现代藏语　ཕྱུག་པོ།

地　区	译　语	汉文标音
嘉绒译语	ཀི་རྩེ་རྒྱོ།	各者豆
松潘译语	འབྱོར་བ།	略罢
象鼻高山译语	གཅོད་རང་བཟོང་།	杂独八里
白马译语	གན་བཟད་རེད།	格速裹勒
多续译语	无	无
木里译语	ཕྱུག་པོ།	曲波
栗苏译语	འབྱོར་པ།	丰足
打箭炉译语	ཚོག	都
木坪译语	ཐམས་ཅད་འཛོམས།	徜拮涌

就　现代藏语 རེད།

地　区	译　语	汉文标音
嘉绒译语	མུ་ལ།	木纳
松潘译语	ཁྲི་བསམ།	七桑
象鼻高山译语	ད་ཁྲོ་ཆ་འདོད་འོང་སྟོ་རེ།	出长的屋各
白马译语	ཀྱུག་རེད།	就
多续译语	无	无
木里译语	མཀྱུག	诺
栗苏译语	མུ་པ།	迷纳
打箭炉译语	མུ་ལ།	木那
木坪译语	ལྷུར་དུས།	与耳多

或　现代藏语 ཡང་ན།

地　区	译　语	汉文标音
嘉绒译语	ཀ་པ་ལ་ཀ་པ།	阿罢马阿罢
松潘译语	ཡང་ན།	羊拿
象鼻高山译语	ར་མ་དུ་རེ།	六米得力
白马译语	རྟོག་རེད།	或
多续译语	无	无
木里译语	ལན་ཆ་མེ།	林吃灭
栗苏译语	ཡང་ན།	木他
打箭炉译语	ཡོད་ན།	欲那
木坪译语	ཡིན་མིན་གྱི་འཚམས།	一灭几仓

常　现代藏语　རྒྱུན་དུ།

地　区	译　语	汉文标音
嘉绒译语	ད་འཛོག	当作
松潘译语	རྟག་ཏུ།	打独
象鼻高山译语	སོ་དེ་བཏོན།	速低独
白马译语	སེམས་འདུ་ཏུ་རེད།	哈者是
多续译语	无	无
木里译语	དུས་རྒྱུན།	杜今
栗苏译语	རྟག་ཏུ།	常
打箭炉译语	འདྲིང་།	即章
木坪译语	ཡུན་རིང་།	月另

众　现代藏语　ཀུན།

地　区	译　语	汉文标音
嘉绒译语	ཀི་མི་ཏ།	各木刀
松潘译语	ཀུན	棍
象鼻高山译语	བལྟ་སྒོ་རེ།	答各里
白马译语	ཉི་མང་པོ་འོ།	呢毛阿勒
多续译语	无	无
木里译语	མི་དཔང་མོང་།	墨哰吗
栗苏译语	ཀུན།	宁八
打箭炉译语	བར་མ།	别马
木坪译语	སྤྱིད་བུ།	资罢

恩　现代藏语 དྲིན།

地　区	译　语	汉文标音
嘉绒译语	ཐྲིས།	特儿如
松潘译语	དྲིན།	真
象鼻高山译语	ཁོག་པ་མ་ཚོག	柯巴麻及
白马译语	བཟང་སྲི།	好
多续译语	无	无
木里译语	ཐུང་རྗེ།	兔尔结
栗苏译语	དྲིན།	恩
打箭炉译语	བགའ་དྲབ།	呷占
木坪译语	བཀའ་དྲིན་ཆེ།	革真扯

为　现代藏语 ཆེད།

地　区	译　语	汉文标音
嘉绒译语	ཐེ་ཀེ་ཏི་པའ།	特各的不
松潘译语	ཁྲིའ་དོན།	七教
象鼻高山译语	ཚོ་ཚོག་ཏོ་ཞི།	曲子独日
白马译语	འདུ་ཏུ་ཕྱིར་གྱིས།	独六奚吉
多续译语	无	无
木里译语	དོན་ཁྱེད་ངེས།	邓杰厄
栗苏译语	དོན་ལ།	为
打箭炉译语	དོན་མ།	甸麻
木坪译语	ཅི་བཟོ།	几弱

拜　　现代藏语　མཇལ་ཞུ།

地　区	译　语	汉文标音
嘉绒译语	ཕྱག	辟
松潘译语	རྒྱ་ཕྱག	甲邪
象鼻高山译语	བལད་དུ་འགྲོ་སྣོ་རེ།	答得六各里
白马译语	ཕྱང་བཚོལ།	下希
多续译语	无	无
木里译语	ཕྱག	插
栗苏译语	རྒྱ་ཕྱག	拜
打箭炉译语	ཕྱག་འབུལ།	产毕
木坪译语	ཕ་བས་ཞུས།	迫肉

敬　　现代藏语　གུས་བཀུར།

地　区	译　语	汉文标音
嘉绒译语	ན་ཁམ་གི་བདེ།	了可思各母自
松潘译语	གུས་པ།	谷罢
象鼻高山译语	ར་བོ་ཅེ།	谷哇折
白马译语	ཡོང་ཚེ་སྣོ།	色彩各
多续译语	无	无
木里译语	ཚེས་འབྲིས།	扯木里
栗苏译语	གུས་པ།	渴作落
打箭炉译语	གུས་པ།	贵巴
木坪译语	དད་པ་སྐྱེས།	得尔罢吉

修　　现代藏语　སྒོམ་པ།

地　区	译　语	汉文标音
嘉绒译语	ཀུ་བཀའ།	呵不呵
松潘译语	དགེ་སྒྲུབ།	革住
象鼻高山译语	ངོ་ཚ་ཚ།	恶咱子
白马译语	ཁམས་པར་ཕུར།	恶汪卜
多续译语	无	无
木里译语	སྒྱོད་ལ།	端拉
栗苏译语	བསྒྲུབ།	擦
打箭炉译语	མཆོམ་མུག	仓到
木坪译语	སེམས་སྐྱེད་བྱ།	笋拮别

跪　　现代藏语　པུས་མོ་བཙུག

地　区	译　语	汉文标音
嘉绒译语	ཉེ་མངའ་ན་རྩོར།	领敏那簇
松潘译语	པོ་མོ་བཙུག	不走
象鼻高山译语	ཀུ་མོ་ཚོག	不慕促
白马译语	བུད་མོ་ཙུབ།	不木足
多续译语	无	无
木里译语	དགུ་པ།	谷把
栗苏译语	པུས་མ་བཙུག	工必客格
打箭炉译语	བུང་མ་ཙུགེ	须木宗
木坪译语	སྤུས་མུ་རྩུག	奔母足

新　现代藏语　གསར་པ།

地　区	译　语	汉文标音
嘉绒译语	ཀི་ཤིག	各首
松潘译语	གསར།	萨
象鼻高山译语	སོ་བ་རེ	色哇里
白马译语	ཟར་པ་རེད།	撒巴勒
多续译语	ཤེ་ཙོག	设作
木里译语	གསར།	腮尔
栗苏译语	གསར།	撒巴
打箭炉译语	གསར་པ།	撒耳已
木坪译语	གསར་པ།	色耳罢

赏　现代藏语　གནང་།

地　区	译　语	汉文标音
嘉绒译语	ཀ་ཨུལ།	阿未
松潘译语	གནང་བ།	囊瓦
象鼻高山译语	ང་ཀྲོ་སོང་ཐ་ཚེ།	恩虫宋他巳才
白马译语	ཁྲི་ཏེ་ཞང་།	赤对绍
多续译语	ནག་ཚོ།	□济
木里译语	གནང་སྒྲིན།	郎紧
栗苏译语	གནང་བ།	赏
打箭炉译语	གཀབ།	即瓦
木坪译语	གནང་སྒྲིན།	郎吉

旧　现代藏语　རྙིང་པ།

地　区	译　语	汉文标音
嘉绒译语	ཀི་ཕད།	各歪
松潘译语	རྙིང་།	宁
象鼻高山译语	སྙང་པ་སང་སྙོ་རེ།	立巴里
白马译语	ཉི་བར་རེད།	业阿勒
多续译语	ཡིདག	利打
木里译语	རྙིང་པ།	宁把
栗苏译语	རྙིང་པ།	旧
打箭炉译语	བརྙིང་།	连巴
木坪译语	རྙིང་པ།	你耳罢

罚　现代藏语　ཚད་པ།

地　区	译　语	汉文标音
嘉绒译语	རི་བྲོ།	得各不
松潘译语	ཚད་པ།	七罢
象鼻高山译语	གཡུག་རྡོབ།	日奔逐
白马译语	ཏ་དུག	哈都
多续译语	ཚུག	□
木里译语	ཚད་པ།	辄罢
栗苏译语	ཚད་པ།	罚
打箭炉译语	ཚག་པ།	塔巴
木坪译语	ཚད་པ་གཏང་།	尺罢董

与　　现代藏语　དང་།

地　区	译　语	汉文标音
嘉绒译语	ཀ་ལྤེའ།	阿未
松潘译语	ཐྱིན།	寻
象鼻高山译语	ང་ཕྱོ་བཞིན་ཤེ།	恩出日杀
白马译语	ཆི་ཏན་ཐྱི་ སྲི།	赤对喜是
多续译语	ཁོག	课
木里译语	ང་ཐམ་པ།	噶汤巴
栗苏译语	ཐྱིན།	与
打箭炉译语	བན་ལ།	闭
木坪译语	གཏད།	得

各　　现代藏语　སོ་སོ།

地　区	译　语	汉文标音
嘉绒译语	ཀ་ཀའ།	噶噶
松潘译语	ཐ་དད།	塔得
象鼻高山译语	རང་རང་།	诺六
白马译语	ཁ་རྒོ་རེད།	我卡国
多续译语	སེདག་ཡོག	□
木里译语	སོ་སོ།	所所
栗苏译语	ཐ་དད།	约爵
打箭炉译语	ཐ་དད།	打答
木坪译语	སོར་སོར།	酥酥

藏　现代藏语 སྦས།

地　区	译　语	汉文标音
嘉绒译语	ཀ་ཤོ།	各什磨
松潘译语	སྦས།	未
象鼻高山译语	ང་ཁྱོ་མི་འཞེན།	恩出林日
白马译语	འོད་བཞག་སྲི།	末擦是
多续译语	དམའ།	□
木里译语	གབ།	告唔
栗苏译语	གཏེར།	巫坐
打箭炉译语	སྦས།	邦
木坪译语	འཁྲོག་སོང་།	坡松

如　现代藏语 དེ་འདྲ།

地　区	译　语	汉文标音
嘉绒译语	པེ།	比
松潘译语	ཐལ་དུ།	答吾
象鼻高山译语	བཟང་ཟིག	若子
白马译语	ཐར་ཁར་རེད།	拓格
多续译语	རྟོ་ཕྱིད།	□
木里译语	ཡིན་མིན།	呢米
栗苏译语	ལྟ་དུ།	迷勒
打箭炉译语	ལྟག་དུ།	那卜
木坪译语	འདི་ལྟ་དུ།	立答补

穿靴 现代藏语 ལྷམ་གྱོན།

地 区	译 语	汉文标音
嘉绒译语	ཞོད་ཅི་ཀ་ཡ།	靴子阿瓦
松潘译语	ལྷམ་གྱོན།	滥卷
象鼻高山译语	ལྷམ་གྱོན་སྒོ་རེ།	遏角各里
白马译语	སྒྲོག་ཅེ་གྱོན།	靴子绝
多续译语	སེ་ལྷད།	洗歪
木里译语	ལྷམ་གྱོན།	顶均
栗苏译语	ལྷམ་གྱོན།	得歪
打箭炉译语	བསྟུའ་ལ།	浪卷
木坪译语	ལྷམ་གྱོན།	巷菊

催促 现代藏语 སྐུལ་འདེད།

地 区	译 语	汉文标音
嘉绒译语	ཀ་ན་ཀན།	阿难阿难
松潘译语	མགྱོག་པར།	略巴
象鼻高山译语	ང་ང་འགྱོ་སྒོང་།	茶那立独
白马译语	ཡི་སྨས་སྲང་།	一麦索
多续译语	ནོ་ནོའ།	诺糯
木里译语	མཉུ་འགྱོང་།	女虐
栗苏译语	བསྐུལ་བ།	催促
打箭炉译语	གྲབ་ཁྱོབ།	订送
木坪译语	ཚ་དྲག་བྱུས།	擦扎揭

穿甲　现代藏语　ཁྲབ་གྱོན།

地　区	译　语	汉文标音
嘉绒译语	རྒྱ་མད་ཀ་ཝ།	而甲纳阿瓦
松潘译语	ཁྲབ་ཀྱོན།	抄卷
象鼻高山译语	ཁྲབ་ཀྱོན་སྔོ་རེ།	敲九各里
白马译语	ཁྲུབ་གྱོན།	秋绝
多续译语	གོ་ལག་ལྷད།	葛拉歪
木里译语	ཁྲབ་ཇྱོན།	超金
栗苏译语	ཁྲབ་གྱོན།	穿甲
打箭炉译语	དད་པོ།	处卷
木坪译语	ཁྲབ་ཀྱོན།	抄决

阻当　现代藏语　བཀག་འགོག

地　区	译　语	汉文标音
嘉绒译语	ཀ་རོམ།	阿让
松潘译语	བཀའ་འགོག	噶俄
象鼻高山译语	འགྱོ་དུ་མི་འཛིན།	猎得你又
白马译语	ཁ་ཅད་སྲི།	卡者是
多续译语	ཡི་ཐག་ཤེས།	依他歇
木里译语	ཀག་སྔོ།	噶郭
栗苏译语	བཀག་འགོག	可落
打箭炉译语	དམག་སྐར།	呷瓦
木坪译语	བཀག་འགར་བྱུས།	敢俄吉

清净 现代藏语 ཁྲུ་སིམ།

地 区	译 语	汉文标音
嘉绒译语	ཀ་ཁལ།	阿克
松潘译语	འགར་བ།	俄羊
象鼻高山译语	བགད་ཙ་མིན།	那啧令诺
白马译语	ཙ་གི་དོན།	扎格得失
多续译语	ཧྲད་པོ།	□
木里译语	ཟ་སོ་སོ།	纳数数
栗苏译语	ཟམ་དག	清净
打箭炉译语	ཛམ་ངམ།	浪答
木坪译语	ས་ཆ་གཙང་མ།	塞恰杂马

是谁 现代藏语 སུ་རེད།

地 区	译 语	汉文标音
嘉绒译语	སི་ཀོ།	色哥
松潘译语	གང་ཡིན།	扛银
象鼻高山译语	ཕ་དུ་སུ།	筏得
白马译语	ཁྲིད་སུར་རེད།	取索里
多续译语	སེ་ཡག	色吖
木里译语	ཁྲོད་བསུ་ཡིན།	却随
栗苏译语	གང་ཡིན།	塞月
打箭炉译语	གང་ཡིན།	扛吟
木坪译语	བསུ་ཡིན།	苏呢

图报 现代藏语 དྲིན་ལན།

地 区	译 语	汉文标音
嘉绒译语	ཙེན་ཡོ།	占要
松潘译语	བཟང་ལན་ཁྱ།	让论辖
象鼻高山译语	སྣང་པ་སང་སྔོ་རེ།	各巴不各里
白马译语	སེམས་བཟང་སྲི།	色索是
多续译语	པེ་ཤག	薄□
木里译语	བཟང་ངན་ཤེས་པ།	让你歇罢
栗苏译语	བསབ་པར།	图报
打箭炉译语	□	斗巴
木坪译语	ཧྲེན་མི་ཛེ།	遮以密儿

是我 现代藏语 ང་ཡིན།

地 区	译 语	汉文标音
嘉绒译语	ངི་ཡུག	我要
松潘译语	ང་ཡིན།	河银
象鼻高山译语	ང་རེ།	安里
白马译语	ངར་རེད།	哈得勒
多续译语	འ་ཡིད།	阿意
木里译语	ང་ཡིན།	噶营
栗苏译语	ང་ཡིན།	阿
打箭炉译语	ང་ཡིན།	阿吟
木坪译语	ངས་ཡིན།	阿引

祭祀 现代藏语 གསོལ་མཆོད།

地 区	译 语	汉文标音
嘉绒译语	ཁ་བཤད།	可身
松潘译语	གསོལ་མཆོད།	梭缺
象鼻高山译语	ཕྱག་འཚལ་པོམ་རྟག་སྒོ་རེ།	杳菜不喷各里
白马译语	ཁེ་ཡང་ཕྱི།	客要是
多续译语	ལྷ་སོད།	擦雪
木里译语	ལྷ་ལ་ཆོས་འབུལ།	哈兰出墨
栗苏译语	གསོལ་མཆོད།	祭祀
打箭炉译语	དཀོན་མཆོག	工兵
木坪译语	གསོལ་མཆོད།	雪促

势小 现代藏语 སྟོབས་ཆུང་།

地 区	译 语	汉文标音
嘉绒译语	མ་ཐོ།	马痛
松潘译语	དབང་ཆུང་།	望冲
象鼻高山译语	ཆུ་ཆེན་ཏོ།	出已你
白马译语	སྲུན་ཡི་སྣང་།	外日闹
多续译语	དོན་ཆུད།	端冲
木里译语	དོན་ཆུང་།	顿穷
栗苏译语	དབང་ཆུང་།	势小
打箭炉译语	དབང་ཆུ།	汪穷
木坪译语	དབང་ཆུང་།	汪笼

圆满　现代藏语　རྫོགས་པ།

地　区	译　语	汉文标音
嘉绒译语	ན་ཡུག	那么
松潘译语	ཛྲོགས་པ།	作罢
象鼻高山译语	གང་ཚར་ཟིག	谷咱子
白马译语	ཚར་སྲི།	料是
多续译语	ཚར་ཡོད།	擦越
木里译语	ལྷན་འཛོམ།	狠攘
栗苏译语	ཛྲོགས་པ།	圆满
打箭炉译语	བྲོལ་མ།	酌瓦
木坪译语	ཛྲོག་ཚར།	洛擦耳

投顺　现代藏语　མགོ་བཏགས།

地　区	译　语	汉文标音
嘉绒译语	ཉི་ཕ་གི་ཚུ།	尼腰挖吉去
松潘译语	མགོ་བདག	俄答
象鼻高山译语	སྔོ་བཏག་ཏེ།	饿答里
白马译语	སྔ་ཏོག་སྲི།	恶达是
多续译语	མགོའ་རྟག	俄达
木里译语	མགོ་རྟགས།	恶达
栗苏译语	ང་བསྙོ།	投顺
打箭炉译语	མགོ་དག	果答
木坪译语	མགོའ་འདྲག	古答

反叛　现代藏语　ངོ་ལོག

地　区	译　语	汉文标音
嘉绒译语	ངོ་ལོག	我罗
松潘译语	ངོ་ལོག	俄洛
象鼻高山译语	དམག་ལབྱུར་སྒོ།	满池夺
白马译语	འཚུག་སྒོ།	处独
多续译语	སྤེ་ཀོ།།	别众
木里译语	ངོ་ལོག	恶洛
栗苏译语	ངོ་ལོག	反叛
打箭炉译语	ངོ་པག	俄浴
木坪译语	ངོ་ལོག	俄落

起营　现代藏语　སྨར་བབས།

地　区	译　语	汉文标音
嘉绒译语	མང་མིང་ཀི་ལོ།	莽命各罗
松潘译语	སྨར་ལོངས།	噶隆
象鼻高山译语	དམག་འགྲུ་སྨོ་རེ།	马却各里
白马译语	དམག་ཧྲ་སྒྲོར་ཡང་།	麻谷押哇
多续译语	ནག་ཚེ།	那启
木里译语	དམང་ལོང་ཐན།	马乐腾
栗苏译语	སྨར་ལངས།	麻列硬革
打箭炉译语	བཀའ་བ།	马库儿
木坪译语	སྣར་ལངས།	厄耳龙

势大　现代藏语　སྟོབས་ཆེན།

地　区	译　语	汉文标音
嘉绒译语	མ་མའི་ཀི་ཁྲུ་མ་ཀི།	马各洽买
松潘译语	དབང་ཆེ།	望辙
象鼻高山译语	འོ་ཁྲོད་སྨུ་མ།	出之麻
白马译语	སྒན་ཆེ་སྲི།	外惹勒
多续译语	ཡོ་རྒན།	猓儿干
木里译语	དོན་ཆེས།	顿且
栗苏译语	དབང་ཆེ།	势大
打箭炉译语	དབང་ཆེ།	汪庆
木坪译语	དབང་ཆ།	汪齿

抢夺　现代藏语　བཙན་འཕྲོག

地　区	译　语	汉文标音
嘉绒译语	ཏྲ་ཕབ་ཀི་བྲུ།	查拔各必
松潘译语	འཕྲོག་བཙོམས།	出将
象鼻高山译语	ཆང་རེ།	抢夺
白马译语	གཏམ་འཕགས་སྲི།	斗各炮是
多续译语	སུ་ལུག	续骝
木里译语	ཕྲོག	扑
栗苏译语	འཕྲོག་ཐེན།	特路
打箭炉译语	འ་ཕྲོག་བ།	擢巴
木坪译语	འཕྲོག་ནས་འགྲོ་སོང་།	濯列不里松

其余 现代藏语 དེ་འཕྲོས།

地 区	译 语	汉文标音
嘉绒译语	ཀི་རོ།	各扰
松潘译语	ལྷག་པ།	那麻
象鼻高山译语	དེ་མང་ཕོ་སྣང་།	得莫不六
白马译语	བཞུག་རེད།	安日里
多续译语	ས་འཛིན།	三济
木里译语	བཞིན་ཐམ་ཁྱོད་ཡིན་དེ་ཕྲོད་རེད།	忍汤切却英登出额
栗苏译语	གཞན་ཡང་།	其余
打箭炉译语	གཞན་པ།	然巴
木坪译语	ལྷག་མ་མི་དགོས།	哈吗灭俄

功德 现代藏语 དགེ་ལས།

地 区	译 语	汉文标音
嘉绒译语	ཏ་པ།	达罢
松潘译语	འབུལ་བ།	木洛瓦
象鼻高山译语	དགོ་པ་ཙི་ཟིག	格折子
白马译语	ཕན་སྤྱན་སྲི།	派谢是
多续译语	ཏིང་མེ།	等墨
木里译语	དགེས་སྤྱན་པ།	厄奇麻
栗苏译语	ཡོན་ཏན།	功德
打箭炉译语	ཡོན་ཏན།	元颠
木坪译语	ཚོས་ལ་བརྟེན།	擦等

不尽 现代藏语 མི་ཟད།

地　区	译　语	汉文标音
嘉绒译语	མ་ཡོ།	马腰
松潘译语	མི་ཟད།	迷萨
象鼻高山译语	མ་ཚར།	麻哈
白马译语	ཀ་མི་རེད།	乳勒
多续译语	པིག་མག་པག	借骂扒
木里译语	བྲིད་སྐྱོད་མ་མང་།	接接麻麻
栗苏译语	མི་ཟད།	麻说
打箭炉译语	མི་ཚར།	迷仓
木坪译语	བཟང་རྒྱུད་མེད།	热车灭

无边 现代藏语 མཐའ་མེད།

地　区	译　语	汉文标音
嘉绒译语	ཀི་ཡོ།	各腰
松潘译语	མཐའ་མེད།	塔灭
象鼻高山译语	ཚོར་པོ་རེ།	茄波里
白马译语	ཁར་ཡང་རེད།	哇要里
多续译语	མེད་ག	迷儿达
木里译语	དགེས་ཚོས་ཚོས།	额缺切
栗苏译语	མཐའ་མི།	无边
打箭炉译语	མཐའ་མི།	吐迷
木坪译语	མཐའ་མེད།	妥灭

说　现代藏语 ཟེར།

地　区	译　语	汉文标音
嘉绒译语	ཀ་རྗིང་།	阿曾
松潘译语	ཟེར།	寒耳
象鼻高山译语	ཟློས།	钮
白马译语	གཏད་སྲི།	道是
多续译语	འགེག	呃
木里译语	ཁྲོད་ལ་ཤེས།	却实
栗苏译语	ཟེར།	卡脱
打箭炉译语	ཟེར།	细儿
木坪译语	བཤར།	筛

升　现代藏语 འཕར་བ།

地　区	译　语	汉文标音
嘉绒译语	ན་ཀ་ཏེ།	那各借
松潘译语	ཚེ་མཐོལ།	且托
象鼻高山译语	ཚེ་འཕག་ཟེག	千筏子
白马译语	ཁྲན་སྲི།	藕是
多续译语	ཆི་དག	起达
木里译语	ཡ་ཚེས།	阿切
栗苏译语	སྤར།	升
打箭炉译语	ཕུབ།	宥
木坪译语	ཡར་ཚེ།	押耳扯

用　　现代藏语　སྤྱོད།

地　区	译　语	汉文标音
嘉绒译语	ཏེ་སྤྱལ།	皆色巴
松潘译语	མཁའ།	颗
象鼻高山译语	ལག་འབྱུང་ཚར།	牙主咱
白马译语	ཀོ་ཀོས་སྣང་།	各归诺
多续译语	ཧུང་།	哄
木里译语	ཨ་དགོས་མི་དགོས།	阿估密郭
栗苏译语	འཕོལ།	用
打箭炉译语	བགོ།	谷
木坪译语	དགོས།	厄

罪　　现代藏语　སྡིག་ཉེས།

地　区	译　语	汉文标音
嘉绒译语	ཀི་མ་ན་པ།	各马那拜
松潘译语	ནག་མ།	那麻
象鼻高山译语	ཀྱོད་སྣང་སྡོ།	者六独
白马译语	ཡུའ་ཞི།	有事
多续译语	ཞི་མེ་དག	惹墨打
木里译语	ཁྲམ་འགལ།	擦挨
栗苏译语	ཉེས་པ།	罪
打箭炉译语	ཁ་ཆ།	客区
木坪译语	ཉེས་པ།	逆把

斤　现代藏语　རྒྱ་མ།

地　区	译　语	汉文标音
嘉绒译语	ཀྱང་མ།	甲马
松潘译语	རྒྱ་མ།	甲麻
象鼻高山译语	གང་རེ།	各里
白马译语	རྒྱལ་རྫང་རེད།	牛哇
多续译语	ཀེག	革
木里译语	བརྒྱ་མ།	捏马
栗苏译语	རྒྱ་མ།	淅
打箭炉译语	རྒྱ་མ།	甲马
木坪译语	རྒྱ་མ།	家妈

其　现代藏语　དེའི།

地　区	译　语	汉文标音
嘉绒译语	ཡ་ཛོ།	养纵
松潘译语	དེའི།	楪
象鼻高山译语	མེ་ཙིག་རེ།	木子里
白马译语	ཏ་གྲུས་རེད།	得朱勒
多续译语	ཐེའ།	特
木里译语	ཙི་འདྲ་བྱུས།	金达直
栗苏译语	དེའི།	其
打箭炉译语	དོན་སེར།	甸于
木坪译语	བཟང་ངན་ཏ་ཨ་སྐྱོ།	囔硬哈哑

写　现代藏语　འབྲི།

地　区	译　语	汉文标音
嘉绒译语	ག་ལད།	阿乃
松潘译语	གྲིས།	者
象鼻高山译语	འདུག་སྒོ།	六各
白马译语	ཡི་གེ་རེད།	一阿勒
多续译语	ཞིན།	认
木里译语	བྲི།	不立
栗苏译语	བྲིས།	客二
打箭炉译语	བྲི།	志
木坪译语	བྲིས།	不里

收　现代藏语　བསྡུས།

地　区	译　语	汉文标音
嘉绒译语	ཀ་ཤི་ཏ།	阿什达
松潘译语	བསྡུས།	斗
象鼻高山译语	སླ་ཟིག	欲子
白马译语	ཐབ་སྲི།	佗是
多续译语	ཞམ།	让
木里译语	ཚ་ཏྭ་བྱེད།	擦拉接
栗苏译语	བསུས།	勒呀
打箭炉译语	བསྡུས་རྩ།	丢瓦
木坪译语	ངོ་ལེན།	我列

重　　现代藏语　ལྗིད་པོ།

地　区	译　语	汉文标音
嘉绒译语	གི་ལིག།	各刀
松潘译语	ཛེར་མོ།	只磨
象鼻高山译语	བཛིང་མོ་རེད།	忧里
白马译语	བལྕུ་མོ་རེད།	着目勒
多续译语	ལྱི།	利一
木里译语	ཛིག	只
栗苏译语	ཚི་མོ།	特勒
打箭炉译语	ཚི་མོ།	吉木
木坪译语	ཛེག	业

留　　现代藏语　བཞག

地　区	译　语	汉文标音
嘉绒译语	ན་གི་ཏེ་ཀ་ཏལ།	阿达
松潘译语	བཞུག	朶
象鼻高山译语	ཁྲོ་མ་འགྲོ།	察麻牛
白马译语	སྔོར་ཅིག	吕止
多续译语	ཛོ་ཀྲི།	捉己
木里译语	བཞག་འདུག	押阿鲁
栗苏译语	ཤོལ།	厄积
打箭炉译语	བཛོང་།	救
木坪译语	བཞག	嗽

当　现代藏语 གཏའ་མ།

地　区	译　语	汉文标音
嘉绒译语	ནམོ་ཉོ།	那木了
松潘译语	ཏ་མ།	达墨
象鼻高山译语	གདམ་འཞག་ཚད།	答哇谷咱
白马译语	ཁ་ཚོད་སྲི།	哈者是
多续译语	ཤག	挟
木里译语	ལྟ་མ།	达马
栗苏译语	འགོག	当
打箭炉译语	བར་བཟོ།	白耳左
木坪译语	ངེས་ཡོད།	业月

皮　现代藏语 པགས་པ།

地　区	译　语	汉文标音
嘉绒译语	ཏི་སྒྲི།	的之
松潘译语	བད་པ།	把罢
象鼻高山译语	ཤིན་འཕག	辰八
白马译语	ཤུ་འབག་རེད།	纯巴勒
多续译语	ཀིན།	更
木里译语	ལྤག་པ།	巴八
栗苏译语	ལྤགས་པ།	之必
打箭炉译语	ཏ་པོ།	各瓦
木坪译语	ལྤག་ལྤག	八巴

轻　现代藏语 ཡང་མོ།

地　区	译　语	汉文标音
嘉绒译语	ཀོ་ཡོ།	各约
松潘译语	ཡང་མོ།	羊毛
象鼻高山译语	ཞང་སོ་རེ།	入无里
白马译语	གཡང་སྲི།	要是
多续译语	ཡི་ཚུག	衣粗
木里译语	ཡའོ།	浓
栗苏译语	ཡང་བ།	过过
打箭炉译语	ཡང་ས།	羊瓦
木坪译语	ཡང་།	样

字　现代藏语 ཡི་གེ།

地　区	译　语	汉文标音
嘉绒译语	ཏ་སྐྱོང་།	打色九
松潘译语	ཡི་གེ།	夷杰
象鼻高山译语	ཡིག་གེ་རེ།	日爱里
白马译语	ཡི་མཁན་རེད།	尼勒
多续译语	ཡིག་དལྟེ།	音本
木里译语	ཡི་གེ།	亦革
栗苏译语	ཡི་གེ།	淅经
打箭炉译语	ཡི་གེ།	夷格
木坪译语	ཡི་གེ།	亦革

肥　现代藏语 རྒྱགས་པའམ་ཚོན་པོ།

地　区	译　语	汉文标音
嘉绒译语	ཚོ།	求
松潘译语	ཚོན་པོ།	窜播
象鼻高山译语	ཚོན་པོ་རི།	聪不里
白马译语	ཚོར་འཕ་རེད།	寸末里勒
多续译语	མཚོའ།	初
木里译语	འཚོ།	醋
栗苏译语	ཚེམ་པོ།	登
打箭炉译语	ཚེམ་པོ།	错巴
木坪译语	མཚོའ།	初

平　现代藏语 སྙོམ་པོ།

地　区	译　语	汉文标音
嘉绒译语	གི་ཏབ།	敢达
松潘译语	མཉམ་པོ།	念播
象鼻高山译语	སྙར་ཟིག	达子
白马译语	རྒུ་རེད།	姑列
多续译语	རྒྱོ་རྒྱོ།	觉脚
木里译语	འཇམ་པོ།	捏么
栗苏译语	མཏམ་པོ།	平
打箭炉译语	བ་གིངས།	良巴
木坪译语	ཐང་ཐང་།	倘倘

许　现代藏语　ཁས་ལེན་པ།

地　区	译　语	汉文标音
嘉绒译语	ཕའ།	挖
松潘译语	བཞིན་ཚད།	仍七
象鼻高山译语	ཁ་བྱང་ཚར།	开欲咱
白马译语	ཁ་ཡ་སྦྲི།	哈要是
多续译语	ཆ་ཡུས།	岔与
木里译语	ཨ་ཞི།	阿日
栗苏译语	ཞལ་བཞེས།	客责毒
打箭炉译语	ཞུ་འབུལ།	勋北
木坪译语	ཐམ།	毡

瘦　现代藏语　སྐམ་པོ།

地　区	译　语	汉文标音
嘉绒译语	ཉམ་སྨེད།	两亏
松潘译语	ཀྱེད་པ།	足拔
象鼻高山译语	ཚར་སྒོ་རེ།	期各里
白马译语	ཏུ་ཤར་ཚད།	奴插拉是
多续译语	འག	呷
木里译语	ཉམ་ངན།	捏额
栗苏译语	རྟུད་པ།	勒昂
打箭炉译语	མཉམ་ངན།	良暗
木坪译语	ཉམ་ངན།	仰厄

照例　现代藏语　སྔར་བཞིན།

地　区	译　语	汉文标音
嘉绒译语	ཀའུ་ཤོ་པ།	阿委什彼
松潘译语	སྔར་ལམ།	阿浪
象鼻高山译语	དཔའོ་མེང་།	百尼
白马译语	སྤེ་སྣང་།	白诺
多续译语	ཁྲི་ཡིད།	痴依
木里译语	སྔོན་ལུག	律归
栗苏译语	སྤྲོལ་བཞིན་དུ།	说祭
打箭炉译语	རྗེ་སླུག	昔耳洛
木坪译语	སྤྲོད་ཡོད་ལུག་བྱེས།	诸月渌拮

生番　现代藏语　བོད་ཆོད།

地　区	译　语	汉文标音
嘉绒译语	ཏ་མི་པི་མ་ཤོ།	得勒敏必马说
松潘译语	བོད་ཆོད།	白革
象鼻高山译语	སྨྲི་ཆོད་རེ།	黎各里
白马译语	སྤྲོད་གོད་རེད།	白哇勒
多续译语	དག་ཤོ་པ།	大乌把
木里译语	མཐའ་ལག	塔拉
栗苏译语	བོད་ཆོད།	皮接
打箭炉译语	ཏ་མཛོད།	嗄马各
木坪译语	བོད་ཆོད།	百葛

朵甘 现代藏语 མདོ་ཁམས།

地 区	译 语	汉文标音
嘉绒译语	ཏི་སྨུག	各日巴
松潘译语	མདོའ་ཁམ།	洛亢
象鼻高山译语	ཕར་བྱོས་ཞི	朋多日
白马译语	སྟོང་གར།	朵甘
多续译语	མེ་ཏོག་ཚུང་།	灭夺冲
木里译语	བྱེད་མང་།	接忙
栗苏译语	མདོ་ཁམས།	初主
打箭炉译语	སྨས་བ།	播瓦
木坪译语	བཟའ་འདོད་ཆེས།	热鲁丝

不听 现代藏语 མི་ཉན།

地 区	译 语	汉文标音
嘉绒译语	མའུ་ར་ནས།	马耳难
松潘译语	མ་ཉེན།	麻念
象鼻高山译语	ཁ་མི་ཉན་ཟིག	卡立业子
白马译语	ན་མི་སྙན།	那莫你
多续译语	མ་ཕད་ཡག	马罢呀
木里译语	སི་ཉོན།	齐据
栗苏译语	མ་ཧན།	嘛巴钮
打箭炉译语	ཤ་མ་ཏན།	客马连
木坪译语	ང་མི་ཉན།	那米尼

薄　现代藏语　སྲབ།

地　区	译　语	汉文标音
嘉绒译语	ཀི་ཕྱ།	各
松潘译语	སྲ།	砂
象鼻高山译语	ཙ་ཁ།	责无
白马译语	ཞའས་རེད།	少勒
多续译语	དཔའ།	拔
木里译语	སབ།	夺
栗苏译语	སྲབ།	比必
打箭炉译语	སྲབ་པ།	撒瓦
木坪译语	སྲབས།	色

换　现代藏语　བརྗེ།

地　区	译　语	汉文标音
嘉绒译语	ཀ་ཤ་བརྗོ།	阿少头
松潘译语	རྗེས།	勒
象鼻高山译语	ཞེས་ཚར།	热咱
白马译语	སྔ་བོ་ཞི།	俄热
多续译语	ཏོག་ཀིན།	多更
木里译语	རྗེས།	业
栗苏译语	བརྗེས།	敦之
打箭炉译语	ལྗེ་བ།	计瓦
木坪译语	བརྗེ་རེས་བྱ།	业列揭

厚　现代藏语　མཐུག

地　区	译　语	汉文标音
嘉绒译语	ཀི་ཡུག	各养
松潘译语	མཐུག	透
象鼻高山译语	འཐིག་པོ།	头不
白马译语	འཐུབ་པོ་རེད།	六卜勒
多续译语	ཀྱུ།	局
木里译语	འཐུག	秃
栗苏译语	འཐུག	惑突
打箭炉译语	ཐུག་པ།	秃巴
木坪译语	ཐུག	偷

谨　现代藏语　གཟབ་ནན།

地　区	译　语	汉文标音
嘉绒译语	ཀི་སྣོ།	各色难
松潘译语	བྲིས་མོ།	只本
象鼻高山译语	སྤོ་ངེ་ཐེས་སེ།	率地即
白马译语	གན་བཞིན།	格日
多续译语	སུག	束
木里译语	དམ་པོ།	党卜
栗苏译语	སྒྲིམས།	谨
打箭炉译语	ཟམ་ཆུ།	两穷
木坪译语	ཚ་ར་བྱུས།	擦拏拮

番僧　现代藏语　བོད་ཀྱི་གྲྭ་བཙུན།

地　区	译　语	汉文标音
嘉绒译语	དགཻས།	告杀思
松潘译语	བོད་ཡིར་མོ།	白色磨
象鼻高山译语	སེར་མོ།	色目
白马译语	དགེ་ཞིང་།	革热
多续译语	རྟོག་སོ་བླ་མ།	多续喇吗
木里译语	ལྷ་སྡེས།	哈跌
栗苏译语	བོད་བན།	番僧
打箭炉译语	དབེན།	□班
木坪译语	ཨ་རྩ་ར།	杂筝

庆贺　现代藏语　རྟེན་འབྲེལ་ཞུ།

地　区	译　语	汉文标音
嘉绒译语	ཕྱེར་མ།	皮慢
松潘译语	ཉ་དགེའ།	牙革
象鼻高山译语	ཟ་ཀ་ཡིན།	庆贺
白马译语	ཁན་འགྲོག	克女
多续译语	མེརྟོག་ཉོག	眉多虐
木里译语	སྟོང་ར་བྱུས།	董拉接
栗苏译语	བྲིན་རབ།	庆贺
打箭炉译语	སྐྱིད་བུ།	吉布
木坪译语	ཕྱི་མར་བྱེས།	扯墨尔吉

替职　现代藏语　ལས་ཚབ།

地　区	译　语	汉文标音
嘉绒译语	དགབ་ཐ།	阿纳什之
松潘译语	སྐུ་ཚབ།	各擦
象鼻高山译语	ཕ་ཤི་ན་བུ་རེ།	批手六卜里
白马译语	བཞིན་འཕང་སྟེ།	日卜是
多续译语	ཛ་མེ།	杂麦
木里译语	ཆ་ཉམ།	洽仰
栗苏译语	ལས་ཀ་ཚབ།	替职
打箭炉译语	རྒྱུ་འཛིན།	郡节
木坪译语	བརྗེད་ལན།	业里

打发　现代藏语　ཇོང་བ།

地　区	译　语	汉文标音
嘉绒译语	ཏ་བྲ་གི་ཚེ།	达各巴各色
松潘译语	ཡི་བཏང་།	木当
象鼻高山译语	འཛོ་བ་འཞིན།	莫哇日
白马译语	ཀང་ཞིང་།	告热
多续译语	དཔེའ་གྱི།	白鸡
木里译语	གཏང་།	挡
栗苏译语	བསྲངས།	打发
打箭炉译语	གྲོང་བཛའ།	宗答
木坪译语	གཏོང་།	董

西番　现代藏语　ནུབ་བོད།

地　区	译　语	汉文标音
嘉绒译语	ནུས་ལས་ཁ་བུ།	勒纳色卡福补
松潘译语	བོད་མི།	外蜜
象鼻高山译语	སོང་རེ།	布哀里
白马译语	བོད་རེད།	白勒
多续译语	ཏོག་སོ།	多续
木里译语	འཐའ་སྦྱོག	塔戳
栗苏译语	བོད་ཀྱི།	昴巴妈
打箭炉译语	རོང་མི།	戎迷
木坪译语	བོད་མི།	拨米

金箔　现代藏语　གསེར་ཤོག

地　区	译　语	汉文标音
嘉绒译语	ཏ་དང་མོ།	达当某
松潘译语	གསེར་ཤོག	色杓
象鼻高山译语	ཀྱིམ་ཧྲོ།	金箔
白马译语	གསེར་ཤོག	色稍
多续译语	གསེར་ཤོག	丝勺
木里译语	གསེར་ཁོག	色耳可
栗苏译语	གསེར་ཤོག	尼
打箭炉译语	སེར་ཤོག	细耳旭
木坪译语	གསེར་ཤོག	色耳说

大小　现代藏语　ཆེ་ཆུང་།

地　区	译　语	汉文标音
嘉绒译语	ཀི་ཏེ་ཀི་རྫོས།	各皆各哉
松潘译语	ཆེ་ཆུང་།	七仲
象鼻高山译语	ཆེུང་རེ།	切角立里
白马译语	ཆེ་ཆུང་རེད།	辙处
多续译语	ཨ་ཀོ།།	呷果
木里译语	ཆེ་ཆུང་།	切冲
栗苏译语	ཆེ་ཆུང་།	掛乜
打箭炉译语	ཆེ་ཆུང་།	穷却
木坪译语	ཆེ་ཆུང་།	尺宠

银箔　现代藏语　དངུལ་ཤོག

地　区	译　语	汉文标音
嘉绒译语	པལ་ཏ་དེང་མོ།	邦挨达当某
松潘译语	དངུལ་ཤོག	欧杓
象鼻高山译语	ཡིན་ཧྥོ།	银箔
白马译语	ངུལ་ཤོག	尼稍
多续译语	དངུལ་ཤོག	物勺
木里译语	དངུལ་ཞོག	女渴
栗苏译语	དངུལ་ཤོག	厄
打箭炉译语	དངུལ་ཤོག	偶旭
木坪译语	དངུལ་ཤོག	厄耳说

番人　现代藏语　བོད་མི།

地　区	译　语	汉文标音
嘉绒译语	ཀི་ཏུ།	苟又
松潘译语	བོད་མི།	坡墨
象鼻高山译语	པེད་རོད།	不里
白马译语	བོད་རེད།	白你
多续译语	མེ་ཏོག་སྲུ།	迷多续
木里译语	བོད་མི།	白密
栗苏译语	བོད་མིའི།	番数
打箭炉译语	བོད་མི།	比咩
木坪译语	མཐའ་ཕྱོགས་བོད་མི།	他却播米

正月　现代藏语　ཟླ་བ་དང་པོ།

地　区	译　语	汉文标音
嘉绒译语	ཏ་རྩེལ།	打则那
松潘译语	ཟླ་བ་དང་པོ།	纳瓦当播
象鼻高山译语	སྤྲི་ཟླ་ངོས།	舍杂各
白马译语	འ་པར།	执八
多续译语	ལུག་ཨཕྱོད།	流乌曲
木里译语	ཟླ་བ་དོང་།	纳瓦达木
栗苏译语	ཟླ་བ་དང་པོ།	虏撒那
打箭炉译语	ཟླ་བ་དང་པོ།	答瓦东卜
木坪译语	ཟླ་བ་དང་པོ།	答瓦董补

率领　现代藏语　འཁྲིད་པ།

地　区	译　语	汉文标音
嘉绒译语	ཁུ་ལྷུ་ཀ་པ།	嘤库阿巴
松潘译语	ཁྲིད་ཤོག	车说
象鼻高山译语	སུ་རེད།	率领
白马译语	ཁུ་སྒོང་།	肯速
多续译语	ཧུ་སུག	呼续
木里译语	བོད་མི་བོད།	白迷抹
栗苏译语	མགོ་བསྒུད།	率领
打箭炉译语	མགོ་འདྲེན།	谷遮
木坪译语	མགོའ་ཁྲིད།	恶尺

番汉　现代藏语　བོད་རྒྱ།

地　区	译　语	汉文标音
嘉绒译语	ཀི་པ་ཀི་ཧུ།	各罢苟又
松潘译语	བོད་རྒྱ།	坡甲
象鼻高山译语	རྒྱ་སོང་།	刹不
白马译语	རྒྱལ་བོད་རེད།	白甲
多续译语	རྟོག་སུག་ཙེ།	多续姐
木里译语	རྒྱ་དང་བོད།	捏当白
栗苏译语	བོད་རྒྱ།	责弊
打箭炉译语	བོར་རྒྱ།	布杰
木坪译语	རྒྱ་བོད།	家播

经文　现代藏语　ཆོས་དཔེ།

地　区	译　语	汉文标音
嘉绒译语	དགེས་བ་ཀི་སྒུ།	葛凹阿敏思
松潘译语	མདོ་ཡིག	夺伊
象鼻高山译语	ཡིག་གེ་འདོན།	日哀六
白马译语	ཡི་མཁན།	一厄
多续译语	དག་འགན།	达岸
木里译语	ཆོས།	出
栗苏译语	མདོ་ཀྱི་ཡིག་གེ།	经文
打箭炉译语	ཕོ་རྗེ་ཡི་གེ།	破车夷格
木坪译语	སང་རབ།	萨洛

升职　现代藏语　ལས་འཕར།

地　区	译　语	汉文标音
嘉绒译语	ནཀི་ཏི།	纳各借
松潘译语	ཆེ་འ་བར།	欠怕
象鼻高山译语	ཆེ་ཐོབ་རེ།	切修里
白马译语	ཁ་སྐྱུན་སྲི།	克血是
多续译语	ཡག་ཁག་དག	吖卡达
木里译语	ཡ་ལ་ཆེ།	阿拉切
栗苏译语	ལབ་ཀ་སྤར།	升职
打箭炉译语	དཔོན་འདུག	便都
木坪译语	བཀའ་ཞོག	革熟

祭文 现代藏语 བསྔོ་ཡིག

地　区	译　语	汉文标音
嘉绒译语	མཆོ་པ།	出入
松潘译语	གསོལ་མཆོད་ཆོ་ག	梭却曲噶
象鼻高山译语	རྗེ་ཅུན།	祭文
白马译语	ཡི་གེ་མེ་ནང་སྲུར།	一厄业六厦
多续译语	ཅིན་གྱི་མདའ།	整几达
木里译语	ཞུས་དོན།	如登
栗苏译语	གསོལ་མཆོད་ཀྱི་ཡིག་གེ།	祭文
打箭炉译语	ཆོམས་ཡི་གེ།	去车夷格
木坪译语	བསྔོ་ཡིག	俄易

经典 现代藏语 གསུང་རབ།

地　区	译　语	汉文标音
嘉绒译语	དགེ་ཐར།	足挖台
松潘译语	མདོ་གྲང་།	夺壮
象鼻高山译语	ཡིག་གེ་རེ།	日哀
白马译语	ཡི་གེ་རེད།	一革
多续译语	པེ་ཆག	别奓
木里译语	ཆོས་ཡིག	出依
栗苏译语	མར་གྲོངས།	经典
打箭炉译语	ཕོ་བྲང་།	破章
木坪译语	ལྷ་ཁང་།	特孔

行移　现代藏语　སྤོར་བ།

地　区	译　语	汉文标音
嘉绒译语	ཏ་སྐྱོ་ལེས།	达色酒乃
松潘译语	གནས་སྤོར།	勒播
象鼻高山译语	ཕྱར་སྒོ་རེད།	沙谷立
白马译语	རོག་གུང་སྲི།	入巴是
多续译语	ཆི་ཀན་ཆོ་ཀམ།	其扛处扛
木里译语	ཕ་འདུག་འགྲོ།	怕都耳诺
栗苏译语	འགྲིམས།	勒耻
打箭炉译语	བྲིས་པང་།	志巴
木坪译语	འཚམས་ཞུས།	抢汝

兴隆　现代藏语　དར་རྒྱས།

地　区	译　语	汉文标音
嘉绒译语	དར་རྒྱབ།	达儿甲思
松潘译语	དར་བརྒྱས།	达儿播
象鼻高山译语	ཤུན་ལུང་།	兴隆
白马译语	བཟང་སྲི།	所是
多续译语	ཙག་དཔལ།	咱吧
木里译语	དགའ་འཛོམ།	干戎
栗苏译语	དར་རྒྱས།	兴隆
打箭炉译语	དར་རྒྱས།	打耳结
木坪译语	དར་ཞིང་རྒྱལ།	的是

临洮 现代藏语 ཞིང་ཀུན།

地 区	译 语	汉文标音
嘉绒译语	ཞིང་ཀུན།	身股
松潘译语	ཞིང་ཀུན།	盛棍
象鼻高山译语	ཕོན་ཐོ།	临洮
白马译语	ལི་ཐང་རེད།	临洮
多续译语	ཕྱི་དོ།	威睹
木里译语	ཐག་རིང་ཡོང་།	塔耳尼戎
栗苏译语	ཞིང་ཀུན།	临洮
打箭炉译语	ཞིང་མཁན།	盛堪
木坪译语	ལིང་ཐས།	临塘

五谷 现代藏语 འབྲུ་སྣ་ལྔ།

地 区	译 语	汉文标音
嘉绒译语	ཀི་མཛོའ་སྣ།	苟某各色难
松潘译语	འབྲུ་སྣ་ལྔ།	住纳阿
象鼻高山译语	ལུས་ལོ།	卢那
白马译语	འབྲུ་སྣང་བ་ཐོད།	肉勒
多续译语	ཀུན་པེད།	搬背
木里译语	འབྲས་སྣ།	没耳纳
栗苏译语	ལྔ་འབྲས།	栢厄而巴
打箭炉译语	འབྲུ་སྣ་ལྔ།	主剌阿
木坪译语	འབྲུས་སྣ་ལྔ།	摄那阿

不许　现代藏语　མི་ཆོག

地　区	译　语	汉文标音
嘉绒译语	མཐུ་པ།	马巴
松潘译语	མ་བྱེད།	麻些
象鼻高山译语	མ་ཅིང་།	麻及
白马译语	ཁན་ཆེ་སྲི།	麻细
多续译语	མག་ཆན་ཡི།	马枪依
木里译语	ཁ་མི་ཉན།	卡密你
栗苏译语	མ་བྱེད།	他木
打箭炉译语	མ་བྱེད།	马给
木坪译语	མ་ཐམས།	麻接

所有　现代藏语　ཚང་མ།

地　区	译　语	汉文标音
嘉绒译语	ཀི་སྟོ།	更豆
松潘译语	སྙེད།	治列
象鼻高山译语	ཕོ་རྡོག།	诺独
白马译语	སྣང་།	诺
多续译语	ཐད་ཕེ་པོག	特柏播
木里译语	འདི་ག་ཡོད།	捏噶月
栗苏译语	ཅི་སྙེ།	所有
打箭炉译语	ལྕ་ལ་ཡིང་།	驾那郁
木坪译语	གང་ཡོད།	虹月

侵占　现代藏语　བཙན་བཟུང་།

地　区	译　语	汉文标音
嘉绒译语	ཀི་ཕུ་ཀ་པ།	窝补阿罢
松潘译语	བདག་བཟུང་།	达茸
象鼻高山译语	ཚུན་འཛེ།	侵占
白马译语	ཁྲོག་ཁྲུན།	喘藉
多续译语	ལུ་དག	流打
木里译语	ཕྲོག་པ།	撮撒
栗苏译语	བདག་བཟུང་།	特陆
打箭炉译语	བདག་བཟང་།	答宗
木坪译语	ས་ཚོགས་འཕྲོག་འདུག་བྱུས།	色妻普濯䘵吉

金阙　现代藏语　གསེར་སྒོ།

地　区	译　语	汉文标音
嘉绒译语	དར་ཉི་ཀོམ།	达儿领冈
松潘译语	གསེར་སྒོ།	谢郭
象鼻高山译语	ཚུན་ཚོས།	金阙
白马译语	ཁྲི་ཐག་རེད།	赤兔
多续译语	བསོད་ནམས།	梭挐
木里译语	གསེར་ཞྭ།	色惹
栗苏译语	གསར་སྒ།	金阙
打箭炉译语	གསེར་སྒྲོ།	星即
木坪译语	གསེར་སྒོ།	色耳古

艰难　现代藏语　དཀའ་ལས་ཁག་པོ།

地　区	译　语	汉文标音
嘉绒译语	ཏི་རྩས་པ་ཁ།	登哉撒卡
松潘译语	དཀའ་ལས་ཆེ།	噶勒辙
象鼻高山译语	ཀྱུག་ཚད་རེད།	刹谢你
白马译语	ངར་ཡི་རེད།	哈衣
多续译语	ཏ་ཇོ།	哈舟
木里译语	སྡུག་ཆེས།	鹿切
栗苏译语	དཀའ་ལས་ཆེ།	麻卜
打箭炉译语	མི་ཧྲ་མེ་ཏྲག	母即借
木坪译语	ཀ་ལེ་ཆེ།	葛立齿

我每　现代藏语　ང་ཚོ།

地　区	译　语	汉文标音
嘉绒译语	ངོ་སྒྲོ།	我妥
松潘译语	ངེད་རྣམས།	额朗
象鼻高山译语	ང་དགའ་སྟོ།	我每
白马译语	རང་རེ་རེད།	我每
多续译语	འ་ཏེ།	阿得
木里译语	ང་ལ་དོན་གཅིག་ཡོད།	阿拉登济月
栗苏译语	ངེད་རྣམས།	我每
打箭炉译语	དེད་རྣམས།	阿即
木坪译语	ངེས་རྣམ།	厄能

回回　现代藏语　ཁ་ཆེ།

地　区	译　语	汉文标音
嘉绒译语	ཁ་ཀྱུ།	卡甲
松潘译语	ཧུ་རྒྱལ།	回甲
象鼻高山译语	ཞོས་ཞིའ་རེད།	回回
白马译语	ཧོད་འོད་རེད།	低威勒
多续译语	ཙེ་སོག	姐梭
木里译语	ཤིང་ས་ཁ།	细麻卡
栗苏译语	སོག་སོ།	回回
打箭炉译语	ཁོ་ཁོས།	科科
木坪译语	ཧུ་ཧུ།	回回

外国　现代藏语　ཕྱི་རྒྱལ།

地　区	译　语	汉文标音
嘉绒译语	ལྷོ་བྲེ་པ་ཚ།	窝不撒杀
松潘译语	ཕྱི་ཡུལ།	细欲
象鼻高山译语	ཅིན་བུ་ཀོ་ཆ་ཅེས།	今布各甲布
白马译语	ཕྱི་འཛོག་རེད།	行著勒
多续译语	སུ་དག་ཡུག	续大囿
木里译语	བོད་ཁེ་ཕྱོགས།	拨耳康切
栗苏译语	ཕྱིའི་ཡུལ།	外国
打箭炉译语	སྤྱིའི་ཡུལ།	迁郁
木坪译语	ཕྱིའི་ཕུལ།	七语耳

财物　现代藏语　ནོར་རྫས།

地　区	译　语	汉文标音
嘉绒译语	ནོར་ཚི།	要耳则思
松潘译语	ནོར་རྫས།	洛儿则
象鼻高山译语	སྣ་ཀ་རྒྱ་ནང་སྔོ།	拿洽甲六独
白马译语	ཙི་ཛ་ཀུན་སྤུད།	直扎国的
多续译语	ཚོ་ཀན་ཀོ།།	足干枯
木里译语	ནོར་རྫད།	诺耳摄
栗苏译语	ནོར་སྫུས།	鲁些
打箭炉译语	ནོར་སྫུས།	洛儿白
木坪译语	ནོར་སྫུས།	诺耳接

河洲　现代藏语　ག་ཆུ།

地　区	译　语	汉文标音
嘉绒译语	ཀ་ཚོ།	阿奏
松潘译语	ག་ཆུ།	噶曲
象鼻高山译语	ཆོས་ཀྱོ།	河洲
白马译语	ཏུང་ཙུད།	河洲
多续译语	ཕྱི་པེ་དག	威白打
木里译语	ཨ་ཙ་ར།	阿咱拉
栗苏译语	ག་ཆུ།	河洲
打箭炉译语	བཟེམ་ཆུ།	净究
木坪译语	ཛོ་ཛོ།	合爵

好生　现代藏语　ཚུལ་ལྡན།

地　区	译　语	汉文标音
嘉绒译语	ཀ་སྣ།	各色难
松潘译语	ལེག་པར།	勒八
象鼻高山译语	སྐྱེན་པོ་ག་ཅན།	好生
白马译语	བཟང་སྲི།	速是
多续译语	ཏེ་འག	得呷
木里译语	ངོ་མཛད།	安则
栗苏译语	ལེགས་པར།	德咱木
打箭炉译语	ཡིང་སར།	列别
木坪译语	སྐྱེམ་ཆེ་བཟང་།	日吃嚷

进马　现代藏语　རྟ་འབྱུལ།

地　区	译　语	汉文标音
嘉绒译语	ཧྲ་རོ་ཀ་ལྷེད།	未扰阿委
松潘译语	རྟ་འབྱུལ།	达补
象鼻高山译语	ཅི་མ།	进马
白马译语	ཛ་བྱུད།	搭七那肖
多续译语	མོ་ཕ།	摸铺
木里译语	རྟ་ནང་ཁྲི།	达囊尺
栗苏译语	རྟ་འབྱུལ།	播克衣
打箭炉译语	རྟ་བནལ།	答闭
木坪译语	རྟ་འཕྱུལ།	达本楮

连累　现代藏语　ཐག་ཉོར་འབྲིང་འདྲུད།

地　区	译　语	汉文标音
嘉绒译语	ཏཟྫེས་ག་སྣ།	胆寨各是难
松潘译语	ལེ་ལྡུང་།	勒弄
象鼻高山译语	ལན་ལེས།	连累
白马译语	ཡོ་ཡོག་ཁྱུ།	羊又可十
多续译语	ཙོ་དག	助打
木里译语	མགོ་ཡོང་ཕོག	恶约破
栗苏译语	ཉོར་ཕོག	连累
打箭炉译语	ཉོར་ཕེབ།	甸别
木坪译语	མགོའ་སྐོར།	我国

利害　现代藏语　ཕན་གནོད།

地　区	译　语	汉文标音
嘉绒译语	ས་ཁ་ཁ།	撒卡卡
松潘译语	ན་གྲུརཆེ།	赞乍纳
象鼻高山译语	སྔོར་ཕོ།	恶不
白马译语	ཏེ་ཏན་རེད།	作入勒
多续译语	ཡག་ཡག	呀吖
木里译语	དྲག་ཕོ།	札补
栗苏译语	ཐྲུ་མོ།	利害
打箭炉译语	ཐྲུབ་མོ།	涂木
木坪译语	དྲག་ཕོ་ཡིན།	扎拨宁

钞贯 现代藏语 ཁྲི་འབྲུལ།

地 区	译 语	汉文标音
嘉绒译语	ཁེ་ཙ་ཞུ།	克刹吾
松潘译语	ཁྲི་འབྲུལ།	钞贯
象鼻高山译语	ཚོའུ་ཀ	钞贯
白马译语	ཚབ་ཀོག	钞贯
多续译语	དག་སུ།	大哺
木里译语	ཚན་སྟོང་ཉིང་པ།	挣冬呢罢
栗苏译语	ཁྲའུ།	钞贯
打箭炉译语	ཁྲ་བུ།	岔卜
木坪译语	ཚོག་ཀུན།	却滚

地界 现代藏语 ས་མཚམས།

地 区	译 语	汉文标音
嘉绒译语	ས་ཚ་སྒྲ།	撒刹色阿
松潘译语	ས་འཚམ།	萨参
象鼻高山译语	ཏིའུ་ཀབ།	地界
白马译语	སྲིས་ཙིག་རེད།	蛇色
多续译语	དག་གེ།	大革
木里译语	ས་འཚམ།	散创
栗苏译语	ས་འཚམས།	地界
打箭炉译语	ས་མཚམས།	撒仓
木坪译语	ས་ཚིག	萨齐

朝贡 现代藏语 མཇལ་འབུལ།

地区	译语	汉文标音
嘉绒译语	ཧི་ཕྲི་ཁང་འབྲི།	格勒康
松潘译语	འཇལ་འབུལ།	甲布
象鼻高山译语	ཚོཨུ་ཀུང་།	朝贡
白马译语	རྒྱོལ་རྒྱུ་ཁུ་སོང་།	业阿欲若速
多续译语	རྒྱ་འབུལ།	奖卜
木里译语	གོང་མ་འབུ་བརྟེན།	谷马木登
栗苏译语	འཇའ་འབུལ།	朝贡
打箭炉译语	འཇམ་འབུལ།	降闭
木坪译语	མཇལ་འབུལ།	业耳立

买卖 现代藏语 ཉོ་ཚོང་།

地区	译语	汉文标音
嘉绒译语	ཚོང་པ།	葱罢
松潘译语	ཉོ་ཚོང་།	料从
象鼻高山译语	ཁེ་རྗེ།	客及
白马译语	ཁེ་ཕྱི།	克昔
多续译语	ཉོག་ནོ།	鸟糯
木里译语	ཚང་པ།	汤罢
栗苏译语	རྟོས་ཚོང་།	歪卡
打箭炉译语	ཚོང་།	匆
木坪译语	ཞུང་ཚུང་།	若宠

分外 现代藏语 དབྱི་བ།

地 区	译 语	汉文标音
嘉绒译语	དཝི་དབུ་ཨི་ཕྱི།	乌谷卧皮
松潘译语	ཁྱད་པར།	恰罢
象鼻高山译语	བསྒྲོང་ང་།	折巴里
白马译语	ཕྱོགས་ཁམས་རེད།	雪怪勒
多续译语	ནོ་འཕོག	怒破
木里译语	ཕྱི་ལོག	尺落
栗苏译语	ཁྱད་པར།	分外
打箭炉译语	ལྗད་པར།	脚别
木坪译语	ལྷག་མ།	擦马

数珠 现代藏语 ཕྲེང་བ།

地 区	译 语	汉文标音
嘉绒译语	ཕྲེང་བ།	更怕瓦
松潘译语	འཕྲེང་བ།	唱瓦
象鼻高山译语	འཕྲེང་།	罗及
白马译语	ཚང་ཐང་།	由六
多续译语	ཙུད་ཕྲ།	追瓦
木里译语	འཕྲེང་བ།	折瓦
栗苏译语	ཕྲེང་བ།	颇哇
打箭炉译语	འཕྲེང་བ།	车瓦
木坪译语	ཕྲེང་བ།	赤瓦

辅教　现代藏语　ཟུར་ཁྲིད།

地　区	译　语	汉文标音
嘉绒译语	བཏུ་ཀྲུ་ཤུ།	辅教
松潘译语	无	无
象鼻高山译语	ཏུཙུ་ཀྲུཙོ།	辅教
白马译语	ཕྱོ་རྒྱབ།	辅教
多续译语	ཀོ་པག	阁罢
木里译语	སློབ་སོང་།	撮声
栗苏译语	ཏུ་ཀྲུཙ།	辅教
打箭炉译语	ཟློར་གྲུ།	答瓦已
木坪译语	ཆོས་ཀྱི་གོ་བ་སླབས།	促儿葛瓦或

阐化　现代藏语　སློབ་གསོས་བློ་འགུག་པ།

地　区	译　语	汉文标音
嘉绒译语	ཏ་ཏི་རམ།	达的让
松潘译语	无	无
象鼻高山译语	ཆང་ཏུཙ།	阐化
白马译语	གཏོ་ཁྲི།	独昔
多续译语	རྟོག་དད།	朵德
木里译语	མི་ལ་སླབ་བྱ།	弥勒折甲
栗苏译语	ཆེན་ཏ།	阐化
打箭炉译语	ལྷ་ཆེན་བཟང་།	那欠藏
木坪译语	བསླབ་བྱ།	合别

大宝　现代藏语　ནོར་བུ་ཆེན་པོ།

地　区	译　语	汉文标音
嘉绒译语	པད་ཏི།	巴底
松潘译语	无	无
象鼻高山译语	ད་པོ།	大宝
白马译语	ཧག་སབས།	大宝
多续译语	ནོར་བུ་ཁག	那补卡
木里译语	ལྷའི་ཐུ་གེ	海衣秃节
栗苏译语	ཏའི་བཙུ།	大宝
打箭炉译语	ཏིལ་འབུ།	颠布
木坪译语	ནོར་བུ་ཆེ་བ།	落月补且瓦

阐教　现代藏语　བསམ་གཏན།

地　区	译　语	汉文标音
嘉绒译语	དགོན།	更登
松潘译语	无	无
象鼻高山译语	ཆང་ཀྱོཙུ།	阐教
白马译语	ཡི་གེ་བཙོས།	亦厄足
多续译语	སྒྲིབས་ཕ་བ།	竹巴凹
木里译语	གྲྭ་ཚང་སྲི།	札苍渍
栗苏译语	ཆེན་ཀྱཙུ།	阐教
打箭炉译语	ལྷ་ཆེན་ལ་འབུལ།	那欠览被
木坪译语	ཀོ་ཧ་སྦྲོད།	葛打不列

城池　现代藏语　མཁར་རྫོང་།

地　区	译　语	汉文标音
嘉绒译语	ཀིའ་རྫི་ཨུ།	拐之五
松潘译语	མཁར་མི།	卡墨
象鼻高山译语	ཁེ་ལེས།	喝里
白马译语	མཁར་རེད།	哈勒
多续译语	ལྦ་ཀོ།	哇过
木里译语	ལྕུག་རིག	札里
栗苏译语	མཁར་མིག	城池
打箭炉译语	ལྕུ་ཏྲམ་ཡིག	加惹迷
木坪译语	ལྕུག་རིས།	加耳

怜悯　现代藏语　ཤ་ཚ། སྙིང་རྗེ།

地　区	译　语	汉文标音
嘉绒译语	ཀ་ལི་ཡ་ཕྱ།	阿思养望
松潘译语	བྱམས་པ།	线罢
象鼻高山译语	ས་ཆ།	巴甲
白马译语	ཤན་ཚོ་སྲི།	舍泽
多续译语	སམ་ཏོག	想多
木里译语	སྙི་རྗེས།	呢接
栗苏译语	བྱམས་དང་སྙིང་རྗེས།	沙昂
打箭炉译语	བྱམ་ཁ་ཆམ་ཀྱི།	降打立
木坪译语	བྱམས་རྫེ་སྐྱོང་།	姜则种

自己　现代藏语　རང་ཉིད།

地　区	译　语	汉文标音
嘉绒译语	ངི་སྐྱུ།	我要
松潘译语	རང་གི།	让革
象鼻高山译语	འཐོ་སློ་རེ།	罗日
白马译语	རང་རིད་རེད།	那勒
多续译语	ཨ་དད།	阿得
木里译语	ང་རང་།	阿朗
栗苏译语	རང་གི།	约觉
打箭炉译语	རང་གི།	攘格
木坪译语	རང་།	暖革

鞑靼　现代藏语　ཏ་ཏ་མི།

地　区	译　语	汉文标音
嘉绒译语	ཧོར་པ།	太儿罢
松潘译语	ཧོར་བ།	货儿罢
象鼻高山译语	པེན་རང་།	鞑靼
白马译语	རྗེ་སྟོར་རེད།	阿色卜
多续译语	ཧ་དཔའ།	哈吧
木里译语	བརྒྱ་སོག	甲索
栗苏译语	ཧོར་པ།	鞑靼
打箭炉译语	སྟོད་པ།	错播
木坪译语	ཇང་འགར།	姜厄耳

禅师　现代藏语　སྒོམ་ཆེན།

地　区	译　语	汉文标音
嘉绒译语	ཤན་ཡི།	禅师
松潘译语	无	无
象鼻高山译语	ཤན་ཤུ།	禅师
白马译语	ཞག་སྲི།	禅师
多续译语	ཚི་ནད་སློབ་དཔོན།	清□□白
木里译语	དགེས་བསྐོར།	额国
栗苏译语	ཆེན་ཤྲི།	禅师
打箭炉译语	དཀར་ཐོ་ལྷ་མ།	格托撒
木坪译语	པཎ་ཏི་ཏ།	班之答

大乘　现代藏语　ཐེག་ཆེན།

地　区	译　语	汉文标音
嘉绒译语	གི་པ་དགེས་ཐ།	各罢告杀思特
松潘译语	无	无
象鼻高山译语	ད་ཤི	大乘
白马译语	ཇས་ཆོད།	大乘
多续译语	ཐེག་ཆེན།	抬牵
木里译语	དགེས་འཛིན།	额陇却罢
栗苏译语	ཐེག་པ་ཆེན་པོ།	大乘
打箭炉译语	ཐེག་ཆེན།	吐巴擎
木坪译语	ཐེག་ཆེན་གྱི་ཆོས་སློབས།	脱罢尺补扯洛

都纲　现代藏语　འདུ་ཁང་།

地　区	译　语	汉文标音
嘉绒译语	དུང་ཀང་།	都纲
松潘译语	无	无
象鼻高山译语	ཏུཙ་ཀ	都纲
白马译语	དུག་ཀ	都纲
多续译语	ཏུ་ཀམ།	静纲
木里译语	དགེས་སྐྱོང་ཕྱུག་པ།	能审
栗苏译语	དུ་གང་།	都纲
打箭炉译语	བྲ་བཙུ་བླ་མ།	乍仓剌麻
木坪译语	བླ་མ་དཔོན།	拏马补

国师　现代藏语　དབུ་བླ།

地　区	译　语	汉文标音
嘉绒译语	ཀོ་ཤི།	国师
松潘译语	无	无
象鼻高山译语	ཀེཙུ་ཤི།	国师
白马译语	ཇོག་སྲི།	国师
多续译语	མཁྱེན་པ།	千罢
木里译语	གོང་མ་བློན་པོ།	谷马论波
栗苏译语	གུའི་ཤྲི།	国师
打箭炉译语	ཏི་བ་གྲོལ།	任住巴
木坪译语	སྐུ་བསྲུང་བ།	吉松瓦

参考文献

[1] 张云，林冠群 . 西藏通史：吐蕃卷：上下 . 北京：中国藏学出版社，2016.

[2] 周毓华，彭陟焱，王玉玲：简明藏族史教程 . 北京：民族出版社，2005.

[3] 丹珠昂奔 . 藏族文化散论，北京：中国友谊出版公司，1993.

[4] 阿坝州藏族历史文化古籍研究协会 . 嘉绒地区历史：上中下 . 成都：四川民族出版社，2017.

[5] 师蒂 . 神话与法制—— 西南民族法文化研究 . 昆明：云南教育出版社，1992.

[6] 江荻 . 汉藏语言演化的历史音变模型 . 北京：民族出版社，2002.

[7][法] 向柏霖 . 嘉绒语研究 . 北京：民族出版社，2008.

[8] 丹珠昂奔 . 藏族文化志 . 上海：上海人民出版社，1998.

[9] 聂鸿音，孙伯君 .《西番译语》校录及汇编 . 北京：社会科学文献出版社，2010.

[10] 柳诒徵 . 中国文化史：上中下 . 北京：中华书局，2015.

[11] 徐丽华 . 藏族古日历和祭祀图谱研究 . 北京：民族出版社，2016.

[12] 西藏研究编辑部 . 清实录藏族史料：1—10. 拉萨：西藏人民出版社，1982.

[13] 欧潮泉 . 藏族历史大纲 . 北京：民族出版社，2011.

[14] 许金坤 . 佛教文化纵横谈 . 兰州：甘肃民族出版社，2006.

[15] 安应民 . 吐蕃史 . 银川：宁夏人民出版社，1989.

[16] 夏杂・扎西坚赞 . 藏族雍仲本教史妙语宝库 . 刘勇，译 . 北京：民族出版社，2012.

索 引

C

D

E

F

G

H

J

K

L

M

R

S

T

W

X

Y

Z

跋

凡事都有缘，著书也不例外。记得多年前，与中学校友杨康才在一次摆“龙门阵”中，他说北京有一位专家叫孙宏开的先生，在阿坝师专调研时，把他们几位会讲嘉绒语的人请在一起座谈，孙先生很厉害，听得懂好多种语言。那次“龙门阵”后，心想若有机会，可以涉猎一下该领域。其实，我就生长在嘉绒方言区域的小金县，平时听杨康才等几位同学操母语对话，总有一种羡慕，每一次都认真倾听，也只能听懂只言片语，而他们则快乐在用母语表达的故事中。

出成都往西，穿过川西坝子，进卧龙，翻巴朗山，顺小金川往西，入大渡河流域，便进了嘉绒语区域。四姑娘雪山千秋映照，墨尔多神佑四方，沃日碉楼耸立，丹巴藏楼群布。嘉绒藏族生活在炊烟唤人归、牧歌牛羊遍地的地方。少年生活的情景时常回味。后来知道了家门口的那条河，因盛产黄金而叫小金川，那一座座碉楼不因时间的磨砺而忘却久远的硝烟。阅读《西番译语》《平定金川方略》，方知那里的人曾经的经历，与我还有关联……十年前，孙伯君先生组织“中华字库”少数民族现行文字的搜集整理工作，选定《西番译语》为该字库藏文无头字字符，而《嘉绒译语》就在其中。翻卷阅读，有一种故土的亲近、乡音的熟悉，犹如祖母的诉说，苍老、缓慢。

将古籍语料转写成现代汉藏文，遇到最大的困难就是对晒蓝本《西番译语》的辨认问题。卓嘎、卓玛措、娘吉加同志、编审次勒降泽、卓玛青措老师多次的辨识，很大程度上增加了语料的准确性。副编审德庆央珍是该项目的研究成员，本书的最后校雠、设计，包括书名的拟定都是她完成的，以近乎苛刻的严谨态度，纠正了书中不少错误。有幸请到资深编辑冯敏女士为本书做责编，她细致而专业的工作，为书稿质量的提升颇有助益。书稿现代藏语的最后定稿是由旦增平措编审和中央民族翻译局方宜华副译审、次仁罗布二级译审审订的。

一本小册子，惊动了如此多的老师，为该书的完成付出辛苦，只有合十默记他们的好，一旦说出，更显苍白。

十几年来，不论是著书还是文章、公文的录入校对，都是由我的同事韩继红完成的，为我节省了大量的时间，可以去审稿、查阅资料。庆幸，我遇到的都是好人。

我十分庆幸在民族出版社工作，编辑审读他人的著述，就是自己学习的过程。领导支持，同事友爱，是这个集体推着前行，不敢稍有懈怠，也因天资愚钝，治学的路上有些泥泞，仍躬体力行。好在妻贤女淑，少了许多琐事。临近耳顺，书稿得以付梓，也甚感慰藉。

忐忑中，如本书能对语言学、典籍学、历史学、教育学研究者有所帮助，便是初心。

彭学云

2021.10.28

图书在版编目（CIP）数据

方音词记：《西番译语》校雠 / 彭学云编著．
—北京：民族出版社，2021.11
ISBN 978-7-105-16533-9

Ⅰ．①方… Ⅱ．①彭… Ⅲ．①藏语－方言研究
Ⅳ．①H214.7

中国版本图书馆 CIP 数据核字（2021）第 217896 号

责任编辑　冯　敏
封面设计　金　晔
出版发行　民族出版社
地　　址　北京市和平里北街 14 号
邮　　编　100013
网　　址　http://www.mzpub.com
印　　刷　河北鑫兆源印刷有限公司
经　　销　各地新华书店
开　　本　787 毫米 ×1092 毫米　1/16
印　　张　27
字　　数　390 千字
版　　次　2021 年 12 月第 1 版
印　　次　2021 年 12 月北京第 1 次印刷
书　　号　ISBN 978-7-105-16533-9/H・1182（汉 401）
定　　价　128.00 元

汉文编辑一室电话：010-64271909　发行部电话：010-64224782